Niedersächsisches Kommunalverfassungsgesetz

bearbeitet von

Oliver Kamlage
Geschäftsführer des Niedersächsischen Städte- und Gemeindebundes

bis zur 3. Auflage bearbeitet von

Robert Thiele
Ministerialdirigent a. D., ehemals Kommunalabteilung des Niedersächsischen Ministeriums für Inneres und Sport

4. Auflage

Deutscher Gemeindeverlag

4. Auflage 2021

Gesamtherstellung: W. Kohlhammer GmbH, Stuttgart

Print:
ISBN 978-3-555-02216-1

E-Book-Formate:
pdf: ISBN 978-3-555-02217-8
epub: ISBN 978-3-555-02218-5

Vorwort zur 4. Auflage

Robert Thiele hat die Bearbeitung dieser Textausgabe in meine Hände übergeben. Ich bedanke mich bei ihm sehr herzlich für das große Vertrauen. Das Niedersächsische Kommunalverfassungsgesetz (NKomVG) vom 17.12.2010 (GVBl. S. 576), das in seinen wesentlichen Teilen mit dem Beginn der Kommunalwahlperiode 2011 bis 2016 am 1.11.2011 in Kraft getreten ist, ist mittlerweile siebenundzwanzig Mal geändert worden, davon zwölf Mal seit der 3. Auflage dieser Textausgabe aus dem Jahr 2016. Von besonderer Relevanz ist die als Reaktion auf die COVID-19-Pandemie durch Artikel 10 des Gesetzes vom 15.7.2020 (GVBl. S. 244) neu in das NKomVG eingefügte Vorschrift des § 182, die zur Sicherstellung der Handlungsfähigkeit der kommunalen Vertretungen Sonderregelungen für epidemische Lagen enthält. Diese Vorschrift ist durch Artikel 2 des Gesetzes vom 17.2.2021 (GVBl. S. 64) sowie Artikel 3 des Gesetzes vom 10.6.2021 (GVBl. S. 368) geändert worden. Größere und ebenso bedeutsame Änderungen hat das NKomVG jüngst durch Artikel 1 des Gesetzes zur Änderung des Niedersächsischen Kommunalverfassungsgesetzes und anderer kommunalrechtlicher Vorschriften vom 13.10.2021 (GVBl. S. 700) erfahren. Schwerpunkte dieses Gesetzes sind die Schaffung einer Möglichkeit zur Verkündung von Rechtsvorschriften im Internet in einem elektronischen amtlichen Verkündungsblatt (§ 11), die Abschaffung des Kostendeckungsvorschlags beim Einwohnerantrag (§ 31), die Herausnahme der Bereiche Krankenhausträgerschaft und der Organisation des Rettungsdienstes aus dem Bürgerbegehren und die Einführung einer Kostenschätzung durch die Kommunalverwaltung (§ 32). Den kommunalen Vertretungen wird es ermöglicht, selbst einen Bürgerentscheid („Ratsbürgerentscheid") in die Wege zu leiten und es wird eine Regelung für miteinander konkurrierende Bürgerentscheide geschaffen (§ 33). Bei der Einwohnerbefragung (§ 35) wird klargestellt, dass diese sich auf eine bestimmte Einwohnerschaft begrenzen darf. Für die Abgeordneten in den kommunalen Vertretungen wird ein Benachteiligungsverbot eingeführt und die Freistellungsregelungen an flexible Arbeitszeitmodelle angepasst (§ 54). Das Sitzverteilungsverfahren für die Ausschüsse der Vertretung (§ 71) wird zur Sicherstellung stabiler Mehrheitsverhältnisse vom bisherigen Verfahren nach Hare-Niemeyer auf das d'Hondtsche Höchstzahlverfahren umgestellt. Die Stellvertretung der Hauptverwaltungsbeamtin oder des Hauptverwaltungsbeamtin für bestimmte Aufgabenbereiche ist künftig an einen entsprechenden Personalvorschlag der Amtsinhaberin oder des Amtsinhabers geknüpft (§ 81). Auch wird die Vorschrift über den Antragsruhestand der Hauptverwaltungsbeamtin oder des Hauptverwaltungsbeamten (§ 83) an das System der regelmäßig zu absolvierenden fünfjährigen Amtszeit angepasst. Die Samtgemeinden sind dazu verpflichtet, ihre Mitgliedsgemeinden bei der Umsetzung der gesetzlichen Anforderungen an die digitale Verwaltung zu unterstützen (§ 98). Die Gemeindedirektorin oder der Gemeindedirektor in Mitgliedsgemeinden von Samtgemeinden führt sein Amt nach dem Ende der Wahlperiode bis zur Neuwahl einer Bürgermeisterin oder eines Bürgermeisters fort (§ 106). Es wird die Möglichkeit einer gemeinsamen Kreditaufnahme der Landkreise und der Region Hannover für ihre kreisangehörigen bzw. regionsangehörigen Kommunen für Investitionen, Investitionsförderungsmaßnahmen und zur Umschuldung sowie zur Liquiditätssicherung geschaffen (§ 111). Die wirtschaftliche Betätigung der Kommunen im Bereich der Wohnraumversorgung wird erleichtert (§ 136) und schließlich wird der § 182 erneut redaktionell angepasst. Die hier besonders erwähnten und selbstverständlich auch alle weiteren Änderungen seit dem Erscheinen der Vorauflage werden in der vorliegenden 4. Auflage der Textausgabe des NKomVG berücksichtigt. Die mit Artikel 1 der Verordnung zur Ausführung des kommunalen Haushaltsrechts vom 18. April 2017 (GVBl. S. 130) verkündete Verordnung über die Aufstellung und Ausführung des Haushaltsplans sowie die Abwicklung der Kassengeschäfte der Kommunen (KomHKVO) hat die GemHKVO abgelöst und ist in der aktuellen Fassung im Anhang 1 abgedruckt. Das Niedersächsische Gesetz über die kommunale Zusammenarbeit (NKomZG, Anhang 2) ist ebenfalls durch Artikel 3 des Gesetzes vom 13.10.2021 geändert worden. Künftig kann der Zweckverband durch eine entsprechende Regelung in der Verbandsordnung eine eigene hauptamtliche Gleichstellungsbeauftragte bestellen (§ 9 NKomZG). In der Niedersächsischen Kommunalbesoldungsverordnung (NKBesVO, Anhang 3) wurde die durch Verordnung vom 8.10.2020 (GVBl. S. 356) mit Blick auf die Entwicklung der privaten Verbraucherpreise angepasste Höhe der Aufwandsentschädigungen für kommunale Beamtinnen und Beamte auf Zeit berücksichtigt.

Hannover, im Oktober 2021 — Oliver Kamlage

Inhaltsverzeichnis

Inhaltsverzeichnis

Grundgesetz für die Bundesrepublik Deutschland

Vom 23. Mai 1949 (BGBl. S. 1), zuletzt geändert durch Gesetz vom 29. September 2020 (BGBl. I S. 2048) – Auszug

Art. 28 Verfassung der Länder

(1) [1]Die verfassungsmäßige Ordnung in den Ländern muss den Grundsätzen des republikanischen, demokratischen und sozialen Rechtsstaates im Sinne dieses Grundgesetzes entsprechen. [2]In den Ländern, Kreisen und Gemeinden muss das Volk eine Vertretung haben, die aus allgemeinen, unmittelbaren, freien, gleichen und geheimen Wahlen hervorgegangen ist. [3]Bei Wahlen in Kreisen und Gemeinden sind auch Personen, die die Staatsangehörigkeit eines Mitgliedsstaates der Europäischen Gemeinschaft besitzen, nach Maßgabe von Recht der Europäischen Gemeinschaft wahlberechtigt und wählbar. [4]In Gemeinden kann an die Stelle einer gewählten Körperschaft die Gemeindeversammlung treten.

(2) [1]Den Gemeinden muss das Recht gewährleistet sein, alle Angelegenheiten der örtlichen Gemeinschaft im Rahmen der Gesetze in eigener Verantwortung zu regeln. [2]Auch die Gemeindeverbände haben im Rahmen ihres gesetzlichen Aufgabenbereiches nach Maßgabe der Gesetze das Recht der Selbstverwaltung. [3]Die Gewährleistung der Selbstverwaltung umfasst auch die Grundlagen der finanziellen Eigenverantwortung; zu diesen Grundlagen gehört eine den Gemeinden mit Hebesatzrecht zustehende wirtschaftskraftbezogene Steuerquelle.

(3) Der Bund gewährleistet, dass die verfassungsmäßige Ordnung der Länder den Grundrechten und den Bestimmungen der Absätze 1 und 2 entspricht.

Art. 116 Deutsche Staatsangehörigkeit

(1) Deutscher im Sinne dieses Grundgesetzes ist vorbehaltlich anderweitiger gesetzlicher Regelung, wer die deutsche Staatsangehörigkeit besitzt oder als Flüchtling oder Vertriebener deutscher Volkszugehörigkeit oder als dessen Ehegatte oder Abkömmling in dem Gebiete des Deutschen Reiches nach dem Stande vom 31. Dezember 1937 Aufnahme gefunden hat.

(2) [1]Frühere deutsche Staatsangehörige, denen zwischen dem 30. Januar 1933 und dem 8. Mai 1945 die Staatsangehörigkeit aus politischen, rassischen oder religiösen Gründen entzogen worden ist, und ihre Abkömmlinge sind auf Antrag wieder einzubürgern. [2]Sie gelten als nicht ausgebürgert, sofern sie nach dem 8. Mai 1945 ihren Wohnsitz in Deutschland genommen haben und nicht einen entgegengesetzten Willen zum Ausdruck gebracht haben.

Niedersächsische Verfassung

Vom 19. Mai 1993 (Nds. GVBl. S. 107), zuletzt geändert durch Gesetz vom 10. Dezember 2020 (Nds. GVBl. S. 464) – Auszug

Artikel 57 Selbstverwaltung

(1) Gemeinden und Landkreise und die sonstigen öffentlich-rechtlichen Körperschaften verwalten ihre Angelegenheiten im Rahmen der Gesetze in eigener Verantwortung.

(2) [1]In den Gemeinden und Landkreisen muss das Volk eine Vertretung haben, die aus allgemeinen, unmittelbaren, freien, gleichen und geheimen Wahlen hervorgegangen ist. [2]In Gemeinden kann an die Stelle einer gewählten Vertretung die Gemeindeversammlung treten.

(3) Die Gemeinden sind in ihrem Gebiet die ausschließlichen Träger der gesamten öffentlichen Aufgaben, soweit die Gesetze nicht ausdrücklich etwas anderes bestimmen.

(4) [1]Den Gemeinden und Landkreisen und den sonstigen kommunalen Körperschaften können durch Gesetz oder aufgrund eines Gesetzes durch Verordnung Pflichtaufgaben zur Erfüllung in eigener Verantwortung zugewiesen werden und staatliche Aufgaben zur Erfüllung nach Weisung übertragen werden. [2]Für die durch Vorschriften nach Satz 1 verursachten erheblichen und notwendigen Kosten ist unverzüglich durch Gesetz der entsprechende finanzielle Ausgleich zu regeln. [3]Soweit sich aus einer Änderung der Vorschriften nach Satz 1 erhebliche Erhöhungen der Kosten ergeben, ist der finanzielle Ausgleich entsprechend anzupassen; im Fall einer Verringerung der Kosten kann er angepasst werden. [4]Der finanzielle Ausgleich für Vorschriften nach Satz 1, die vor dem 1. Januar 2006 erlassen worden sind, richtet sich nach dem bisherigen Recht; für den Fall einer Aufgabenverlagerung gilt Satz 3 uneingeschränkt, im Übrigen mit der Maßgabe, dass eine Anpassung im Fall der Verringerung der Kosten nicht erfolgt. [5]Satz 1 gilt entsprechend, soweit sonstigen öffentlich-rechtlichen Körperschaften Aufgaben zugewiesen oder übertragen werden, wenn unverzüglich Bestimmungen über die Deckung der Kosten getroffen werden.

(5) Das Land stellt durch seine Aufsicht sicher, dass die Gesetze beachtet und die Auftragsangelegenheiten weisungsgemäß erfüllt werden.

(6) Bevor durch Gesetz oder Verordnung allgemeine Fragen geregelt werden, welche die Gemeinden oder die Landkreise unmittelbar berühren, sind die kommunalen Spitzenverbände zu hören.

(7) Wird das Land wegen eines Rechtsverstoßes einer kommunalen Körperschaft in Anspruch genommen, so kann es nach Maßgabe eines Landesgesetzes bei der Kommune Rückgriff nehmen.

Artikel 58 Finanzwirtschaft der Gemeinden und Landkreise

Das Land ist verpflichtet, den Gemeinden und Landkreisen die zur Erfüllung ihrer Aufgaben erforderlichen Mittel durch Erschließung eigener Steuerquellen und im Rahmen seiner finanziellen Leistungsfähigkeit durch übergemeindlichen Finanzausgleich zur Verfügung zu stellen.

Artikel 59 Gebietsänderung von Gemeinden und Landkreisen

(1) Aus Gründen des Gemeinwohls können Gemeinden und Landkreise aufgelöst, vereinigt oder neu gebildet und Gebietsteile von Gemeinden oder Landkreisen umgegliedert werden.

(2) Gebietsänderungen bedürfen eines Gesetzes. Gebietsteile können auch durch Vertrag der beteiligten Gemeinden oder Landkreise mit Genehmigung des Landes umgegliedert werden.

(3) Vor der Änderung von Gemeindegebieten ist die Bevölkerung der beteiligten Gemeinden zu hören.

Niedersächsisches Kommunalverfassungsgesetz (NKomVG)

Vom 17. Dezember 2010 (Nds. GVBl. S. 576), zuletzt geändert durch Artikel 1 des Gesetzes vom 13. Oktober 2021 (Nds. GVBl. S. 700)

Inhaltsübersicht

Erster Teil: **Grundlagen der Kommunalverfassung**

§ 1 Selbstverwaltung

(1) Die Gemeinden, die Samtgemeinden, die Landkreise und die Region Hannover (Kommunen) verwalten ihre Angelegenheiten im Rahmen der Gesetze in eigener Verantwortung mit dem Ziel, das Wohl ihrer Einwohnerinnen und Einwohner zu fördern.

(2) In die Rechte der Kommunen darf nur durch Rechtsvorschrift eingegriffen werden.

§ 2 Gemeinden, Samtgemeinden

(1) Die Gemeinden sind die Grundlage des demokratischen Staates.

(2) Die Gemeinden sind Gebietskörperschaften und im Sinne des Artikels 57 Abs. 3 der Niedersächsischen Verfassung in ihrem Gebiet die ausschließlichen Träger der gesamten öffentlichen Aufgaben, soweit Rechtsvorschriften nicht ausdrücklich etwas anderes bestimmen.

(3) Die Samtgemeinden sind Gemeindeverbände.

§ 3 Landkreise, Region Hannover

(1) Die Landkreise und die Region Hannover sind Gemeindeverbände und Gebietskörperschaften.

(2) [1]Die Landkreise und die Region Hannover sind, soweit in Rechtsvorschriften nichts anderes bestimmt ist, in ihrem Gebiet die Träger der öffentlichen Aufgaben, die von überörtlicher Bedeutung sind oder deren zweckmäßige Erfüllung die Verwaltungs- oder Finanzkraft der ihnen angehörenden Gemeinden und Samtgemeinden übersteigt. [2]Sie unterstützen die ihnen angehörenden Gemeinden und Samtgemeinden bei der Erfüllung ihrer Aufgaben und sorgen für einen angemessenen Ausgleich der Gemeindelasten.

(3) Die für Landkreise geltenden Regelungen anderer Rechtsvorschriften sind auf die Region Hannover entsprechend anzuwenden, soweit nichts anderes bestimmt ist.

§ 4 Aufgabenerfüllung der Kommunen

[1]Die Kommunen erfüllen ihre Aufgaben im eigenen oder im übertragenen Wirkungskreis. [2]Sie stellen in den Grenzen ihrer Leistungsfähigkeit die für ihre Einwohnerinnen und Einwohner erforderlichen sozialen, kulturellen, sportlichen und wirtschaftlichen öffentlichen Einrichtungen bereit.

§ 5 Eigener Wirkungskreis

(1) Zum eigenen Wirkungskreis der Kommunen gehören
1. bei den Gemeinden alle Angelegenheiten der örtlichen Gemeinschaft,
2. bei den Samtgemeinden die Aufgaben, die sie nach § 98 Abs. 1 Sätze 1 und 2 für ihre Mitgliedsgemeinden erfüllen,
3. bei den Landkreisen und der Region Hannover die von ihnen freiwillig übernommenen Aufgaben und
4. bei allen Kommunen die Aufgaben, die ihnen aufgrund von Artikel 57 Abs. 4 der Niedersächsischen Verfassung durch Rechtsvorschrift als Pflichtaufgaben zur Erfüllung in eigener Verantwortung zugewiesen sind.

(2) Im eigenen Wirkungskreis sind die Kommunen nur an die Rechtsvorschriften gebunden.

(3) [1]Die Landkreise können von kreisangehörigen Gemeinden und Samtgemeinden freiwillig übernommene Aufgaben und Einrichtungen mit deren Zustimmung übernehmen. [2]In den Fällen des § 98 Abs. 1 Satz 2 ist auch die Zustimmung der Mitgliedsgemeinden erforderlich. [3]Ohne Zustimmung der beteiligten Gemeinden und Samtgemeinden können diese Aufgaben und Einrichtungen von Landkreisen übernommen werden, wenn dies not-

wendig ist, um einem Bedürfnis der Einwohnerinnen und Einwohner des Landkreises in einer dem öffentlichen Wohl entsprechenden Weise zu genügen. [4]Die Übernahmebedingungen werden von den Beteiligten vereinbart. [5]Kommt eine Vereinbarung nicht zustande, so werden die Übernahmebedingungen von der Kommunalaufsichtsbehörde festgesetzt.

(4) [1]Aufgaben, die die Landkreise wahrnehmen, sollen den kreisangehörigen Gemeinden und Samtgemeinden auf deren Antrag überlassen werden, wenn diese die Aufgaben in einer dem öffentlichen Wohl entsprechenden Weise erfüllen können und wenn hierdurch die zweckmäßige Erfüllung der Aufgaben des Landkreises im Übrigen nicht gefährdet wird. [2]Absatz 3 Sätze 4 und 5 gilt entsprechend.

§ 6 Übertragener Wirkungskreis

(1) [1]Zum übertragenen Wirkungskreis der Kommunen gehören die staatlichen Aufgaben, die ihnen aufgrund von Artikel 57 Abs. 4 der Niedersächsischen Verfassung durch Rechtsvorschrift übertragen sind. [2]Die Landkreise und die Region Hannover nehmen die Aufgaben der unteren Verwaltungsbehörden wahr, soweit durch Rechtsvorschrift nichts anderes bestimmt ist.

(2) [1]Die Kommunen erfüllen die Aufgaben des übertragenen Wirkungskreises nach Weisung der Fachaufsichtsbehörden. [2]Ihnen fließen die mit diesen Aufgaben verbundenen Erträge zu.

(3) [1]Die Kommunen sind zur Geheimhaltung derjenigen Angelegenheiten verpflichtet, deren Geheimhaltung allgemein vorgeschrieben oder im Einzelfall von der dazu befugten staatlichen Behörde angeordnet ist. [2]Verwaltungsvorschriften, die dazu dienen, die Geheimhaltung sicherzustellen, gelten auch für die Kommunen, soweit nichts anderes bestimmt ist.

(4) Hat eine Kommune bei der Erfüllung von Aufgaben des übertragenen Wirkungskreises eine Maßnahme aufgrund einer Weisung der Fachaufsichtsbehörde getroffen und wird die Maßnahme aus rechtlichen oder tatsächlichen Gründen aufgehoben, so erstattet das Land der Kommune alle notwendigen Kosten, die ihr durch die Ausführung der Weisung entstanden sind.

§ 7 Organe der Kommunen

(1) Organe der Kommunen sind die Vertretung, der Hauptausschuss und die Hauptverwaltungsbeamtin oder der Hauptverwaltungsbeamte.

(2) Die Organe tragen folgende Bezeichnungen:
1. in Gemeinden: Rat, Verwaltungsausschuss und Bürgermeisterin oder Bürgermeister,
2. in großen selbständigen und in kreisfreien Städten: Rat, Verwaltungsausschuss und Oberbürgermeisterin oder Oberbürgermeister,
3. in Samtgemeinden: Samtgemeinderat, Samtgemeindeausschuss und Samtgemeindebürgermeisterin oder Samtgemeindebürgermeister,
4. in Landkreisen: Kreistag, Kreisausschuss und Landrätin oder Landrat sowie
5. in der Region Hannover: Regionsversammlung, Regionsausschuss und Regionspräsidentin oder Regionspräsident.

§ 8 Gleichstellungsbeauftragte

(1) [1]Kommunen, die nicht Mitgliedsgemeinden von Samtgemeinden sind, haben eine Gleichstellungsbeauftragte zu bestellen. [2]Die Gleichstellungsbeauftragten der Gemeinden und Samtgemeinden mit mehr als 20 000 Einwohnerinnen und Einwohnern, der Landkreise und der Region Hannover sind hauptberuflich mit mindestens der Hälfte der regelmäßigen Arbeitszeit zu beschäftigen.

(2) [1]Die Vertretung entscheidet über die Berufung und Abberufung der hauptberuflich beschäftigten Gleichstellungsbeauftragten; für die Abberufung ist die Mehrheit der Mitglieder der Vertretung erforderlich. [2]Betreffen die in § 107 Abs. 4 Satz 1 Halbsatz 1 und Satz 2 Halbsatz 1 genannten Beschlüsse Beschäftigte, die das Amt der Gleichstellungsbeauftragten hauptberuflich innehaben oder hierfür vorgesehen sind, so ist ausschließlich die Vertretung zuständig. [3]Der Hauptausschuss kann eine ständige Stellvertreterin der hauptberuflich beschäftigten Gleichstellungsbeauftragten bestellen; die Bestellung weiterer Stellvertreterinnen ist für abgegrenzte Aufgabenbereiche zulässig. [4]Die Gleichstellungsbeauftragte soll vor der Bestellung gehört werden. [5]Ist eine ständige Stellvertreterin nicht bestellt, so soll der Hauptausschuss eine andere Beschäftigte mit der Wahrnehmung der Geschäfte beauftragen, wenn die Gleichstellungsbeauftragte voraussichtlich länger als sechs Wochen an der Ausübung ihres Amtes gehindert ist; die Amtszeit der vorübergehenden Stellvertreterin endet zu dem Zeitpunkt, an dem die Gleichstellungsbeauftragte ihre Tätigkeit wieder aufnimmt.

(3) In Samtgemeinden und in Gemeinden, in denen die Gleichstellungsbeauftragte nicht hauptberuflich tätig ist, regelt die Vertretung durch Satzung

die Berufung und Abberufung der Gleichstellungsbeauftragten sowie deren Stellvertretung; die Regelungen sollen dem Absatz 2 entsprechen.

(4) [1]Gemeinden und Samtgemeinden mit mehr als 20 000 Einwohnerinnen und Einwohnern erhalten vom Land einen finanziellen Ausgleich für die Beschäftigung hauptberuflicher Gleichstellungsbeauftragter, der als jährliche Pauschale gewährt wird. [2]Im Jahr 2018 beträgt die Höhe der jährlichen Pauschale insgesamt 1 791 294 Euro. [3]Ändern sich die standardisierten Personalkostensätze oder die Anzahl der Kommunen nach Satz 1, so erhöht oder vermindert sich die Pauschale im jeweils folgenden Jahr um den entsprechenden Betrag. [4]Der Betrag nach Satz 2 oder 3 wird auf die Gemeinden und Samtgemeinden zu gleichen Teilen aufgeteilt; er wird zum 20. Juni eines jeden Jahres ausgezahlt. [5]Die §§ 19 und 20 Abs. 1 Sätze 1 und 2, Abs. 2 Sätze 1 und 2 des Niedersächsischen Gesetzes über den Finanzausgleich (NFAG) gelten entsprechend.

(5) Absatz 4 gilt nicht für kreisfreie Städte, die Landeshauptstadt Hannover, die Stadt Göttingen und große selbständige Städte.

§ 9 Verwirklichung der Gleichberechtigung

(1) [1]Die Absätze 2 bis 6 gelten für hauptberuflich beschäftigte Gleichstellungsbeauftragte. [2]Ist die Gleichstellungsbeauftragte nicht hauptberuflich tätig, so regelt die Vertretung die Aufgaben, Befugnisse und Beteiligungsrechte der Gleichstellungsbeauftragten durch Satzung. [3]Die Regelungen sollen den Absätzen 2 bis 6 entsprechen.

(2) [1]Die Gleichstellungsbeauftragte soll dazu beitragen, die Gleichberechtigung von Frauen und Männern zu verwirklichen. [2]Sie wirkt nach Maßgabe der Absätze 4 und 5 an allen Vorhaben, Entscheidungen, Programmen und Maßnahmen mit, die Auswirkungen auf die Gleichberechtigung der Geschlechter und die Anerkennung der gleichwertigen Stellung von Frauen und Männern in der Gesellschaft haben. [3]Die Gleichstellungsbeauftragte kann zur Verwirklichung der in Satz 1 genannten Zielsetzung Vorhaben und Maßnahmen anregen, die Folgendes betreffen:

1. die Arbeitsbedingungen in der Verwaltung,
2. personelle, wirtschaftliche und soziale Angelegenheiten des öffentlichen Dienstes der Kommune oder
3. bei Gemeinden und Samtgemeinden Angelegenheiten der örtlichen Gemeinschaft, bei Landkreisen und der Region Hannover Angelegenheiten im gesetzlichen Aufgabenbereich.

[4]Die Vertretung kann der Gleichstellungsbeauftragten weitere Aufgaben zur Förderung der Gleichberechtigung von Frauen und Männern übertra-

gen. [5]Die Gleichstellungsbeauftragte kann der Vertretung hierfür Vorschläge unterbreiten.

(3) [1]Die Gleichstellungsbeauftragte ist unmittelbar der Hauptverwaltungsbeamtin oder dem Hauptverwaltungsbeamten zugeordnet. [2]Bei der rechtmäßigen Erfüllung ihrer Aufgaben ist sie nicht weisungsgebunden.

(4) [1]Die Gleichstellungsbeauftragte kann an allen Sitzungen der Vertretung, des Hauptausschusses, der Ausschüsse der Vertretung, der Ausschüsse nach § 73, der Stadtbezirksräte und der Ortsräte teilnehmen. [2]Sie ist auf ihr Verlangen zum Gegenstand der Verhandlung zu hören. [3]Die Gleichstellungsbeauftragte kann verlangen, dass ein bestimmter Beratungsgegenstand auf die Tagesordnung der Sitzung der Vertretung, des Hauptausschusses, eines Ausschusses der Vertretung, eines Ausschusses nach § 73, des Stadtbezirksrates oder des Ortsrates gesetzt wird. [4]Widerspricht sie in Angelegenheiten, die ihren Aufgabenbereich berühren, einem Beschlussvorschlag des Hauptausschusses, so hat die Hauptverwaltungsbeamtin oder der Hauptverwaltungsbeamte die Vertretung zu Beginn der Beratung auf den Widerspruch und seine wesentlichen Gründe hinzuweisen. [5]Satz 4 ist auf Beschlussvorschläge, die an den Hauptausschuss, den Jugendhilfeausschuss, die Stadtbezirksräte und die Ortsräte gerichtet sind, entsprechend anzuwenden. [6]Die Gleichstellungsbeauftragte ist auf Verlangen der Vertretung verpflichtet, Auskunft über ihre Tätigkeit zu geben; dies gilt nicht für Angelegenheiten, die der Geheimhaltung nach § 6 Abs. 3 Satz 1 unterliegen.

(5) [1]Die Hauptverwaltungsbeamtin oder der Hauptverwaltungsbeamte hat die Gleichstellungsbeauftragte in allen Angelegenheiten, die den Aufgabenbereich der Gleichstellungsbeauftragten berühren, rechtzeitig zu beteiligen und ihr die erforderlichen Auskünfte zu erteilen. [2]Dies gilt insbesondere in Personalangelegenheiten. [3]Die Gleichstellungsbeauftragte ist in dem für die sachgerechte Wahrnehmung ihrer Aufgaben erforderlichen Umfang berechtigt, die Akten der Kommunalverwaltung einzusehen. [4]Personalakten darf sie nur mit Zustimmung der betroffenen Beschäftigten einsehen.

(6) Die Gleichstellungsbeauftragte kann die Öffentlichkeit über Angelegenheiten ihres Aufgabenbereichs informieren.

(7) [1]Die Hauptverwaltungsbeamtin oder der Hauptverwaltungsbeamte berichtet der Vertretung gemeinsam mit der Gleichstellungsbeauftragten über die Maßnahmen, die die Kommune zur Umsetzung des Verfassungsauftrags aus Artikel 3 Abs. 2 der Niedersächsischen Verfassung, die Gleichberechtigung von Frauen und Männern zu verwirklichen, durchgeführt hat, und über deren Auswirkungen. [2]Der Bericht ist der Vertretung

jeweils nach drei Jahren, beginnend mit dem Jahr 2004, zur Beratung vorzulegen.

§ 10 Satzungen

(1) Die Kommunen können ihre eigenen Angelegenheiten durch Satzung regeln.

(2) [1]Ist eine Satzung unter Verletzung von Verfahrens- oder Formvorschriften, die in diesem Gesetz enthalten oder aufgrund dieses Gesetzes erlassen worden sind, zustande gekommen, so ist diese Verletzung unbeachtlich, wenn sie nicht schriftlich innerhalb eines Jahres seit Verkündung der Satzung gegenüber der Kommune geltend gemacht worden ist. [2]Dabei sind die verletzte Vorschrift und die Tatsache, die den Mangel ergibt, zu bezeichnen. [3]Satz 1 gilt nicht, wenn die Vorschriften über die Genehmigung oder die Verkündung der Satzung verletzt worden sind.

(3) Satzungen treten, wenn kein anderer Zeitpunkt bestimmt ist, am 14. Tag nach Ablauf des Tages in Kraft, an dem sie verkündet werden.

(4) Jede Person hat das Recht, Satzungen einschließlich aller Anlagen und Pläne innerhalb der öffentlichen Sprechzeiten der Verwaltung einzusehen und sich gegen Erstattung der dadurch entstehenden Kosten Kopien geben zu lassen.

(5) [1]Ordnungswidrig handelt, wer vorsätzlich oder fahrlässig einem Gebot oder Verbot einer Satzung zuwiderhandelt, soweit die Satzung für einen bestimmten Tatbestand auf diese Bußgeldvorschrift verweist. [2]Die Ordnungswidrigkeit kann mit einer Geldbuße bis zu 5 000 Euro geahndet werden. [3]Verwaltungsbehörde im Sinne des § 36 Abs. 1 Nr. 1 des Gesetzes über Ordnungswidrigkeiten (OWiG) ist die Kommune.

(6) Für Verordnungen der Kommune gelten die Absätze 2 bis 4, für den Flächennutzungsplan die Absätze 2 und 4 entsprechend.

§ 11 Verkündung von Rechtsvorschriften

(1) [1]Satzungen sind von der Hauptverwaltungsbeamtin oder dem Hauptverwaltungsbeamten zu unterzeichnen. [2]Die Verkündung erfolgt nach Maßgabe näherer Bestimmung durch die Hauptsatzung

1. in einem von der Kommune allein oder gemeinsam mit einer oder mehreren anderen Kommunen herausgegebenen gedruckten amtlichen Verkündungsblatt,

2. in einer oder mehreren örtlichen Tageszeitungen oder
3. in einem im Internet bereitgestellten elektronischen amtlichen Verkündungsblatt der Kommune,

soweit durch Rechtsvorschrift nichts anderes bestimmt ist.

(2) [1]Das gedruckte amtliche Verkündungsblatt muss in ausreichender Auflage erscheinen. [2]Es muss die Bezeichnung „Amtsblatt für …" mit dem Namen der Kommune führen, die es herausgibt; dies gilt für ein gemeinsames Amtsblatt entsprechend. [3]In seinem Kopf sind Ort, Datum, Jahrgang und Nummer der jeweiligen Ausgabe anzugeben. [4]Das gedruckte amtliche Verkündungsblatt darf neben Rechtsvorschriften auch andere amtliche Bekanntmachungen enthalten. [5]Außerdem können Rechtsvorschriften und andere amtliche Bekanntmachungen von anderen Körperschaften des öffentlichen Rechts sowie von Anstalten und Stiftungen des öffentlichen Rechts aufgenommen werden. [6]Andere Veröffentlichungen dürfen nur aufgenommen werden, wenn es sich um kurze Mitteilungen und nicht um Werbung zu Zwecken des Wettbewerbs im geschäftlichen Verkehr handelt.

(3) [1]Die Verkündung in einem elektronischen amtlichen Verkündungsblatt erfolgt auf der Internetseite der Kommune in einem gesonderten elektronischen Dokument. [2]Für das elektronische amtliche Verkündungsblatt gilt Absatz 2 Satz 2 Halbsatz 1 und Sätze 3 bis 6 entsprechend. [3]Die Internetadresse, unter der das elektronische amtliche Verkündungsblatt eingesehen werden kann, ist in der Hauptsatzung zu bestimmen. [4]Satzungen, die nach Satz 1 verkündet werden, sind dauerhaft im Internet bereitzustellen und in der verkündeten Fassung durch technische und organisatorische Maßnahmen zu sichern. [5]Die Bereitstellung im Internet darf nur auf einer ausschließlich in Verantwortung der Kommune betriebenen Internetseite erfolgen; sie darf sich jedoch zur Einrichtung und Pflege dieser Internetseite eines Dritten bedienen.

(4) [1]Kreisangehörige Gemeinden und Samtgemeinden können durch ihre Hauptsatzung bestimmen, dass ihre Satzungen in dem gedruckten oder elektronischen amtlichen Verkündungsblatt des Landkreises verkündet werden. [2]Mitgliedsgemeinden einer Samtgemeinde können durch ihre Hauptsatzung auch bestimmen, dass ihre Satzungen in dem gedruckten amtlichen oder elektronischen amtlichen Verkündungsblatt der Samtgemeinde verkündet werden. [3]Erfolgt die Verkündung nach den Sätzen 1 und 2 in einem elektronischen amtlichen Verkündungsblatt, so ist in der Hauptsatzung die Internetadresse anzugeben, unter der das elektronische amtliche Verkündungsblatt eingesehen werden kann. [4]Absatz 3 Sätze 4 und 5 gilt entsprechend.

(5) [1]Sind Pläne, Karten oder Zeichnungen Bestandteile von Satzungen, so kann die Verkündung dieser Teile dadurch ersetzt werden, dass sie bei der Kommune während der Dienststunden öffentlich ausgelegt werden und in der Verkündung des textlichen Teils der Satzungen auf die Dauer und den Ort der Auslegung hingewiesen wird (Ersatzverkündung). [2]Die Ersatzverkündung ist nur zulässig, wenn der Inhalt der Pläne, Karten oder Zeichnungen im textlichen Teil der Satzungen in groben Zügen beschrieben wird. [3]In einer Anordnung sind Ort und Dauer der Auslegung genau festzulegen.

(6) [1]Satzungen sind verkündet

1. im gedruckten amtlichen Verkündungsblatt mit dessen Ausgabe,
2. in der örtlichen Tageszeitung mit deren Ausgabe, bei mehreren örtlichen Tageszeitungen mit der Ausgabe der zuletztausgegebenen Tageszeitung, oder
3. im elektronischen amtlichen Verkündungsblatt mit dessen Ausgabe.

[2]Im Fall der Ersatzverkündung ist die Satzung jedoch nicht vor Ablauf des ersten Tages der Auslegung verkündet.

(7) [1]Die Absätze 1 bis 6 gelten entsprechend für Verordnungen und öffentliche Bekanntmachungen der Kommunen nach diesem Gesetz sowie für die Erteilung von Genehmigungen für den Flächennutzungsplan. [2]Reicht der räumliche Geltungsbereich der Verordnung einer Kommune über ihr Gebiet hinaus, so hat die Kommune die Verordnung auch in dem anderen Gebiet zu verkünden und sich dabei nach den Vorschriften der Hauptsatzung der Kommune zu richten, die dort sonst für die Verordnung zuständig wäre.

§ 12 Hauptsatzung

(1) [1]Jede Kommune muss eine Hauptsatzung erlassen. [2]In ihr ist zu regeln, was durch Rechtsvorschrift der Hauptsatzung vorbehalten ist. [3]Andere für die Verfassung der Kommune wesentliche Fragen können in der Hauptsatzung geregelt werden.

(2) Für Beschlüsse über die Hauptsatzung ist die Mehrheit der Mitglieder der Vertretung (§ 45 Abs. 2) erforderlich.

§ 13 Anschlusszwang, Benutzungszwang

[1]Die Kommunen können im eigenen Wirkungskreis durch Satzung

1. für die Grundstücke ihres Gebiets den Anschluss

a) an die öffentliche Wasserversorgung, die Abwasserbeseitigung, die Abfallentsorgung, die Straßenreinigung und die Fernwärmeversorgung,
b) von Heizungsanlagen an bestimmte Energieversorgungsanlagen und
c) an ähnliche dem öffentlichen Wohl dienende Einrichtungen

anordnen (Anschlusszwang) sowie

2. die Benutzung
   a) der in Nummer 1 genannten Einrichtungen,
   b) der öffentlichen Begräbnisplätze und Bestattungseinrichtungen sowie
   c) der öffentlichen Schlachthöfe

vorschreiben (Benutzungszwang),

wenn sie ein dringendes öffentliches Bedürfnis dafür feststellen. [2]Die Satzung kann Ausnahmen vom Anschluss- oder Benutzungszwang zulassen und den Zwang auf bestimmte Gebietsteile der Kommune und auf bestimmte Gruppen von Personen oder Grundstücken beschränken.

§ 14 Gemeindearten

(1) [1]Die Gemeinden, die nicht die Rechtsstellung einer kreisfreien Stadt haben (kreisangehörige Gemeinden), und die Samtgemeinden gehören einem Landkreis an. [2]Auf Mitgliedsgemeinden von Samtgemeinden sind die für Gemeinden geltenden Vorschriften dieses Gesetzes anzuwenden, soweit nicht ausdrücklich etwas anderes bestimmt ist oder die Vorschriften des Sechsten Teils Zweiter Abschnitt Abweichendes regeln.

(2) [1]Die Gemeinden im Gebiet der Region Hannover gehören der Region Hannover an (regionsangehörige Gemeinden). [2]Auf die regionsangehörigen Gemeinden sind die für kreisangehörige Gemeinden geltenden Vorschriften anzuwenden, soweit durch Rechtsvorschrift nichts anderes bestimmt ist.

(3) [1]Gemeinden und Samtgemeinden mit mehr als 30 000 Einwohnerinnen und Einwohnern haben die Rechtsstellung einer selbständigen Gemeinde. [2]Gemeinden und Samtgemeinden mit mehr als 20 000 Einwohnerinnen und Einwohnern können auf Antrag durch Beschluss der Landesregierung zu selbständigen Gemeinden erklärt werden, wenn ihre Verwaltungskraft dies rechtfertigt und die zweckmäßige Erfüllung der Aufgaben des Landkreises oder der Region Hannover im Übrigen nicht gefährdet wird. [3]Die selbständigen Gemeinden werden von dem für Inneres zuständigen Ministerium im Niedersächsischen Ministerialblatt bekannt gemacht. [4]Dabei ist

anzugeben, wann die Aufgaben auf die selbständigen Gemeinden übergehen.

(4) [1]Die Rechtsstellung einer selbständigen Gemeinde ändert sich nicht, wenn die Einwohnerzahl auf weniger als 30 001 sinkt. [2]Die Landesregierung kann die Rechtsstellung einer selbständigen Gemeinde entziehen, wenn die Einwohnerzahl einer selbständigen Gemeinde auf weniger als 20 001 sinkt. [3]Der Entzug dieser Rechtsstellung und der Zeitpunkt, zu dem er wirksam wird, sind von dem für Inneres zuständigen Ministerium im Niedersächsischen Ministerialblatt bekannt zu machen.

(5) Große selbständige Städte sind die Städte Celle, Cuxhaven, Goslar, Hameln, Hildesheim und Lingen (Ems) sowie die Hansestadt Lüneburg.

(6) Kreisfreie Städte sind die Städte Braunschweig, Delmenhorst, Emden, Oldenburg (Oldenburg), Osnabrück, Salzgitter, Wilhelmshaven und Wolfsburg.

§ 15 Landeshauptstadt Hannover

(1) Die Landeshauptstadt Hannover ist regionsangehörige Gemeinde; § 14 Abs. 2 Satz 2 findet keine Anwendung.

(2) [1]Die Landeshauptstadt Hannover hat die Rechtsstellung einer kreisfreien Stadt nach Maßgabe dieses Gesetzes. [2]Auf sie finden die für kreisfreie Städte geltenden Vorschriften Anwendung, soweit durch Rechtsvorschrift nichts anderes bestimmt ist.

(3) Auf die Landeshauptstadt Hannover sind die kommunalwahlrechtlichen Vorschriften anzuwenden, die für die anderen regionsangehörigen Gemeinden gelten.

§ 16 Stadt Göttingen

(1) Die Stadt Göttingen gehört dem Landkreis Göttingen an.

(2) Die für kreisfreie Städte geltenden Vorschriften sind auf die Stadt Göttingen anzuwenden, soweit durch Rechtsvorschrift nichts anderes bestimmt ist.

§ 17 Aufgaben der selbständigen Gemeinden und der großen selbständigen Städte

[1]Die selbständigen Gemeinden und die großen selbständigen Städte erfüllen in ihrem Gebiet neben ihren Aufgaben als kreisangehörige Gemeinden alle Aufgaben des übertragenen Wirkungskreises der Landkreise, soweit Rechtsvorschriften dies nicht ausdrücklich ausschließen. [2]Die Landesregierung kann durch Verordnung Aufgaben bestimmen, die abweichend von Satz 1 durch die Landkreise wahrgenommen werden. [3]Ist ein Ministerium ermächtigt, die Zuständigkeit durch Verordnung zu regeln, so kann es anstelle der Landesregierung im Einvernehmen mit dem für Inneres zuständigen Ministerium durch Verordnung eine Bestimmung nach Satz 2 treffen. [4]Voraussetzung für Bestimmungen nach Satz 2 oder 3 ist, dass die Erfüllung der Aufgaben für die selbständigen Gemeinden oder die großen selbständigen Städte einen unverhältnismäßigen Verwaltungsaufwand mit sich bringen würde oder aus anderen Gründen unzweckmäßig erscheint.

§ 18 Aufgaben der kreisfreien Städte

Die kreisfreien Städte erfüllen neben ihren Aufgaben als Gemeinden in ihrem Gebiet alle Aufgaben der Landkreise.

Zweiter Teil: **Benennung, Sitz, Hoheitszeichen**

§ 19 Name

(1) [1]Jede Kommune führt ihren bisherigen Namen. [2]Auf Antrag einer Gemeinde oder eines Landkreises kann das für Inneres zuständige Ministerium den Namen der Gemeinde oder des Landkreises ändern. [3]Samtgemeinden können ihren Namen durch Änderung der Hauptsatzung (§ 99 Abs. 3) ändern.

(2) Ist der Name einer Gemeinde, einer Samtgemeinde oder eines Landkreises durch Gesetz festgelegt worden, so kann er erst nach Ablauf von zehn Jahren nach Inkrafttreten des Gesetzes geändert werden.

(3) Über die Benennung von Gemeindeteilen entscheidet die Gemeinde.

(4) [1]Ist eine Gemeinde oder ein Teil einer Gemeinde als Heilbad, Nordseeheilbad, Nordseebad, Kneipp-Heilbad oder Kneipp-Kurort staatlich aner-

kannt, so entscheidet die Gemeinde, ob das Wort „Bad“ Bestandteil ihres Namens oder des Namens des Gemeindeteils wird. [2]Wird die staatliche Anerkennung aufgehoben, so entfällt der Namensbestandteil „Bad“ nach Ablauf von fünf Jahren, es sei denn, die staatliche Anerkennung war mindestens zwanzig Jahre wirksam.

§ 20 Bezeichnungen

(1) [1]Die Bezeichnung Stadt führen die Gemeinden, denen diese Bezeichnung nach bisherigem Recht zusteht. [2]Auf Antrag kann das für Inneres zuständige Ministerium die Bezeichnung Stadt solchen Gemeinden verleihen, die nach Einwohnerzahl, Siedlungsform und Wirtschaftsverhältnissen städtisches Gepräge tragen.

(2) [1]Die Gemeinden können auch historische Bezeichnungen weiterhin führen. [2]Auf Antrag einer Gemeinde oder Samtgemeinde kann das für Inneres zuständige Ministerium Bezeichnungen verleihen oder ändern.

§ 21 Sitz einer Kreisverwaltung

Für die Änderung des Sitzes einer Kreisverwaltung ist die Genehmigung der Landesregierung erforderlich.

§ 22 Wappen, Flaggen, Dienstsiegel

(1) [1]Die Kommunen führen ihre bisherigen Wappen und Flaggen. [2]Sie sind berechtigt, diese zu ändern oder neue anzunehmen.

(2) [1]Die Kommunen führen Dienstsiegel. [2]Haben sie ein Wappen, so ist es Bestandteil des Dienstsiegels.

Dritter Teil: **Gebiete**

§ 23 Gebietsbestand

(1) [1]Das Gebiet der Gemeinde bilden die Grundstücke, die nach geltendem Recht zu ihr gehören. [2]Das Gebiet des Landkreises besteht aus den Gebieten der kreisangehörigen Gemeinden und den zum Landkreis gehö-

renden gemeindefreien Gebieten. [3]Das Gebiet der Region Hannover besteht aus den Gebieten der regionsangehörigen Gemeinden. [4]Über Grenzstreitigkeiten entscheidet die Kommunalaufsichtsbehörde.

(2) Das Gebiet der Gemeinde soll so bemessen sein, dass die örtliche Verbundenheit der Einwohnerinnen und Einwohner gewahrt und die Leistungsfähigkeit der Gemeinde zur Erfüllung ihrer Aufgaben gesichert ist.

(3) Das Gebiet des Landkreises soll so bemessen sein, dass die Verbundenheit der Einwohnerinnen und Einwohner und die Verbundenheit des Landkreises mit den kreisangehörigen Gemeinden gewahrt und die Leistungsfähigkeit des Landkreises zur Erfüllung seiner Aufgaben gesichert ist.

(4) [1]Jedes Grundstück soll zu einer Gemeinde gehören. [2]Aus Gründen des öffentlichen Wohls können Grundstücke außerhalb einer Gemeinde verbleiben oder ausgegliedert werden. [3]Das für Inneres zuständige Ministerium regelt durch Verordnung die Verwaltung der gemeindefreien Gebiete. [4]Es stellt hierbei sicher, dass deren Einwohnerinnen und Einwohner entweder unmittelbar oder durch eine gewählte Vertretung an der Verwaltung teilnehmen. [5]Die Vorschriften dieses Gesetzes für kreisangehörige Gemeinden gelten für gemeindefreie Gebiete entsprechend.

§ 24 Gebietsänderungen

(1) Aus Gründen des öffentlichen Wohls können Gemeinden oder Landkreise aufgelöst, vereinigt oder neu gebildet und Gebietsteile von Gemeinden oder von Landkreisen umgegliedert werden (Gebietsänderungen).

(2) Werden Gemeindegrenzen geändert, die zugleich Grenzen der Landkreise oder der Region Hannover sind, so bewirkt die Änderung der Gemeindegrenzen auch die Änderung der Grenzen der Landkreise oder der Region Hannover.

(3) Die Absätze 1 und 2 gelten für gemeindefreie Gebiete entsprechend.

§ 25 Verfahren bei Gebietsänderungen

(1) [1]Für Gebietsänderungen ist ein Gesetz erforderlich. [2]Gebietsteile von Gemeinden oder von Landkreisen können auch durch Vertrag der beteiligten Kommunen umgegliedert werden; der Vertrag bedarf der Genehmigung der Kommunalaufsichtsbehörde.

(2) [1]Absatz 1 Satz 2 gilt für die vollständige oder teilweise Eingliederung gemeindefreier Gebiete in eine Gemeinde entsprechend. [2]Besteht in ei-

nem bewohnten gemeindefreien Gebiet eine gewählte Vertretung der Einwohnerinnen und Einwohner, so ist die Zustimmung der Vertretung erforderlich.

(3) [1]Verträge zur Änderung von Gemeindegrenzen, die eine Änderung der Grenzen der Landkreise herbeiführen, bedürfen der Zustimmung der beteiligten Landkreise. [2]Satz 1 gilt für Verträge, die zu einer Änderung der Grenzen der Region Hannover führen, entsprechend.

(4) [1]Vor jeder Gebietsänderung von Gemeinden oder gemeindefreien Gebieten durch Vereinbarung oder Gesetz sind deren Einwohnerinnen und Einwohner anzuhören. [2]Vor einer Gebietsänderung durch Gesetz sind auch die beteiligten Kommunen anzuhören.

(5) [1]Die Kommunen haben ihre Absicht, über die Änderung ihres Gebiets zu verhandeln, der Kommunalaufsichtsbehörde rechtzeitig anzuzeigen. [2]Die Kommunalaufsichtsbehörde kann jederzeit die Leitung der Verhandlungen übernehmen.

§ 26 Vereinbarungen und Bestimmungen zur Gebietsänderung

(1) [1]Die Kommunen können durch Gebietsänderungsvertrag Vereinbarungen treffen, insbesondere über die vermögensrechtliche Auseinandersetzung, die Rechtsnachfolge, das neue Orts- oder Kreisrecht und Änderungen in der Verwaltung, soweit nicht eine Regelung durch Gesetz erfolgt. [2]Gemeinden können durch Gebietsänderungsvertrag auch Vereinbarungen über die Einrichtung von Ortschaften treffen und bestimmen, dass der Rat einer aufzulösenden Gemeinde für den Rest der Wahlperiode als Ortsrat fortbesteht. [3]Findet eine Neuwahl statt, so sollen die Kommunen ferner vereinbaren, wer bis dahin die Befugnisse der Organe wahrnimmt. [4]Der Gebietsänderungsvertrag ist der Kommunalaufsichtsbehörde anzuzeigen; § 25 Abs. 1 Satz 2 bleibt unberührt.

(2) Kommt ein Gebietsänderungsvertrag nicht zustande oder sind weitere Angelegenheiten zu regeln, so trifft die Kommunalaufsichtsbehörde die erforderlichen Bestimmungen.

(3) Der Gebietsänderungsvertrag und die Bestimmungen der Kommunalaufsichtsbehörde sind ortsüblich bekannt zu machen; enthält der Gebietsänderungsvertrag Vereinbarungen über das neue Orts- oder Kreisrecht, so ist der Vertrag nach den für dieses Recht geltenden Vorschriften bekannt zu machen.

§ 27 Rechtswirkungen der Gebietsänderung

(1) [1]Die Gebietsänderung, der Gebietsänderungsvertrag und die Bestimmungen der Kommunalaufsichtsbehörde begründen Rechte und Pflichten der Beteiligten. [2]Sie bewirken den Übergang, die Beschränkung oder die Aufhebung von dinglichen Rechten. [3]Die Kommunalaufsichtsbehörde ersucht die zuständigen Behörden, das Grundbuch, das Wasserbuch und andere öffentliche Bücher zu berichtigen.

(2) Für Rechts- und Verwaltungshandlungen, die aus Anlass der Gebietsänderung erforderlich werden, insbesondere Berichtigungen, Eintragungen und Löschungen in öffentlichen Büchern sowie Amtshandlungen der Vermessungs- und Katasterverwaltung, sind Kosten weder zu erheben noch zu erstatten.

(3) [1]Soweit der Wohnsitz oder Aufenthalt Voraussetzung für Rechte und Pflichten ist, gilt der Wohnsitz oder Aufenthalt in der früheren Kommune vor der Gebietsänderung als Wohnsitz oder Aufenthalt in der neuen Kommune. [2]Das Gleiche gilt für gemeindefreie Gebiete.

Vierter Teil: Einwohnerinnen und Einwohner, Bürgerinnen und Bürger

§ 28 Begriffsbestimmungen

(1) [1]Einwohnerin oder Einwohner einer Kommune ist, wer in dieser Kommune den Wohnsitz oder ständigen Aufenthalt hat. [2]Der Wohnsitz im Sinne dieses Gesetzes ist der Ort der Wohnung im Sinne des Melderechts. [3]Hat eine Person im Bundesgebiet mehrere Wohnungen, so ist ihr Wohnsitz der Ort der Hauptwohnung. [4]Weist sie jedoch nach, dass sich der Mittelpunkt ihrer Lebensbeziehungen am Ort der Nebenwohnung befindet, so ist dieser ihr Wohnsitz. [5]Hat eine Person keine Wohnung, so gilt der Ort des gewöhnlichen Aufenthalts als Wohnsitz.

(2) Bürgerinnen und Bürger einer Kommune sind die Einwohnerinnen und Einwohner, die zur Wahl der Vertretung dieser Kommune berechtigt sind.

§ 29 Ehrenbürgerrecht

(1) Eine Gemeinde kann Personen, die sich um sie besonders verdient gemacht haben, das Ehrenbürgerrecht verleihen.

(2) Die Gemeinde kann das Ehrenbürgerrecht wegen unwürdigen Verhaltens wieder entziehen.

§ 30 Benutzung öffentlicher Einrichtungen

(1) Die Einwohnerinnen und Einwohner sind im Rahmen der bestehenden Vorschriften berechtigt, die öffentlichen Einrichtungen der Kommune zu benutzen, und verpflichtet, die Gemeindelasten zu tragen.

(2) [1]Grundbesitzende und Gewerbetreibende, die ihren Wohnsitz nicht in der Kommune haben, sind in gleicher Weise berechtigt, die öffentlichen Einrichtungen zu benutzen, die in der Kommune für Grundbesitzende und Gewerbetreibende bestehen. [2]Sie sind verpflichtet, für ihren Grundbesitz oder Gewerbebetrieb im Gebiet der Kommune die Kosten für die Einrichtungen mitzutragen, soweit Rechtsvorschriften dies bestimmen.

(3) Die Absätze 1 und 2 gelten entsprechend für juristische Personen und Personenvereinigungen.

§ 31 Einwohnerantrag

(1) [1]Einwohnerinnen und Einwohner, die mindestens 14 Jahre alt sind und seit mindestens drei Monaten den Wohnsitz in der Kommune haben, können beantragen, dass die Vertretung bestimmte Angelegenheiten berät (Einwohnerantrag). [2]Einwohneranträge dürfen nur Angelegenheiten des eigenen Wirkungskreises der Kommune zum Gegenstand haben, für die die Vertretung nach § 58 Abs. 1 oder 2 zuständig ist oder für die sie sich die Beschlussfassung nach § 58 Abs. 3 Sätze 1 und 2 vorbehalten kann. [3]Einwohneranträge, die Angelegenheiten betreffen, zu denen bereits in den letzten zwölf Monaten ein zulässiger Einwohnerantrag gestellt worden ist, sind unzulässig.

(2) [1]Der Einwohnerantrag muss in schriftlicher Form angezeigt werden; die elektronische Form ist unzulässig. [2]Er muss ein bestimmtes Begehren mit Begründung enthalten. [3]Im Antrag sind bis zu drei Personen zu benennen, die berechtigt sind, die antragstellenden Personen zu vertreten (Vertretungsberechtigte). [4]Die Kommune erstellt unverzüglich nach der Anzeige des Einwohnerantrags eine Schätzung der Kosten für die Erfüllung des Begehrens und teilt diese den Vertretungsberechtigten unverzüglich schriftlich oder in elektronischer Form mit. [5]Die Kostenschätzung muss auch die Folgekosten der Erfüllung des Begehrens berücksichtigen. [6]Die Kostenschätzung ist von den Vertretungsberechtigten in den Einwohner-

antrag aufzunehmen. [7]Diese können zusätzlich eine abweichende eigene Kostenschätzung in den Einwohnerantrag aufnehmen. [8]Für den Einwohnerantrag ist je nach Einwohnerzahl folgende Anzahl an Unterschriften erforderlich:

1. in Gemeinden und Samtgemeinden
   a) mit bis zu 10 000 Einwohnerinnen und Einwohnern die Unterschriften von mindestens 5 Prozent der Einwohnerinnen und Einwohner, ausreichend sind jedoch 400 Unterschriften,
   b) mit mehr als 10 000 bis 50 000 Einwohnerinnen und Einwohnern die Unterschriften von mindestens 4 Prozent der Einwohnerinnen und Einwohner, ausreichend sind jedoch 1 500 Unterschriften,
   c) mit mehr als 50 000 bis 100 000 Einwohnerinnen und Einwohnern die Unterschriften von mindestens 3 Prozent der Einwohnerinnen und Einwohner, ausreichend sind jedoch 2 500 Unterschriften,
   d) mit mehr als 100 000 Einwohnerinnen und Einwohnern die Unterschriften von mindestens 2,5 Prozent der Einwohnerinnen und Einwohner, ausreichend sind jedoch 8 000 Unterschriften,
2. in Landkreisen
   a) mit bis zu 100 000 Einwohnerinnen und Einwohnern die Unterschriften von mindestens 3 Prozent der Einwohnerinnen und Einwohner, ausreichend sind jedoch 2 500 Unterschriften,
   b) mit mehr als 100 000 Einwohnerinnen und Einwohnern die Unterschriften von mindestens 2,5 Prozent der Einwohnerinnen und Einwohner, ausreichend sind jedoch 8 000 Unterschriften,
3. in der Region Hannover die Unterschriften von mindestens 8 000 Einwohnerinnen und Einwohnern.

(3) [1]Jede Unterschriftenliste muss den vollen Wortlaut des Einwohnerantrags enthalten. [2]Ungültig sind Eintragungen, die

1. die Person nach Name, Anschrift und Geburtsdatum nicht zweifelsfrei erkennen lassen,
2. von Personen stammen, die nicht gemäß Absatz 1 Satz 1 antragsberechtigt oder gemäß § 48 Abs. 2 vom Wahlrecht ausgeschlossen sind.

(4) [1]Der Einwohnerantrag ist bei der Kommune in schriftlicher Form einzureichen; die Voraussetzungen der Absätze 1 bis 3 müssen bei Eingang erfüllt sein. [2]§ 48 Abs. 1 Satz 2 und § 177 Abs. 2 und 3 gelten entsprechend.

(5) [1]Über die Zulässigkeit des Einwohnerantrags entscheidet der Hauptausschuss. [2]Ist der Einwohnerantrag zulässig, so hat die Vertretung innerhalb von sechs Monaten nach Eingang des Antrags über diesen zu beraten; § 71 Abs. 1, § 76 Abs. 1 und § 85 Abs. 1 Nr. 1 bleiben unberührt. [3]Die

Vertretung soll die im Antrag benannten Vertreterinnen und Vertreter der antragstellenden Personen anhören. [4]Das Ergebnis der Beratung sowie eine Entscheidung, die den Antrag für unzulässig erklärt, sind ortsüblich bekannt zu machen.

(6) [1]Wer einen Einwohnerantrag unterschreibt, hat den Anspruch, dass über diesen Antrag beraten wird, es sei denn, dass die Eintragung nach Absatz 3 ungültig ist. [2]Der Anspruch verjährt sechs Monate nach Eingang des Antrags. [3]Wird der Antrag für unzulässig erklärt, so verjährt der Anspruch drei Monate nach der Bekanntmachung dieser Entscheidung.

§ 32 Bürgerbegehren

(1) Mit einem Bürgerbegehren kann beantragt werden, dass Bürgerinnen und Bürger über eine Angelegenheit ihrer Kommune entscheiden.

(2) [1]Gegenstand eines Bürgerbegehrens können nur Angelegenheiten des eigenen Wirkungskreises der Kommune sein, für die die Vertretung nach § 58 Abs. 1 oder 2 zuständig ist oder für die sie sich die Beschlussfassung nach § 58 Abs. 3 Sätze 1 und 2 vorbehalten kann und zu denen nicht innerhalb der letzten zwei Jahre ein Bürgerentscheid durchgeführt worden ist. [2]Unzulässig ist ein Bürgerbegehren über
1. die innere Organisation der Kommunalverwaltung,
2. die Rechtsverhältnisse der Mitglieder der Vertretung, des Hauptausschusses, der Stadtbezirksräte, der Ortsräte und der Ausschüsse sowie der Beschäftigten der Kommune,
3. die Haushaltssatzung, einschließlich der Haushalts- und Wirtschaftspläne der Eigenbetriebe, sowie über die kommunalen Abgaben und die privatrechtlichen Entgelte,
4. den Jahresabschluss der Kommune und die Jahresabschlüsse der Eigenbetriebe,
5. Angelegenheiten, die im Rahmen eines Planfeststellungsverfahrens, eines förmlichen Verwaltungsverfahrens mit Öffentlichkeitsbeteiligung oder eines abfallrechtlichen, immissionsschutzrechtlichen, wasserrechtlichen oder vergleichbaren Zulassungsverfahrens zu entscheiden sind,
6. die Aufstellung, Änderung, Ergänzung und Aufhebung von Bauleitplänen und sonstigen Satzungen nach dem Baugesetzbuch (BauGB),
7. Entscheidungen als Träger von Krankenhäusern oder des Rettungsdienstes,
8. Entscheidungen über Rechtsbehelfe und Rechtsstreitigkeiten sowie

9. Angelegenheiten, die ein gesetzwidriges Ziel verfolgen oder sittenwidrig sind.

(3) [1]Das Bürgerbegehren muss die begehrte Sachentscheidung genau bezeichnen und so formuliert sein, dass für das Begehren mit Ja und gegen das Begehren mit Nein abgestimmt werden kann. [2]Das Bürgerbegehren muss eine Begründung enthalten. [3]Im Bürgerbegehren sind bis zu drei Personen zu benennen, die berechtigt sind, die antragstellenden Personen zu vertreten (Vertretungsberechtigte). [4]Das Bürgerbegehren ist der Kommune in schriftlicher Form anzuzeigen. [5]In der Anzeige kann beantragt werden, vorab zu entscheiden, ob die Voraussetzungen nach den Sätzen 1 bis 3 und Absatz 2 vorliegen. [6]Die Hauptverwaltungsbeamtin oder der Hauptverwaltungsbeamte berät die Bürgerinnen und Bürger, die ein Bürgerbegehren einreichen wollen, auf Verlangen in rechtlichen Fragen des Bürgerbegehrens; Kosten werden nicht erhoben.

(4) [1]Die Kommune erstellt unverzüglich nach Eingang der Anzeige des Bürgerbegehrens eine Schätzung der Kosten für die Umsetzung der begehrten Sachentscheidung. [2]Die Kostenschätzung muss auch die Folgekosten der Umsetzung der begehrten Sachentscheidung berücksichtigen. [3]Im Fall eines Antrags auf Vorabentscheidung nach Absatz 3 Satz 5 hat der Hauptausschuss zunächst unverzüglich über diesen Antrag zu entscheiden. [4]Die Entscheidung ist den Vertretungsberechtigten unverzüglich bekannt zu geben. [5]Wird in der Vorabentscheidung das Vorliegen der Voraussetzungen nach Absatz 2 und Absatz 3 Sätze 1 bis 3 festgestellt, so ist anschließend unverzüglich die Kostenschätzung zu erstellen. [6]Die Kommune hat die Kostenschätzung nach den Sätzen 1 und 5 den Vertretungsberechtigten unverzüglich schriftlich oder in elektronischer Form mitzuteilen. [7]Die Kostenschätzung ist von den Vertretungsberechtigten in das Bürgerbegehren aufzunehmen. [8]Diese können zusätzlich eine abweichende eigene Kostenschätzung aufnehmen. [9]In diesem Fall ist das ergänzte Bürgerbegehren der Kommune erneut anzuzeigen.

(5) [1]Das Bürgerbegehren muss in Kommunen

- mit bis zu 100 000 Einwohnerinnen und Einwohnern von mindestens 10 Prozent,
- mit 100 001 bis 200 000 Einwohnerinnen und Einwohnern von mindestens 7,5 Prozent und
- mit mehr als 200 000 Einwohnerinnen und Einwohnern von mindestens 5 Prozent

der nach § 48 in der Kommune wahlberechtigten Einwohnerinnen und Einwohner unterzeichnet sein. [2]Maßgeblich ist die bei der letzten Kommunalwahl festgestellte Zahl der Wahlberechtigten. [3]Jede Unterschriftenliste muss den vollen Wortlaut des Bürgerbegehrens enthalten. [4]Für die Ungültigkeit von Unterschriften gilt § 31 Abs. 3 Satz 2 entsprechend. [5]Darüber hinaus sind Eintragungen ungültig, die das Datum der Unterzeichnung nicht angeben oder vor dem Fristbeginn nach Absatz 6 Satz 3 geleistet wurden.

(6) [1]Das Bürgerbegehren ist mit den zu seiner Unterstützung erforderlichen Unterschriften innerhalb von sechs Monaten bei der Kommune in schriftlicher Form einzureichen. [2]Die elektronische Form ist unzulässig. [3]Die Frist beginnt einen Monat nach dem Eingang der Kostenschätzung der Kommune bei den Vertretungsberechtigten. [4]Richtet sich das Bürgerbegehren gegen einen bekannt gemachten Beschluss der Vertretung, so beträgt die Frist drei Monate nach dem Tag der Bekanntmachung.

(7) [1]Der Hauptausschuss entscheidet unverzüglich über die Zulässigkeit des Bürgerbegehrens. [2]Wurde in der Vorabentscheidung nach Absatz 4 Satz 3 festgestellt, dass die Voraussetzungen des Absatzes 2 und des Absatzes 3 Sätze 1 bis 3 vorliegen, so entscheidet er nur noch über das Vorliegen der Voraussetzungen des Absatzes 4 Satz 7 und der Absätze 5 und 6. [3]Die Hauptverwaltungsbeamtin oder der Hauptverwaltungsbeamte gibt den Vertretungsberechtigten die Entscheidung unverzüglich bekannt und unterrichtet die Vertretung in der nächsten Sitzung über die Entscheidung. [4]Ist das Bürgerbegehren zulässig, so muss innerhalb von drei Monaten ein Bürgerentscheid stattfinden. [5]Die Vertretung kann den Bürgerentscheid abwenden, indem sie zuvor vollständig oder im Wesentlichen im Sinne des Bürgerbegehrens entscheidet.

(8) Ist die Zulässigkeit des Bürgerbegehrens festgestellt, so darf bis zu dem Tag, an dem der Bürgerentscheid stattfindet, eine dem Begehren entgegenstehende Entscheidung nicht mehr getroffen und mit dem Vollzug einer solchen Entscheidung nicht mehr begonnen werden, es sei denn, dass die Kommune hierzu gesetzlich verpflichtet ist.

§ 33 Bürgerentscheid

(1) [1]Die Vertretung kann auf Antrag der Mehrheit ihrer Mitglieder mit einer Mehrheit von zwei Dritteln ihrer Mitglieder beschließen, dass über eine Angelegenheit des eigenen Wirkungskreises der Kommune innerhalb von drei Monaten durch Bürgerentscheid entschieden wird. [2]Der Beschluss ist auch zulässig, wenn eine einem zugelassenen Bürgerbegehren entgegenstehende Entscheidung begehrt wird. [3]§ 32 Abs. 2 gilt entsprechend. [4]Der Stimmzettel muss eine § 32 Abs. 3 Satz 1 entsprechende Bezeichnung der

begehrten Sachentscheidung, eine Begründung und eine § 32 Abs. 4 Sätze 1 und 2 entsprechende Kostenschätzung enthalten.

(2) [1]Der Bürgerentscheid findet an einem Sonntag in der Zeit von 8.00 Uhr bis 18.00 Uhr statt. [2]Ein Bürgerentscheid darf nicht an dem Tag stattfinden, an dem Abgeordnete der Vertretung oder die Hauptverwaltungsbeamtin oder der Hauptverwaltungsbeamte gewählt werden.

(3) [1]Die Abstimmungsberechtigten sind rechtzeitig vor dem Bürgerentscheid schriftlich zu benachrichtigen. [2]Die Abstimmung in Briefform ist zu ermöglichen. [3]Die Abstimmung soll in den Räumen stattfinden, die bei der letzten Kommunalwahl als Wahlräume bestimmt worden sind.

(4) [1]Bei dem Bürgerentscheid darf nur mit Ja oder Nein abgestimmt werden. [2]Die Abstimmenden geben ihre Entscheidung durch ein Kreuz oder in sonstiger Weise zweifelsfrei auf dem Stimmzettel zu erkennen. [3]Der Bürgerentscheid ist verbindlich, wenn die Mehrheit der gültigen Stimmen auf Ja lautet und diese Mehrheit mindestens 20 Prozent der nach § 48 Wahlberechtigten beträgt; § 32 Abs. 5 Satz 2 gilt entsprechend. [4]Bei Stimmengleichheit ist das Bürgerbegehren abgelehnt.

(5) [1]Sind mehrere Bürgerentscheide durchzuführen, die im Fall ihres Erfolgs nicht nebeneinander umgesetzt werden können, so finden die Bürgerentscheide am selben Tag statt. [2]Die Frist nach § 32 Abs. 7 Satz 4 beginnt mit der spätesten Zulässigkeitsentscheidung des Hauptausschusses, im Fall des Absatzes 1 mit dem Beschluss der Vertretung. [3]Erfüllen mehrere dieser Bürgerentscheide die Voraussetzungen nach Absatz 4 Satz 3, so ist nur der Bürgerentscheid verbindlich, bei dem die meisten gültigen Ja-Stimmen abgegeben wurden. [4]Ist die Zahl der gültigen Ja-Stimmen bei mehreren Bürgerentscheiden gleich, so ist der Bürgerentscheid verbindlich, bei dem die wenigsten gültigen Nein-Stimmen abgegeben wurden. [5]Ist auch die Zahl der Nein-Stimmen gleich, so liegt ein verbindlicher Bürgerentscheid nicht vor.

(6) [1]Ein verbindlicher Bürgerentscheid steht einem Beschluss der Vertretung gleich. [2]Vor Ablauf von zwei Jahren kann der Bürgerentscheid nur auf Veranlassung der Vertretung durch einen neuen Bürgerentscheid abgeändert oder aufgehoben werden.

§ 34 Anregungen, Beschwerden

[1]Jede Person hat das Recht, sich einzeln oder in Gemeinschaft mit anderen schriftlich mit Anregungen und Beschwerden in Angelegenheiten der Kommune an die Vertretung zu wenden. [2]Die Zuständigkeiten des Haupt-

ausschusses, der Ausschüsse der Vertretung, Stadtbezirksräte und Ortsräte und der Hauptverwaltungsbeamtin oder des Hauptverwaltungsbeamten werden hierdurch nicht berührt. [3]Die Vertretung kann dem Hauptausschuss die Prüfung von Anregungen und die Erledigung von Beschwerden übertragen. [4]Die Antragstellerin oder der Antragsteller ist darüber zu informieren, wie die Anregung oder die Beschwerde behandelt wurde. [5]Einzelheiten regelt die Hauptsatzung.

§ 35 Einwohnerbefragung

[1]Die Vertretung kann in Angelegenheiten der Kommune eine Befragung der Einwohnerinnen und Einwohner, die mindestens 14 Jahre alt sind und seit mindestens drei Monaten den Wohnsitz in der Kommune haben, beschließen. [2]Die Befragung kann auf einen Teil des Personenkreises nach Satz 1 beschränkt werden. [3]Satz 1 gilt nicht in Angelegenheiten einzelner Mitglieder der Vertretung, des Hauptausschusses, der Stadtbezirksräte, der Ortsräte und der Ausschüsse sowie der Beschäftigten der Kommune.

§ 36 Beteiligung von Kindern und Jugendlichen

[1]Gemeinden und Samtgemeinden sollen Kinder und Jugendliche bei Planungen und Vorhaben, die deren Interessen berühren, in angemessener Weise beteiligen. [2]Hierzu sollen die Gemeinden und Samtgemeinden über die in diesem Gesetz vorgesehene Beteiligung der Einwohnerinnen und Einwohner hinaus geeignete Verfahren entwickeln und durchführen.

§ 37 Hilfe bei Verwaltungsangelegenheiten

(1) Die Gemeinden sind ihren Einwohnerinnen und Einwohnern in den Grenzen ihrer Verwaltungskraft dabei behilflich, Verwaltungsverfahren einzuleiten, auch wenn sie für deren Durchführung nicht zuständig sind.

(2) Die Gemeinden haben Vordrucke für Anträge, Anzeigen und Meldungen bereitzuhalten, die ihnen von anderen Behörden überlassen werden.

(3) [1]Die Gemeinden haben Anträge, die beim Landkreis, der Region Hannover oder bei einer Landesbehörde einzureichen sind, entgegenzunehmen und unverzüglich an die zuständige Behörde weiterzuleiten. [2]Die bei der Gemeinde eingereichten Anträge gelten als bei der zuständigen Be-

hörde gestellt, soweit Bundesrecht dem nicht entgegensteht. [3]Rechtsbehelfe sind keine Anträge im Sinne dieses Gesetzes.

§ 38 Ehrenamtliche Tätigkeit

(1) Ehrenamtliche Tätigkeit ist eine wesentliche Grundlage der kommunalen Selbstverwaltung.

(2) [1]Die Bürgerinnen und Bürger sind verpflichtet, Ehrenämter und sonstige ehrenamtliche Tätigkeiten für die Kommune zu übernehmen und auszuüben. [2]Das Ehrenamt der Ortsvorsteherin oder des Ortsvorstehers und der Gleichstellungsbeauftragten kann von der Kommune nur mit Einverständnis der jeweiligen Person übertragen werden. [3]Anderen Personen als Bürgerinnen und Bürgern kann die Kommune Ehrenämter und sonstige ehrenamtliche Tätigkeiten ebenfalls nur mit deren Einverständnis übertragen.

(3) Die Kommune kann die Übertragung einer ehrenamtlichen Tätigkeit jederzeit aufheben; eine Übertragung auf Zeit kann ohne Zustimmung des ehrenamtlich Tätigen nur aufgehoben werden, wenn ein wichtiger Grund vorliegt.

§ 39 Verhinderung

(1) [1]Die Übernahme einer ehrenamtlichen Tätigkeit kann abgelehnt und die Aufhebung der Übertragung verlangt werden, wenn der Bürgerin oder dem Bürger die Tätigkeit wegen des Alters, des Gesundheitszustandes, der Berufs- oder Familienverhältnisse oder wegen eines sonstigen persönlichen Umstandes nicht zugemutet werden kann.

(2) [1]Wer ohne einen Grund nach Absatz 1 die Übernahme einer ehrenamtlichen Tätigkeit ablehnt oder ihre Ausübung verweigert, handelt ordnungswidrig. [2]Die Ordnungswidrigkeit kann mit einer Geldbuße geahndet werden. [3]Zuständige Behörde nach § 36 Abs. 1 Nr. 1 OWiG ist die Kommune. [4]Der Hauptausschuss, bei Abgeordneten die Vertretung, entscheidet, ob eine Ordnungswidrigkeit verfolgt und geahndet wird. [5]Im Übrigen trifft die Hauptverwaltungsbeamtin oder der Hauptverwaltungsbeamte die erforderlichen Maßnahmen.

§ 40 Amtsverschwiegenheit

(1) [1]Ehrenamtlich Tätige haben über Angelegenheiten, deren Geheimhaltung durch Gesetz oder dienstliche Anordnung vorgeschrieben oder der

Natur der Sache nach erforderlich ist, Verschwiegenheit zu wahren; dies gilt auch nach Beendigung ihrer Tätigkeit. [2]Von dieser Verpflichtung werden ehrenamtlich Tätige auch nicht durch persönliche Bindungen befreit. [3]Sie dürfen die Kenntnis von Angelegenheiten, über die sie verschwiegen zu sein haben, nicht unbefugt verwerten. [4]Sie dürfen ohne Genehmigung über solche Angelegenheiten weder vor Gericht noch außergerichtlich aussagen oder Erklärungen abgeben. [5]Die Genehmigung wird für ihre Mitglieder von der Vertretung erteilt. [6]Bei den übrigen ehrenamtlich Tätigen erteilt der Hauptausschuss die Genehmigung; er kann diese Zuständigkeit auf die Hauptverwaltungsbeamtin oder den Hauptverwaltungsbeamten übertragen.

(2) Wer die Pflichten nach Absatz 1 vorsätzlich oder grob fahrlässig verletzt, handelt ordnungswidrig, wenn die Tat nicht nach § 203 Abs. 2 oder nach § 353 b des Strafgesetzbuchs (StGB) bestraft werden kann; § 39 Abs. 2 Sätze 2 bis 4 gilt entsprechend.

§ 41 Mitwirkungsverbot

(1) [1]Ehrenamtlich Tätige dürfen in Angelegenheiten der Kommunen nicht beratend oder entscheidend mitwirken, wenn die Entscheidung einen unmittelbaren Vorteil oder Nachteil für folgende Personen bringen kann:

1. sie selbst,
2. ihre Ehegattin, ihren Ehegatten, ihre Lebenspartnerin oder ihren Lebenspartner im Sinne des Lebenspartnerschaftsgesetzes,
3. ihre Verwandten bis zum dritten oder ihre Verschwägerten bis zum zweiten Grad während des Bestehens der Ehe oder der Lebenspartnerschaft im Sinne des Lebenspartnerschaftsgesetzes oder
4. eine von ihnen kraft Gesetzes oder Vollmacht vertretene Person.

[2]Als unmittelbar gilt nur derjenige Vorteil oder Nachteil, der sich aus der Entscheidung selbst ergibt, ohne dass, abgesehen von der Ausführung von Beschlüssen nach § 85 Abs. 1 Satz 1 Nr. 2, weitere Ereignisse eintreten oder Maßnahmen getroffen werden müssen. [3]Satz 1 gilt nicht, wenn die ehrenamtlich Tätigen an der Entscheidung der Angelegenheit lediglich als Angehörige einer Berufs- oder Bevölkerungsgruppe beteiligt sind, deren gemeinsame Interessen durch die Angelegenheit berührt werden.

(2) Das Verbot des Absatzes 1 Sätze 1 und 2 gilt auch für ehrenamtlich Tätige, die gegen Entgelt bei einer natürlichen oder juristischen Person des öffentlichen oder privaten Rechts oder einer Vereinigung beschäftigt sind, wenn die Entscheidung diesen Dritten einen unmittelbaren Vorteil oder Nachteil bringen kann.

(3) Das Verbot des Absatzes 1 Sätze 1 und 2 gilt nicht für
1. die Beratung und Entscheidung über Rechtsnormen,
2. Beschlüsse, welche die Besetzung unbesoldeter Stellen oder die Abberufung aus ihnen betreffen,
3. Wahlen,
4. ehrenamtlich Tätige, die dem Vertretungsorgan einer juristischen Person als Vertreterin oder Vertreter der Kommune angehören.

(4) [1]Wer annehmen muss, nach den Vorschriften der Absätze 1 und 2 an der Beratung und Entscheidung gehindert zu sein, hat dies vorher mitzuteilen. [2]Ob ein Mitwirkungsverbot besteht, entscheidet die Stelle, in der oder für welche die ehrenamtliche Tätigkeit ausgeübt wird. [3]Wird über eine Rechtsnorm beraten oder entschieden (Absatz 3 Nr. 1), so hat die ehrenamtlich tätige Person vorher mitzuteilen, wenn sie oder eine der in Absatz 1 Satz 1 oder Absatz 2 genannten Personen ein besonderes persönliches oder wirtschaftliches Interesse am Erlass oder Nichterlass der Rechtsnorm hat.

(5) [1]Wer nach den Vorschriften der Absätze 1 und 2 gehindert ist, an der Beratung und Entscheidung einer Angelegenheit mitzuwirken, hat den Beratungsraum zu verlassen. [2]Bei einer öffentlichen Sitzung ist diese Person berechtigt, sich in dem für Zuhörerinnen und Zuhörer bestimmten Teil des Beratungsraumes aufzuhalten.

(6) [1]Ein Beschluss, der unter Verletzung der Vorschriften der Absätze 1 und 2 gefasst worden ist, ist unwirksam, wenn die Mitwirkung für das Abstimmungsergebnis entscheidend war. [2]§ 10 Abs. 2 Satz 1 gilt jedoch entsprechend. [3]Wenn eine öffentliche Bekanntmachung des Beschlusses nicht erforderlich ist, beginnt die Frist nach § 10 Abs. 2 Satz 1 mit dem Tag der Beschlussfassung.

§ 42 Vertretungsverbot

(1) [1]Ehrenbeamtinnen und Ehrenbeamte dürfen Dritte nicht vertreten, wenn diese ihre Ansprüche und Interessen gegenüber der Kommune geltend machen; hiervon ausgenommen sind Fälle der gesetzlichen Vertretung. [2]Für andere ehrenamtlich Tätige gilt das Vertretungsverbot des Satzes 1, wenn die Vertretung mit den Aufgaben ihrer ehrenamtlichen Tätigkeit im Zusammenhang stehen würde.

(2) Feststellungen über das Vorliegen der Voraussetzungen des Absatzes 1 trifft die Vertretung.

§ 43 Pflichtenbelehrung

[1]Ehrenamtlich Tätige sind durch die Hauptverwaltungsbeamtin oder den Hauptverwaltungsbeamten vor Aufnahme ihrer Tätigkeit auf ihre Pflichten nach den §§ 40 bis 42 hinzuweisen. [2]Der Hinweis ist aktenkundig zu machen.

§ 44 Entschädigung

(1) [1]Wer ehrenamtlich tätig ist, hat Anspruch auf Ersatz seiner Auslagen, einschließlich der Aufwendungen für eine Kinderbetreuung, und seines nachgewiesenen Verdienstausfalls. [2]Bei Personen, die keinen Anspruch auf Verdienstausfall geltend machen können, kann die Entschädigung auch einen angemessenen Pauschalstundensatz als Ausgleich von besonderen Nachteilen im Bereich der Haushaltsführung oder im sonstigen beruflichen Bereich beinhalten, die durch die ehrenamtliche Tätigkeit entstehen. [3]Einzelheiten sind durch Satzung zu regeln. [4]In der Satzung sind die Ansprüche auf Höchstbeträge zu begrenzen.

(2) [1]Ehrenamtlich Tätigen können angemessene Aufwandsentschädigungen nach Maßgabe einer Satzung gewährt werden. [2]Wird eine Aufwandsentschädigung gewährt, so besteht daneben kein Anspruch auf Ersatz der Auslagen, des Verdienstausfalls und des Pauschalstundensatzes; in der Satzung können für Fälle außergewöhnlicher Belastungen und für bestimmte Tätigkeiten, deren Ausmaß nicht voraussehbar ist, Ausnahmen zugelassen werden.

(3) Die Ansprüche nach dieser Vorschrift sind nicht übertragbar.

Fünfter Teil: **Innere Kommunalverfassung**

Erster Abschnitt: **Vertretung**

§ 45 Rechtsstellung und Zusammensetzung

(1) [1]Die Vertretung ist das Hauptorgan der Kommune. [2]Mitglieder der Vertretung sind die in diese gewählten Abgeordneten sowie kraft Amtes die Hauptverwaltungsbeamtin oder der Hauptverwaltungsbeamte. [3]Die Abgeordneten tragen in den Gemeinden und Samtgemeinden die Bezeichnung

Ratsfrau oder Ratsherr, in den Landkreisen die Bezeichnung Kreistagsabgeordnete oder Kreistagsabgeordneter und in der Region Hannover die Bezeichnung Regionsabgeordnete oder Regionsabgeordneter.

(2) Schreibt dieses Gesetz für Wahlen, Abstimmungen oder Anträge eine bestimmte Mehrheit oder Minderheit vor, so ist die durch Gesetz oder durch Satzung geregelte Zahl der Mitglieder zugrunde zu legen, soweit in Rechtsvorschriften nichts anderes bestimmt ist.

§ 46 Zahl der Abgeordneten

(1) [1]Die Zahl der Ratsfrauen oder Ratsherren beträgt in Gemeinden und Samtgemeinden

mit	bis zu 500			Einwohnerinnen und Einwohnern	6,
mit	501	bis	1 000	Einwohnerinnen und Einwohnern	8,
mit	1 001	bis	2 000	Einwohnerinnen und Einwohnern	10,
mit	2 001	bis	3 000	Einwohnerinnen und Einwohnern	12,
mit	3 001	bis	5 000	Einwohnerinnen und Einwohnern	14,
mit	5 001	bis	6 000	Einwohnerinnen und Einwohnern	16,
mit	6 001	bis	7 000	Einwohnerinnen und Einwohnern	18,
mit	7 001	bis	8 000	Einwohnerinnen und Einwohnern	20,
mit	8 001	bis	9 000	Einwohnerinnen und Einwohnern	22,
mit	9 001	bis	10 000	Einwohnerinnen und Einwohnern	24,
mit	10 001	bis	11 000	Einwohnerinnen und Einwohnern	26,
mit	11 001	bis	12 000	Einwohnerinnen und Einwohnern	28,
mit	12 001	bis	15 000	Einwohnerinnen und Einwohnern	30,
mit	15 001	bis	20 000	Einwohnerinnen und Einwohnern	32,
mit	20 001	bis	25 000	Einwohnerinnen und Einwohnern	34,
mit	25 001	bis	30 000	Einwohnerinnen und Einwohnern	36,
mit	30 001	bis	40 000	Einwohnerinnen und Einwohnern	38,
mit	40 001	bis	50 000	Einwohnerinnen und Einwohnern	40,
mit	50 001	bis	75 000	Einwohnerinnen und Einwohnern	42,
mit	75 001	bis	100 000	Einwohnerinnen und Einwohnern	44,
mit	100 001	bis	125 000	Einwohnerinnen und Einwohnern	46,
mit	125 001	bis	150 000	Einwohnerinnen und Einwohnern	48,
mit	150 001	bis	175 000	Einwohnerinnen und Einwohnern	50,
mit	175 001	bis	200 000	Einwohnerinnen und Einwohnern	52,
mit	200 001	bis	250 000	Einwohnerinnen und Einwohnern	54,
mit	250 001	bis	300 000	Einwohnerinnen und Einwohnern	56,
mit	300 001	bis	350 000	Einwohnerinnen und Einwohnern	58,
mit	350 001	bis	400 000	Einwohnerinnen und Einwohnern	60,

mit	400 001	bis	500 000	Einwohnerinnen und Einwohnern	62,
mit	500 001	bis	600 000	Einwohnerinnen und Einwohnern	64,
mit	mehr als 600 000			Einwohnerinnen und Einwohnern	66.

[2]In Mitgliedsgemeinden von Samtgemeinden erhöht sich diese Zahl jeweils um eins.

(2) Die Zahl der Kreistagsabgeordneten beträgt in Landkreisen

mit	bis zu 100 000			Einwohnerinnen und Einwohnern	42,
mit	100 001	bis	125 000	Einwohnerinnen und Einwohnern	46,
mit	125 001	bis	150 000	Einwohnerinnen und Einwohnern	50,
mit	150 001	bis	175 000	Einwohnerinnen und Einwohnern	54,
mit	175 001	bis	200 000	Einwohnerinnen und Einwohnern	58,
mit	200 001	bis	250 000	Einwohnerinnen und Einwohnern	62,
mit	250 001	bis	300 000	Einwohnerinnen und Einwohnern	64,
mit	300 001	bis	350 000	Einwohnerinnen und Einwohnern	66,
mit	350 001	bis	400 000	Einwohnerinnen und Einwohnern	68,
mit	mehr als 400 000			Einwohnerinnen und Einwohnern	70.

(3) Die Zahl der Regionsabgeordneten beträgt 84.

(4) [1]In Gemeinden und Samtgemeinden mit mehr als 8 000 Einwohnerinnen und Einwohnern sowie in Landkreisen und der Region Hannover kann die Zahl der für die nächste allgemeine Wahlperiode zu wählenden Abgeordneten um 2, 4 oder 6 verringert werden. [2]Die Entscheidung ist bis spätestens 18 Monate vor dem Ende der laufenden Wahlperiode durch Satzung zu treffen. [3]Die Zahl von 20 Abgeordneten darf nicht unterschritten werden.

(5) [1]Werden Gemeinden oder Landkreise vereinigt oder neu gebildet oder Samtgemeinden neu gebildet, zusammengeschlossen oder umgebildet, so kann die Zahl der zu wählenden Abgeordneten bis zum Ende der nächsten allgemeinen Wahlperiode um 2, 4 oder 6 erhöht werden. [2]Die Erhöhung ist bei Vereinigung oder Neubildung von Gemeinden oder Landkreisen durch übereinstimmende Satzungen der beteiligten Gemeinden oder Landkreise zu regeln; bei Neubildung, Zusammenschluss oder Umbildung von Samtgemeinden gelten § 100 Abs. 1 Satz 5, § 101 Abs. 1 Satz 3 und § 102 Abs. 1 Halbsatz 2. [3]Die Satzungen müssen vor der Verkündung des Gesetzes, das die Vereinigung oder Neubildung regelt, verkündet worden sein.

(6) Beschlüsse nach Absatz 4 oder 5 bedürfen der Mehrheit der Mitglieder der Vertretung.

§ 47 Wahl und Wahlperiode der Abgeordneten

(1) [1]Die Abgeordneten werden von den Bürgerinnen und Bürgern in allgemeiner, unmittelbarer, freier, gleicher und geheimer Wahl gewählt. [2]Einzelheiten werden, soweit dieses Gesetz hierüber keine Vorschriften enthält, durch das Niedersächsische Kommunalwahlgesetz geregelt.

(2) [1]Die allgemeine Wahlperiode der Abgeordneten beträgt fünf Jahre. [2]Die nächste Wahlperiode beginnt am 1. November 2011.

§ 48 Recht zur Wahl der Mitglieder der Vertretung

(1) [1]Zur Wahl der Abgeordneten und der Hauptverwaltungsbeamtin oder des Hauptverwaltungsbeamten sind Personen berechtigt, die Deutsche im Sinne des Artikels 116 Abs. 1 des Grundgesetzes für die Bundesrepublik Deutschland sind oder die Staatsangehörigkeit eines anderen Mitgliedstaates der Europäischen Union besitzen und am Wahltag

1. mindestens 16 Jahre alt sind und
2. seit mindestens drei Monaten in der Kommune den Wohnsitz haben.

[2]Bei der Berechnung der Dreimonatsfrist nach Satz 1 Nr. 2 ist der Tag der Wohnsitz- oder Aufenthaltsnahme in die Frist einzubeziehen.

(2) Vom Wahlrecht ausgeschlossen sind Personen, die durch Entscheidung eines Gerichts nach deutschem Recht kein Wahlrecht besitzen.

§ 49 Wählbarkeit

(1) [1]Zur Abgeordneten oder zum Abgeordneten sind Personen wählbar, die am Wahltag

1. mindestens 18 Jahre alt sind,
2. seit mindestens sechs Monaten im Gebiet der Kommune ihren Wohnsitz haben und
3. Deutsche im Sinne des Artikels 116 Abs. 1 des Grundgesetzes für die Bundesrepublik Deutschland oder Staatsangehörige eines anderen Mitgliedstaates der Europäischen Union sind.

[2]§ 28 Abs. 1 Sätze 2 bis 5 und § 48 Abs. 1 Satz 2 gelten entsprechend.

(2) Nicht wählbar sind Personen, die

1. nach § 48 Abs. 2 vom Wahlrecht ausgeschlossen sind,
2. durch Entscheidung eines Gerichts nach deutschem Recht nicht wählbar sind oder kein öffentliches Amt innehaben dürfen,

3. als Staatsangehörige eines anderen Mitgliedstaates der Europäischen Union nach dem Recht dieses Staates infolge einer zivilrechtlichen Einzelfallentscheidung oder einer strafrechtlichen Entscheidung nicht wählbar sind.

§ 50 Unvereinbarkeit

(1) [1]Abgeordnete einer Kommune dürfen nicht sein
1. Beamtinnen und Beamte mit Dienstbezügen im Dienst dieser Kommune,
2. im Rat der Mitgliedsgemeinde einer Samtgemeinde: Beamtinnen und Beamte mit Dienstbezügen im Dienst der Samtgemeinde,
3. im Rat oder Samtgemeinderat: die Landrätin oder der Landrat des Landkreises, dem die Gemeinde oder Samtgemeinde angehört, und deren oder dessen Stellvertreterinnen oder Stellvertreter nach § 81 Abs. 3 Sätze 1 und 3,
4. im Rat einer regionsangehörigen Gemeinde: die Regionspräsidentin oder der Regionspräsident und deren oder dessen Stellvertreterinnen oder Stellvertreter nach § 81 Abs. 3 Sätze 1 und 3,
5. im Samtgemeinderat: Beamtinnen und Beamte mit Dienstbezügen im Dienst einer Mitgliedsgemeinde dieser Samtgemeinde,
6. im Kreistag oder in der Regionsversammlung: die hauptamtliche Bürgermeisterin oder der hauptamtliche Bürgermeister einer dem Landkreis oder der Region Hannover angehörenden Gemeinde oder Samtgemeinde und deren oder dessen Stellvertreterinnen oder Stellvertreter nach § 81 Abs. 3 Sätze 1 und 3,
7. Beschäftigte, die unmittelbar Aufgaben der Kommunalaufsicht oder Fachaufsicht über diese Kommune wahrnehmen und hierbei befugt sind, Entscheidungen zu treffen, und
8. Beschäftigte im Dienst einer Einrichtung, eines Unternehmens, einer kommunalen Anstalt, einer gemeinsamen kommunalen Anstalt oder einer anderen juristischen Person oder sonstigen Organisation des öffentlichen oder privaten Rechts, die einer Gesellschafterversammlung, einem Aufsichtsrat, einem Verwaltungsrat oder einem vergleichbaren Organ unmittelbar verantwortlich sind, wenn die Kommune in der jeweiligen Organisation über die Mehrheit der Anteile oder Stimmrechte verfügt.

[2]Satz 1 Nr. 8 gilt entsprechend für die Vertreterinnen und Vertreter der dort bezeichneten Beschäftigten, denen die Vertretung nicht nur für den Verhinderungsfall übertragen wurde.

(2) Absatz 1 Satz 1 Nrn. 1, 2 und 5 ist auf hauptberufliche Arbeitnehmerinnen und Arbeitnehmer, die nicht überwiegend körperliche Arbeit verrichten, entsprechend anzuwenden.

(3) [1]Wird eine Person gewählt, die nicht Abgeordnete sein darf, so kann sie die Wahl nur annehmen, wenn sie der Wahlleitung nachweist, dass sie die zur Beendigung des Beamten oder Arbeitnehmerverhältnisses erforderliche Erklärung abgegeben hat. [2]Weist sie dies vor Ablauf der Frist zur Annahme der Wahl nach dem Niedersächsischen Kommunalwahlgesetz nicht nach, so gilt die Wahl als abgelehnt. [3]Die Beendigung des Beamten- oder Arbeitnehmerverhältnisses ist der Hauptverwaltungsbeamtin oder dem Hauptverwaltungsbeamten spätestens vier Monate nach Annahme der Wahl nachzuweisen. [4]Die Sätze 1 bis 3 gelten entsprechend bei einem Nachrücken als Ersatzperson. [5]Stellt die Wahlleitung nachträglich fest, dass eine Person die Wahl angenommen hat, obwohl sie nach den Absätzen 1 und 2 nicht Abgeordnete sein darf, so scheidet sie einen Monat, nachdem ihr die Feststellung zugestellt worden ist, aus der Vertretung aus. [6]Die Wahlleitung stellt den Verlust des Sitzes fest. [7]Satz 5 gilt nicht, wenn die Person innerhalb der Monatsfrist nachweist, dass sie das Dienst- oder Arbeitsverhältnis beendet hat.

§ 51 Sitzerwerb

[1]Die Abgeordneten erwerben ihren Sitz in der Vertretung mit der Annahme der Wahl, frühestens jedoch mit dem Beginn der Wahlperiode. [2]Bei einer nicht im gesamten Wahlgebiet durchgeführten Nachwahl oder bei einer Wiederholungswahl sowie beim Nachrücken als Ersatzperson beginnt die Mitgliedschaft frühestens mit der Feststellung nach § 52 Abs. 2.

§ 52 Sitzverlust

(1) [1]Die Abgeordneten verlieren ihren Sitz in der Vertretung durch

1. schriftliche Verzichtserklärung gegenüber der Hauptverwaltungsbeamtin oder dem Hauptverwaltungsbeamten,
2. Verlust der Wählbarkeit oder durch nachträgliche Feststellung ihres Fehlens zur Zeit der Wahl,
3. Feststellung der Verfassungswidrigkeit einer Partei nach Maßgabe des Absatzes 3,
4. Berichtigung des Wahlergebnisses oder durch seine Neufeststellung aufgrund einer Nachwahl oder Wiederholungswahl nach Maßgabe des Niedersächsischen Kommunalwahlgesetzes,

5. eine Entscheidung im Wahlprüfungsverfahren, nach der die Wahl der Vertretung oder die Wahl der oder des Abgeordneten ungültig ist,
6. Wegfall der Gründe für das Nachrücken als Ersatzperson,
7. Ablauf der Frist gemäß § 50 Abs. 3 Satz 3 oder 5, wenn der nach diesen Vorschriften erforderliche Nachweis nicht geführt ist, oder
8. Verwendung im Beamten- oder Arbeitnehmerverhältnis nach Annahme der Wahl, wenn die Mitgliedschaft in der Vertretung nach § 50 mit dem Amt oder Aufgabenkreis der Person unvereinbar ist und nicht innerhalb von vier Monaten nachgewiesen wird, dass das Dienst- oder Arbeitnehmerverhältnis beendet ist.

[2]Die Verzichtserklärung nach Satz 1 Nr. 1 darf nicht in elektronischer Form abgegeben und nicht widerrufen werden.

(2) Die Vertretung stellt zu Beginn der nächsten Sitzung fest, ob eine der Voraussetzungen nach Absatz 1 Satz 1 Nrn. 1 bis 4 und 6 bis 8 vorliegt; der oder dem Betroffenen ist Gelegenheit zur Stellungnahme zu geben.

(3) [1]Wird eine Partei oder die Teilorganisation einer Partei durch das Bundesverfassungsgericht gemäß Artikel 21 Abs. 2 des Grundgesetzes für die Bundesrepublik Deutschland für verfassungswidrig erklärt, so verlieren diejenigen Abgeordneten ihren Sitz, die aufgrund eines Wahlvorschlags dieser Partei oder Teilorganisation gewählt worden sind. [2]Dies gilt auch für diejenigen Abgeordneten, die dieser Partei oder Teilorganisation zum Zeitpunkt der Verkündung der Entscheidung angehört haben.

§ 53 Ruhen der Mitgliedschaft in der Vertretung

[1]Wird gegen Abgeordnete der Vertretung wegen eines Verbrechens die öffentliche Klage erhoben, so ruht ihre Mitgliedschaft in der Vertretung bis zur rechtskräftigen Entscheidung. [2]Die oder der Abgeordnete der Vertretung ist verpflichtet, der Hauptverwaltungsbeamtin oder dem Hauptverwaltungsbeamten unverzüglich mitzuteilen, dass Klage erhoben wurde.

§ 54 Rechtsstellung der Mitglieder der Vertretung.

(1) [1]Die Mitglieder der Vertretung üben ihre Tätigkeit im Rahmen der Gesetze nach ihrer freien, nur durch Rücksicht auf das öffentliche Wohl geleiteten Überzeugung aus. [2]Sie sind nicht an Verpflichtungen gebunden, durch die die Freiheit ihrer Entschließung als Mitglieder der Vertretung beschränkt wird.

(2) [1]Niemand darf an der Übernahme und Ausübung des Amtes eines Mitglieds der Vertretung gehindert werden. [2]Abgeordnete dürfen wegen der Übernahme oder Ausübung des Amtes nicht benachteiligt werden. [3]Es ist unzulässig, Abgeordnete wegen ihrer Mitgliedschaft aus einem Dienst- oder Arbeitsverhältnis zu entlassen oder ihnen zu kündigen. [4]Den Abgeordneten ist die für ihre Tätigkeit notwendige freie Zeit zu gewähren. [5]Abgeordnete, die innerhalb eines vorgegebenen Arbeitszeitrahmens Beginn und Ende ihrer täglichen Arbeitszeit selbst bestimmen können, haben einen Anspruch auf Verringerung ihrer regelmäßigen Arbeitszeit für die Zeit, in der sie an

1. einer Sitzung der Vertretung, des Hauptausschusses, eines Ausschusses, ihrer Fraktion oder Gruppe,
2. einer Sitzung eines Organs oder Gremiums einer juristischen Person oder Vereinigung des öffentlichen oder privaten Rechts, in das sie von der Kommune gewählt, entsandt oder in sonstiger Form bestellt worden sind, oder
3. einer Veranstaltung, für die die Vertretung die Teilnahme beschlossen hat oder zu der die Hauptverwaltungsbeamtin oder der Hauptverwaltungsbeamte die Abgeordneten eingeladen hat,

teilnehmen, soweit kein Anspruch auf Gewährung freier Zeit nach Satz 4 besteht und die Teilnahme in ihrem Arbeitszeitrahmen liegt. [6]Der Anspruch nach Satz 5 besteht nur, soweit die Summe aus der am Tag der Teilnahme geleisteten Arbeitszeit, der nach Satz 4 zu gewährenden Freistellungszeit und der nach Satz 5 zu berücksichtigenden Teilnahmezeit ein Fünftel der regelmäßigen wöchentlichen Arbeitszeit der oder des Abgeordneten nicht überschreitet. [7]Den Abgeordneten ist darüber hinaus in jeder Wahlperiode bis zu fünf Arbeitstage Urlaub zu gewähren, damit sie an Fortbildungsveranstaltungen teilnehmen können, die im Zusammenhang mit dem Amt der oder des Abgeordneten stehen. [8]Für die Zeit dieses Urlaubs haben die Abgeordneten gegen die Kommune Anspruch auf Ersatz des nachgewiesenen Verdienstausfalls bis zu einem durch Satzung festzulegenden Höchstbetrag. [9]Sind die Abgeordneten einer Gemeinde zugleich auch Abgeordnete einer Samtgemeinde, eines Landkreises oder der Region Hannover, so entsteht der Anspruch auf Urlaub nach Satz 7 in jeder Wahlperiode nur einmal.

(3) Die Vorschriften der §§ 40, 41, 42 Abs. 1 Satz 2 und Abs. 2 sowie des § 43 sind auf die Abgeordneten anzuwenden.

(4) Verletzen Abgeordnete vorsätzlich oder grob fahrlässig ihre Pflichten, verstoßen sie insbesondere gegen die ihnen in den §§ 40 bis 42 auferlegten Verpflichtungen, so haben sie der Kommune den daraus entstehenden Schaden zu ersetzen.

§ 55 Entschädigung der Abgeordneten

(1) [1]Die Abgeordneten haben Anspruch auf Zahlung einer Entschädigung nach Maßgabe des § 44 Abs. 1 und 3. [2]Selbständig Tätigen kann der Nachweis des Verdienstausfalls erleichtert werden. [3]Die Entschädigung kann nach Maßgabe einer Satzung ganz oder teilweise pauschal gewährt und dabei ganz oder teilweise als Sitzungsgeld gezahlt sowie für besondere Funktionen erhöht werden; sie muss angemessen sein.

(2) [1]Das für Inneres zuständige Ministerium beruft jeweils vor dem Ende einer allgemeinen Wahlperiode sachverständige Personen in eine Kommission, die bis zum Beginn der neuen Wahlperiode Empfehlungen zur Ausgestaltung und Höhe der Entschädigung nach Absatz 1 gibt. [2]Die Empfehlungen sind von dem für Inneres zuständigen Ministerium zu veröffentlichen. [3]Die Mitglieder der Kommission haben Anspruch auf Ersatz ihrer Auslagen und des Verdienstausfalls nach Maßgabe der Abschnitte 2 und 5 des Justizvergütungs- und -entschädigungsgesetzes.

§ 56 Antragsrecht, Auskunftsrecht

[1]Jedes Mitglied der Vertretung hat das Recht, in der Vertretung und in den Ausschüssen, denen es angehört, Anträge zu stellen; die Unterstützung durch andere Mitglieder der Vertretung ist dazu nicht erforderlich. [2]Zur eigenen Unterrichtung kann jede oder jeder Abgeordnete von der Hauptverwaltungsbeamtin oder dem Hauptverwaltungsbeamten Auskünfte in allen Angelegenheiten der Kommune verlangen; dies gilt nicht für Angelegenheiten, die der Geheimhaltung unterliegen (§ 6 Abs. 3 Satz 1).

§ 57 Fraktionen und Gruppen

(1) Zwei oder mehr Abgeordnete können sich zu einer Fraktion oder Gruppe zusammenschließen.

(2) [1]Fraktionen und Gruppen wirken bei der Willensbildung und Entscheidungsfindung in der Vertretung, im Hauptausschuss und in den Ausschüssen mit. [2]Ihre innere Ordnung muss demokratischen und rechtsstaatlichen Grundsätzen entsprechen.

(3) [1]Die Kommune kann den Fraktionen und Gruppen Zuwendungen zu den Sach- und Personalkosten für die Geschäftsführung gewähren; zu diesen Kosten zählen auch die Aufwendungen der Fraktionen oder Gruppen aus einer öffentlichen Darstellung ihrer Auffassungen in den Angele-

genheiten der Kommune. [2]Die Verwendung der Zuwendungen ist in einfacher Form nachzuweisen.

(4) Soweit personenbezogene Daten an die Abgeordneten oder an Mitglieder eines Stadtbezirksrates oder Ortsrates übermittelt werden dürfen, ist es zulässig, diese Daten auch an von der Hauptverwaltungsbeamtin oder dem Hauptverwaltungsbeamten zur Verschwiegenheit verpflichtete Mitarbeiterinnen und Mitarbeiter der Fraktionen und Gruppen zu übermitteln.

(5) Einzelheiten über die Bildung der Fraktionen und Gruppen sowie über deren Rechte und Pflichten regelt die Geschäftsordnung.

§ 58 Zuständigkeit der Vertretung

(1) Die Vertretung beschließt ausschließlich über

1. die grundlegenden Ziele der Entwicklung der Kommune,
2. Richtlinien, nach denen die Verwaltung geführt werden soll,
3. den Namen, eine Bezeichnung, das Wappen, die Flagge und das Dienstsiegel der Kommune,
4. Gebietsänderungen und den Abschluss von Gebietsänderungsverträgen,
5. Satzungen und Verordnungen,
6. die Verleihung und Entziehung von Ehrenbezeichnungen,
7. die Erhebung öffentlicher Abgaben (Gebühren, Beiträge und Steuern) und Umlagen,
8. die Festlegung allgemeiner privatrechtlicher Entgelte, es sei denn, dass deren jährliches Aufkommen einen in der Hauptsatzung festgesetzten Betrag voraussichtlich nicht übersteigt,
9. die Haushaltssatzung, das Haushaltssicherungskonzept, über- und außerplanmäßige Aufwendungen, Auszahlungen und Verpflichtungen nach Maßgabe der §§ 117 und 119 sowie über das Investitionsprogramm,

9a. den Haushalts- oder den Wirtschaftsplan und den Höchstbetrag der Liquiditätskredite der Eigenbetriebe,

10. den Jahresabschluss, den konsolidierten Gesamtabschluss, die Zuführung zu Überschussrücklagen (§ 123 Abs. 1 Satz 1) und die Entlastung der Hauptverwaltungsbeamtin oder des Hauptverwaltungsbeamten,

10a. den Jahresabschluss der Eigenbetriebe und die Entlastung der Betriebsleitung sowie den Lagebericht und die Verwendung des Jahresgewinns oder die Behandlung des Jahresverlustes,

11. die Errichtung, Gründung, Übernahme, wesentliche Erweiterung, teilweise oder vollständige Veräußerung, Aufhebung oder Auflösung von Unternehmen, von kommunalen Anstalten und von Einrichtungen im Rahmen des Wirtschaftsrechts, insbesondere von Eigenbetrieben, von Gesellschaften und von anderen Vereinigungen in einer Rechtsform des privaten Rechts, sowie über die Wirtschaftsführung von Einrichtungen als Eigenbetriebe oder als selbständige Einrichtungen im Sinne von § 139,
12. die Beteiligung an Gesellschaften und anderen Vereinigungen in einer Rechtsform des privaten Rechts sowie die Änderung der Beteiligungsverhältnisse,
13. die Verpachtung von Unternehmen und Einrichtungen der Kommune oder solchen, an denen die Kommune beteiligt ist, die Übertragung der Betriebsführung dieser Unternehmen und Einrichtungen auf Dritte sowie den Abschluss von sonstigen Rechtsgeschäften im Sinne von § 148,
14. die Verfügung über Vermögen der Kommune, insbesondere Schenkungen und Darlehen, die Veräußerung oder Belastung von Grundstücken und die Veräußerung von Anteilen an einer Gesellschaft oder anderen Vereinigung in einer Rechtsform des privaten Rechts, ausgenommen Rechtsgeschäfte, deren Vermögenswert eine von der Hauptsatzung bestimmte Höhe nicht übersteigt,
15. Richtlinien für die Aufnahme von Krediten (§ 120 Abs. 1 Satz 2),
16. die Übernahme von Bürgschaften, den Abschluss von Gewährverträgen, die Bestellung von Sicherheiten für Dritte sowie diejenigen Rechtsgeschäfte, die den vorgenannten Verpflichtungen oder der Aufnahme von Krediten wirtschaftlich gleichstehen, es sei denn, dass das Rechtsgeschäft einen in der Hauptsatzung bestimmten Betrag nicht übersteigt, oder zu den Rechtsgeschäften der laufenden Verwaltung gehört,
17. die Mitgliedschaft in kommunalen Zusammenschlüssen, die Änderung der Beteiligungsverhältnisse an gemeinsamen kommunalen Anstalten und den Abschluss von Zweckvereinbarungen, wenn die Zweckvereinbarungen Aufgabenübertragungen zum Inhalt haben,
18. die Errichtung, Zusammenlegung und Aufhebung von Stiftungen, die Änderung des Stiftungszwecks sowie die Verwendung des Stiftungsvermögens, es sei denn, dass das von der Entscheidung betroffene Stiftungsvermögen einen in der Hauptsatzung bestimmten Betrag nicht übersteigt,
19. die Übernahme neuer Aufgaben, für die keine gesetzliche Verpflichtung besteht, und

20. Verträge der Kommune mit Mitgliedern der Vertretung, sonstigen Mitgliedern von Ausschüssen, von Stadtbezirksräten und von Ortsräten oder mit der Hauptverwaltungsbeamtin oder dem Hauptverwaltungsbeamten, es sei denn, dass es sich um Verträge aufgrund einer förmlichen Ausschreibung oder um Geschäfte der laufenden Verwaltung, deren Vermögenswert einen in der Hauptsatzung bestimmten Betrag nicht übersteigt, handelt.

(2) [1]Der Rat ist über Absatz 1 hinaus ausschließlich zuständig für
1. die Benennung von Gemeindeteilen, von, Straßen und Plätzen, es sei denn, dass die Straßen und Plätze ausschließlich in einer Ortschaft, für die ein Ortsrat gewählt wurde, oder in einem Stadtbezirk gelegen sind,
2. die abschließende Entscheidung über die Aufstellung, Änderung, Ergänzung und Aufhebung von Bauleitplänen,
3. die Verleihung und Entziehung des Ehrenbürgerrechts und
4. die Umwandlung von Gemeindegliedervermögen in freies Gemeindevermögen sowie die Veränderung der Nutzungsrechte an Gemeindegliedervermögen.

[2]In Samtgemeinden ist für die abschließende Entscheidung über Aufstellung, Änderung, Ergänzung und Aufhebung von Flächennutzungsplänen der Samtgemeinderat zuständig.

(3) [1]Die Vertretung beschließt über Angelegenheiten, für die der Hauptausschuss, ein Ausschuss nach § 76 Abs. 3, der Betriebsausschuss oder nach § 85 Abs. 1 Satz 1 Nr. 7 die Hauptverwaltungsbeamtin oder der Hauptverwaltungsbeamte zuständig ist, wenn sie sich im Einzelfall die Beschlussfassung vorbehalten hat. [2]In der Hauptsatzung kann sich die Vertretung die Beschlussfassung auch für bestimmte Gruppen solcher Angelegenheiten vorbehalten. [3]Die Vertretung kann über die in Satz 1 genannten Angelegenheiten ferner dann beschließen, wenn sie ihr vom Hauptausschuss oder einem Ausschuss nach § 76 Abs. 3 zur Beschlussfassung vorgelegt werden.

(4) [1]Die Vertretung überwacht die Durchführung ihrer Beschlüsse sowie den sonstigen Ablauf der Verwaltungsangelegenheiten. [2]Sie kann zu diesem Zweck vom Hauptausschuss und von der Hauptverwaltungsbeamtin oder dem Hauptverwaltungsbeamten die erforderlichen Auskünfte verlangen. [3]Wenn ein Viertel der Mitglieder der Vertretung oder eine Fraktion oder Gruppe dies verlangt, ist einzelnen Abgeordneten Einsicht in die Akten zu gewähren. [4]Diese Rechte gelten nicht für Angelegenheiten, die der Geheimhaltung unterliegen (§ 6 Abs. 3 Satz 1).

(5) Die Vertretung kann Befugnisse, die ihr nach Absatz 4 zustehen, auf den Hauptausschuss übertragen.

§ 59 Einberufung der Vertretung

(1) [1]Die Hauptverwaltungsbeamtin oder der Hauptverwaltungsbeamte lädt die Abgeordneten unter Mitteilung der Tagesordnung schriftlich oder durch ein elektronisches Dokument. [2]Einzelheiten regelt die Geschäftsordnung.

(2) [1]Die erste Sitzung findet innerhalb eines Monats nach Beginn der Wahlperiode statt; zu ihr kann bereits vor Beginn der Wahlperiode geladen werden. [2]Die Ladungsfrist für die erste Sitzung beträgt eine Woche. [3]Danach wird die Vertretung einberufen, sooft es die Geschäftslage erfordert. [4]Die Hauptverwaltungsbeamtin oder der Hauptverwaltungsbeamte hat die Vertretung unverzüglich einzuberufen, wenn

1. ein Drittel der Mitglieder der Vertretung oder der Hauptausschuss dies unter Angabe des Beratungsgegenstands verlangt oder
2. die letzte Sitzung der Vertretung länger als drei Monate zurückliegt und eine Abgeordnete oder ein Abgeordneter die Einberufung unter Angabe des Beratungsgegenstands verlangt.

(3) [1]Die Hauptverwaltungsbeamtin oder der Hauptverwaltungsbeamte stellt die Tagesordnung im Benehmen mit der oder dem Vorsitzenden der Vertretung auf; die oder der Vorsitzende kann verlangen, dass die Tagesordnung um einen Beratungsgegenstand ergänzt wird. [2]Die Tagesordnung für die erste Sitzung in der Wahlperiode stellt die Hauptverwaltungsbeamtin oder der Hauptverwaltungsbeamte allein auf. [3]Die oder der Vorsitzende vertritt die Hauptverwaltungsbeamtin oder den Hauptverwaltungsbeamten bei der Einberufung der Vertretung einschließlich der Aufstellung der Tagesordnung. [4]Stellt die oder der Vorsitzende die Tagesordnung auf, so ist das Benehmen mit der allgemeinen Stellvertreterin oder dem allgemeinen Stellvertreter der Hauptverwaltungsbeamtin oder des Hauptverwaltungsbeamten herzustellen; diese oder dieser kann verlangen, dass ein bestimmter Beratungsgegenstand auf die Tagesordnung gesetzt wird. [5]In dringenden Fällen kann die Tagesordnung zu Sitzungsbeginn durch Beschluss erweitert werden; dafür ist eine Zweidrittelmehrheit der Mitglieder der Vertretung erforderlich.

(4) [1]Wird die Vertretung nach dem Beginn der neuen Wahlperiode zu ihrer ersten Sitzung einberufen, so wird die Hauptverwaltungsbeamtin oder der Hauptverwaltungsbeamte bei dieser Einberufung einschließlich der Aufstellung der Tagesordnung durch die bisherige Vorsitzende oder den bis-

herigen Vorsitzenden der Vertretung vertreten. [2]Absatz 3 Satz 4 ist entsprechend anzuwenden.

(5) Zeit, Ort und Tagesordnung der Sitzungen der Vertretung sind ortsüblich bekannt zu machen, es sei denn, dass die Vertretung zu einer nicht öffentlichen Sitzung einberufen wird.

§ 60 Verpflichtung der Abgeordneten

[1]Zu Beginn der ersten Sitzung nach der Wahl werden die Abgeordneten von der Hauptverwaltungsbeamtin oder dem Hauptverwaltungsbeamten förmlich verpflichtet, ihre Aufgaben nach bestem Wissen und Gewissen wahrzunehmen und die Gesetze zu beachten. [2]Ist keine Hauptverwaltungsbeamtin und kein Hauptverwaltungsbeamter im Amt, so wird die Verpflichtung von der oder dem ältesten anwesenden und hierzu bereiten Abgeordneten vorgenommen.

§ 61 Wahl der oder des Vorsitzenden

(1) [1]Nach der Verpflichtung der Abgeordneten wählt die Vertretung in ihrer ersten Sitzung aus der Mitte der Abgeordneten ihre Vorsitzende oder ihren Vorsitzenden für die Dauer der Wahlperiode. [2]Die Wahl wird von dem ältesten anwesenden und hierzu bereiten Mitglied geleitet; dieses zieht in den Fällen des § 67 Satz 6 auch das Los. [3]Die Vertretung beschließt ferner über die Stellvertretung der oder des Vorsitzenden.

(2) Die oder der Vorsitzende kann durch Beschluss der Mehrheit der Mitglieder der Vertretung abberufen werden.

§ 62 Einwohnerfragestunde, Anhörung

(1) Die Vertretung kann bei öffentlichen Sitzungen Einwohnerinnen und Einwohnern ermöglichen, Fragen zu Beratungsgegenständen und anderen Angelegenheiten der Kommune zu stellen.

(2) Die Vertretung kann beschließen, anwesende Sachverständige und anwesende Einwohnerinnen und Einwohner einschließlich der nach § 41 von der Mitwirkung ausgeschlossenen Personen zum Gegenstand der Beratung zu hören.

(3) Einzelheiten regelt die Geschäftsordnung.

§ 63 Ordnung in den Sitzungen

(1) Die oder der Vorsitzende leitet die Verhandlungen, eröffnet und schließt die Sitzungen, sorgt für die Aufrechterhaltung der Ordnung und übt das Hausrecht aus.

(2) [1]Die oder der Vorsitzende kann ein Mitglied der Vertretung bei ungebührlichem oder wiederholt ordnungswidrigem Verhalten von der Sitzung ausschließen. [2]Auf Antrag des ausgeschlossenen Mitglieds stellt die Vertretung in ihrer nächsten Sitzung fest, ob der Ausschluss berechtigt war.

(3) [1]Die Vertretung kann ein Mitglied, das sich schuldhaft grob ungebührlich verhält oder schuldhaft wiederholt gegen Anordnungen verstößt, die zur Aufrechterhaltung der Ordnung erlassen wurden, mit der Mehrheit ihrer Mitglieder von der Mitarbeit in der Vertretung und ihren Ausschüssen ausschließen. [2]Der Ausschluss kann nur auf bestimmte Zeit, höchstens jedoch für sechs Monate, erfolgen.

§ 64 Öffentlichkeit der Sitzungen

(1) [1]Die Sitzungen der Vertretung sind öffentlich, soweit nicht das öffentliche Wohl oder berechtigte Interessen Einzelner den Ausschluss der Öffentlichkeit erfordern. [2]Über einen Antrag auf Ausschluss der Öffentlichkeit wird in nicht öffentlicher Sitzung beraten und entschieden; wenn keine Beratung erforderlich ist, kann in öffentlicher Sitzung entschieden werden.

(2) [1]In öffentlichen Sitzungen sind Bildaufnahmen zulässig, wenn sie die Ordnung der Sitzung nicht gefährden. [2]Film- und Tonaufnahmen von den Mitgliedern der Vertretung mit dem Ziel der Berichterstattung sind in öffentlicher Sitzung nur zulässig, soweit die Hauptsatzung dies bestimmt. [3]Abgeordnete der Vertretung können verlangen, dass die Aufnahme ihres Redebeitrages oder die Veröffentlichung der Aufnahme unterbleibt.

§ 65 Beschlussfähigkeit

(1) [1]Die Vertretung ist beschlussfähig, wenn nach ordnungsgemäßer Einberufung die Mehrheit ihrer Mitglieder anwesend ist oder wenn alle Mitglieder anwesend sind und keines eine Verletzung der Vorschriften über die Einberufung der Vertretung rügt. [2]Die oder der Vorsitzende stellt zu Beginn der Sitzung fest, ob die Vertretung beschlussfähig ist. [3]Die Vertretung gilt, auch wenn sich die Zahl der anwesenden Mitglieder der Vertretung im

Laufe der Sitzung verringert, so lange als beschlussfähig, wie die Beschlussfähigkeit nicht angezweifelt wird.

(2) Ist eine Angelegenheit wegen Beschlussunfähigkeit der Vertretung zurückgestellt worden und wird die Vertretung zur Verhandlung über den gleichen Gegenstand zum zweiten Mal einberufen, so ist sie dann ohne Rücksicht auf die Zahl der anwesenden Mitglieder beschlussfähig, wenn darauf in der Ladung zur zweiten Sitzung ausdrücklich hingewiesen worden ist.

(3) Besteht bei mehr als der Hälfte der Mitglieder der Vertretung ein gesetzlicher Grund, der ihre Mitwirkung ausschließt, so ist die Vertretung ohne Rücksicht auf die Zahl der anwesenden Mitglieder beschlussfähig; ihre Beschlüsse bedürfen in diesem Fall der Genehmigung der Kommunalaufsichtsbehörde.

§ 66 Abstimmung

(1) [1]Beschlüsse werden mit der Mehrheit der auf Ja oder Nein lautenden Stimmen gefasst, soweit durch Gesetz oder in Angelegenheiten des Verfahrens durch die Geschäftsordnung nichts anderes bestimmt ist. [2]Bei Stimmengleichheit ist ein Antrag abgelehnt.

(2) Es wird offen abgestimmt, soweit in der Geschäftsordnung nichts anderes geregelt ist.

§ 67 Wahlen

[1]Gewählt wird schriftlich; steht nur eine Person zur Wahl, wird durch Zuruf oder Handzeichen gewählt, wenn dem niemand widerspricht. [2]Auf Verlangen eines Mitglieds der Vertretung ist geheim zu wählen. [3]Gewählt ist die Person, für die die Mehrheit der Mitglieder der Vertretung gestimmt hat. [4]Wird dieses Ergebnis im ersten Wahlgang nicht erreicht, so findet ein zweiter Wahlgang statt. [5]Im zweiten Wahlgang ist die Person gewählt, die die meisten Stimmen erhalten hat. [6]Ergibt sich im zweiten Wahlgang Stimmengleichheit, so entscheidet das Los. [7]Das Los zieht die oder der Vorsitzende der Vertretung.

§ 68 Protokoll

[1]Über den wesentlichen Inhalt der Verhandlungen der Vertretung ist ein Protokoll zu fertigen. [2]Abstimmungs- und Wahlergebnisse sind festzuhal-

ten. [3]Jedes Mitglied der Vertretung kann verlangen, dass aus dem Protokoll hervorgeht, wie es abgestimmt hat; dies gilt nicht für geheime Abstimmungen. [4]Einzelheiten regelt die Geschäftsordnung.

§ 69 Geschäftsordnung

[1]Die Vertretung gibt sich eine Geschäftsordnung. [2]Diese soll insbesondere Bestimmungen über die Aufrechterhaltung der Ordnung, die Ladung und das Abstimmungsverfahren enthalten.

§ 70 Auflösung der Vertretung

(1) [1]Ist mehr als die Hälfte der Sitze unbesetzt, so ist die Vertretung aufgelöst. [2]Die Kommunalaufsichtsbehörde stellt die Auflösung fest.

(2) Die Landesregierung kann die Vertretung auflösen, wenn diese dauernd beschlussunfähig ist, obwohl mehr als die Hälfte der Sitze besetzt ist, oder wenn eine ordnungsgemäße Erledigung der Aufgaben der Kommune auf andere Weise nicht gesichert werden kann.

(3) [1]Wird die Hauptverwaltungsbeamtin oder der Hauptverwaltungsbeamte bei einem von der Vertretung nach § 82 eingeleiteten Abwahlverfahren von den Bürgerinnen und Bürgern nicht abgewählt, so kann sich die Vertretung selbst auflösen. [2]Für den Beschluss ist eine Mehrheit von drei Vierteln der Mitglieder der Vertretung erforderlich.

(4) [1]Die Wahlperiode der neu gewählten Abgeordneten beginnt mit dem Tag der Neuwahl und endet mit dem Ablauf der allgemeinen Wahlperiode (§ 47). [2]Findet die Neuwahl innerhalb von zwei Jahren vor dem Ablauf der allgemeinen Wahlperiode statt, so endet die Wahlperiode mit dem Ablauf der nächsten allgemeinen Wahlperiode.

Zweiter Abschnitt: **Ausschüsse der Vertretung**

§ 71 Ausschüsse der Vertretung

(1) Die Vertretung kann aus der Mitte der Abgeordneten beratende Ausschüsse bilden.

(2) [1]Die Vertretung legt die Zahl der Sitze in den Ausschüssen fest. [2]Die Sitze eines jeden Ausschusses werden auf die Fraktionen und Gruppen

nach der Reihenfolge der Höchstzahlen verteilt, die sich durch Teilung der Mitgliederzahlen der Fraktionen und Gruppen durch 1, 2, 3 usw. ergeben. [3]Über die Zuteilung übrig bleibender Sitze entscheidet bei gleichen Höchstzahlen das Los. [4]Das Los zieht die oder der Vorsitzende der Vertretung. [5]Die Fraktionen und Gruppen benennen die Mitglieder der Ausschüsse.

(3) [1]Gehören einer Fraktion oder Gruppe mehr als die Hälfte der Abgeordneten an, so stehen ihr mehr als die Hälfte der im Ausschuss insgesamt zu vergebenden Sitze zu. [2]Ist dies nach Absatz 2 Sätze 2 bis 4 nicht gewährleistet, so wird zunächst der in Satz 1 genannten Fraktion oder Gruppe ein Sitz zugeteilt. [3]Für die danach noch zu vergebenden Sitze ist Absatz 2 Sätze 2 bis 4 anzuwenden.

(4) [1]Fraktionen und Gruppen, auf die bei der Sitzverteilung nach den Absätzen 2 und 3 in einem Ausschuss kein Sitz entfallen ist, sind berechtigt, in den Ausschuss ein zusätzliches Mitglied mit beratender Stimme zu entsenden. [2]Dies gilt nicht, wenn ein Mitglied dieser Fraktion oder Gruppe bereits stimmberechtigtes Mitglied des Ausschusses ist. [3]Abgeordnete, die keiner Fraktion oder Gruppe angehören, können verlangen, in einem Ausschuss ihrer Wahl beratendes Mitglied zu werden, wenn sie nicht bereits stimmberechtigtes Mitglied eines Ausschusses sind.

(5) Die Vertretung stellt die sich nach den Absätzen 2, 3 und 4 ergebende Sitzverteilung und die Ausschussbesetzung durch Beschluss fest.

(6) Hat die Vertretung in anderen Fällen mehrere unbesoldete Stellen gleicher Art zu besetzen oder ihre Besetzung vorzuschlagen, so sind die Absätze 2, 3 und 5 entsprechend anzuwenden.

(7) [1]Die Vertretung kann beschließen, dass neben Abgeordneten andere Personen, zum Beispiel Mitglieder von kommunalen Beiräten, jedoch nicht Beschäftigte der Kommune, Mitglieder der Ausschüsse nach Absatz 1 werden; die Absätze 2, 4 und 9 sind entsprechend anzuwenden. [2]Mindestens zwei Drittel der Ausschussmitglieder sollen Abgeordnete sein. [3]Ausschussmitglieder, die nicht der Vertretung angehören, haben kein Stimmrecht. [4]Im Übrigen sind auf sie die §§ 54 und 55 anzuwenden; eine Entschädigung kann jedoch, soweit sie pauschal gewährt wird, nur als Sitzungsgeld gezahlt werden.

(8) [1]Die Ausschussvorsitze werden den Fraktionen und Gruppen in der Reihenfolge der Höchstzahlen zugeteilt, die sich durch Teilung der Mitgliederzahlen der Fraktionen und Gruppen durch 1, 2, 3 usw. ergeben. [2]Bei gleichen Höchstzahlen entscheidet das Los. [3]Das Los zieht die oder der Vorsitzende der Vertretung. [4]Die Fraktionen und Gruppen benennen die

Ausschüsse, deren Vorsitz sie beanspruchen, in der Reihenfolge der Höchstzahlen und bestimmen die Vorsitzenden aus der Mitte der Abgeordneten, die den Ausschüssen angehören.

(9) [1]Ausschüsse können von der Vertretung jederzeit aufgelöst und neu gebildet werden. [2]Ein Ausschuss muss neu besetzt werden, wenn seine Zusammensetzung nicht mehr dem Verhältnis der Stärke der Fraktionen und Gruppen der Vertretung entspricht und ein Antrag auf Neubesetzung gestellt wird. [3]Fraktionen und Gruppen können von ihnen benannte Ausschussmitglieder
1. aus einem Ausschuss abberufen und durch andere Ausschussmitglieder ersetzen oder
2. durch andere Ausschussmitglieder ersetzen, wenn die Mitgliedschaft des Ausschussmitglieds in der Vertretung endet oder wenn es auf die Mitgliedschaft im Ausschuss verzichtet;

Absatz 5 gilt entsprechend. [4]Die Sätze 2 und 3 gelten für die Besetzung der in Absatz 6 genannten Stellen entsprechend.

(10) Die Vertretung kann einstimmig ein von den Regelungen der Absätze 2, 3, 4, 6 und 8 abweichendes Verfahren beschließen.

§ 72 Verfahren in den Ausschüssen

(1) Die Geschäftsordnung bestimmt, ob Sitzungen der Ausschüsse öffentlich oder nicht öffentlich sind; sind sie öffentlich, so gelten die §§ 62 und 64 entsprechend.

(2) [1]Die Abgeordneten sind berechtigt, bei allen Sitzungen der Ausschüsse der Vertretung zuzuhören. [2]Wird in einer Ausschusssitzung ein Antrag beraten, den eine Abgeordnete oder ein Abgeordneter gestellt hat, die oder der dem Ausschuss nicht angehört, so kann sie oder er sich an der Beratung beteiligen. [3]Die oder der Ausschussvorsitzende kann einer oder einem nicht zum Ausschuss gehörenden Abgeordneten das Wort erteilen.

(3) [1]Die Ausschüsse werden von der Hauptverwaltungsbeamtin oder dem Hauptverwaltungsbeamten im Einvernehmen mit der oder dem Ausschussvorsitzenden einberufen. [2]Der Ausschuss ist einzuberufen, wenn es die Geschäftslage erfordert oder ein Drittel der Ausschussmitglieder unter Angabe des Beratungsgegenstands die Einberufung verlangt. [3]Die Hauptverwaltungsbeamtin oder der Hauptverwaltungsbeamte stellt im Benehmen mit der oder dem Ausschussvorsitzenden die Tagesordnung auf. [4]Das sonstige Verfahren der Ausschüsse kann in der Geschäftsordnung

geregelt werden. [5]Im Übrigen gelten die Vorschriften für die Vertretung entsprechend.

§ 73 Ausschüsse nach besonderen Rechtsvorschriften

[1]Die §§ 71 und 72 sind auf Ausschüsse der Kommune anzuwenden, die auf besonderen Rechtsvorschriften beruhen, soweit diese die Zusammensetzung, die Bildung, die Auflösung, den Vorsitz oder das Verfahren nicht regeln. [2]Die nicht der Vertretung angehörenden Mitglieder solcher Ausschüsse haben Stimmrecht, soweit sich aus den besonderen Rechtsvorschriften nichts anderes ergibt.

Dritter Abschnitt: **Hauptausschuss**

§ 74 Mitglieder des Hauptausschusses

(1) [1]Der Hauptausschuss setzt sich zusammen aus
1. der Hauptverwaltungsbeamtin oder dem Hauptverwaltungsbeamten,
2. Abgeordneten mit Stimmrecht (Beigeordnete) und
3. Abgeordneten mit beratender Stimme (§ 71 Abs. 4 Satz 1).

[2]Die Hauptsatzung kann bestimmen, dass andere Beamtinnen und Beamte auf Zeit dem Hauptausschuss mit beratender Stimme angehören. [3]Den Vorsitz führt die Hauptverwaltungsbeamtin oder der Hauptverwaltungsbeamte.

(2) [1]Die Zahl der Beigeordneten beträgt in Gemeinden und Samtgemeinden, deren Vertretung nicht mehr als

12 Abgeordnete hat,	2,
14 bis 24 Abgeordnete hat,	4,
26 bis 36 Abgeordnete hat,	6,
38 bis 44 Abgeordnete hat,	8,
mehr als 44 Abgeordnete hat,	10.

[2]In Gemeinden und Samtgemeinden, deren Vertretung 16 bis 44 Abgeordnete hat, kann der Rat für die Dauer der Wahlperiode beschließen, dass sich die Zahl der Beigeordneten um zwei erhöht. [3]In Mitgliedsgemeinden von Samtgemeinden bleibt die Erhöhung nach § 46 Abs. 1 Satz 2 bei der Anwendung der Sätze 1 und 2 unberücksichtigt.

(3) [1]Die Zahl der Beigeordneten beträgt in den Landkreisen und in der Region Hannover sechs. [2]Die Vertretung kann vor der Besetzung des Haupt-

ausschusses für die Dauer der Wahlperiode beschließen, dass dem Hauptausschuss weitere zwei oder vier Beigeordnete angehören.

§ 75 Besetzung des Hauptausschusses

(1) [1]In der ersten Sitzung der Vertretung werden
1. die Beigeordneten gemäß § 71 Abs. 2 Sätze 2 bis 5 und Abs. 3 sowie
2. die in § 74 Abs. 1 Nr. 3 genannten Mitglieder des Hauptausschusses gemäß § 71 Abs. 4 Sätze 1 und 2

bestimmt; § 71 Abs. 5 und 10 ist anzuwenden. [2]In Mitgliedsgemeinden von Samtgemeinden ist bei der Verteilung der Sitze der Beigeordneten auf die Fraktionen und Gruppen die Bürgermeisterin oder der Bürgermeister auf die Sitze derjenigen Fraktion oder Gruppe anzurechnen, die sie oder ihn vorgeschlagen hat. [3]Für die Mitglieder des Hauptausschusses nach Satz 1 und für die Bürgermeisterin oder den Bürgermeister in Mitgliedsgemeinden von Samtgemeinden ist jeweils eine Stellvertreterin oder ein Stellvertreter zu bestimmen. [4]Stellvertreterinnen und Stellvertreter, die von derselben Fraktion oder Gruppe benannt worden sind, vertreten sich untereinander. [5]Ist eine Fraktion oder Gruppe nur durch ein Mitglied im Hauptausschuss vertreten, so kann sie eine zweite Stellvertreterin oder einen zweiten Stellvertreter bestimmen. [6]§ 56 Satz 1 und § 71 Abs. 8 Sätze 2 und 3 gelten entsprechend.

(2) [1]Nach dem Ende der Wahlperiode führt der Hauptausschuss seine Tätigkeit in der bisherigen Besetzung bis zur ersten Sitzung des neu besetzten Hauptausschusses fort. [2]Das Gleiche gilt bei Auflösung der Vertretung.

§ 76 Zuständigkeit des Hauptausschusses

(1) [1]Der Hauptausschuss bereitet die Beschlüsse der Vertretung vor. [2]Eine vorherige Beratung der betreffenden Angelegenheiten in der Vertretung wird dadurch nicht ausgeschlossen.

(2) [1]Der Hauptausschuss beschließt über diejenigen Angelegenheiten, über die nicht die Vertretung, der Stadtbezirksrat, der Ortsrat oder der Betriebsausschuss zu beschließen hat und für die nicht nach § 85 die Hauptverwaltungsbeamtin oder der Hauptverwaltungsbeamte zuständig ist. [2]Er beschließt zudem über Angelegenheiten nach § 85 Abs. 1 Satz 1 Nr. 7, wenn er sich im Einzelfall die Beschlussfassung vorbehalten hat. [3]Er kann auch über die in Satz 2 genannten Angelegenheiten beschließen, wenn sie ihm von der Hauptverwaltungsbeamtin oder dem Hauptverwal-

tungsbeamten zur Beschlussfassung vorgelegt werden. [4]Er kann ferner über Angelegenheiten beschließen, für die der Betriebsausschuss zuständig ist, wenn sie ihm von diesem zur Beschlussfassung vorgelegt werden.

(3) [1]Die Vertretung kann die Zuständigkeit nach Absatz 2 Satz 1 für bestimmte Gruppen von Angelegenheiten durch Hauptsatzung auf einen Ausschuss nach § 71 übertragen. [2]In den Fällen des Satzes 1 gelten Absatz 6 sowie § 85 Abs. 1 Satz 1 Nrn. 1 und 2 und Satz 2 für die Behandlung der übertragenen Gruppen von Angelegenheiten und § 75 Abs. 1 Sätze 3 bis 5 für die gesamte Ausschusstätigkeit entsprechend. [3]Die Satzungsregelung ist bis zum Ende der Wahlperiode zu befristen; sie kann geändert oder aufgehoben werden.

(4) [1]Der Hauptausschuss entscheidet über Widersprüche in Angelegenheiten des eigenen Wirkungskreises. [2]Dies gilt nicht, wenn die Vertretung in dieser Angelegenheit entschieden hat; in diesem Fall bleibt sie zuständig. [3]Die Sätze 1 und 2 sind nicht anzuwenden, soweit gesetzlich etwas anderes bestimmt ist.

(5) [1]Der Hauptausschuss kann seine Zuständigkeit in Einzelfällen oder für bestimmte Gruppen von Angelegenheiten auf die Hauptverwaltungsbeamtin oder den Hauptverwaltungsbeamten übertragen. [2]Die Übertragung einer Zuständigkeit nach Satz 1 wird unwirksam, soweit eine Übertragung nach Absatz 3 Satz 1 erfolgt.

(6) Der Hauptausschuss wirkt darauf hin, dass die Tätigkeit der von der Vertretung gebildeten Ausschüsse aufeinander abgestimmt wird.

§ 77 Sonstige Rechte des Hauptausschusses

[1]Unabhängig von der in den §§ 58, 76 und 85 geregelten Zuständigkeitsverteilung kann der Hauptausschuss zu allen Verwaltungsangelegenheiten Stellung nehmen und von der Hauptverwaltungsbeamtin oder dem Hauptverwaltungsbeamten Auskünfte in allen Verwaltungsangelegenheiten der Kommune verlangen. [2]Dies gilt nicht für Angelegenheiten, die der Geheimhaltung unterliegen (§ 6 Abs. 3 Satz 1).

§ 78 Sitzungen des Hauptausschusses

(1) [1]Der Hauptausschuss ist von der Hauptverwaltungsbeamtin oder dem Hauptverwaltungsbeamten nach Bedarf einzuberufen. [2]Sie oder er hat ihn

einzuberufen, wenn ein Drittel der Beigeordneten dies unter Angabe des Beratungsgegenstands verlangt.

(2) [1]Die Sitzungen des Hauptausschusses sind nicht öffentlich. [2]Alle Abgeordneten sind berechtigt, an den Sitzungen des Hauptausschusses als Zuhörerinnen oder Zuhörer teilzunehmen. [3]Für diese gilt § 41 entsprechend.

(3) Beschlüsse können im Umlaufverfahren gefasst werden, wenn kein Mitglied des Hauptausschusses widerspricht.

(4) [1]Im Übrigen gelten die Regelungen für das Verfahren der Vertretung sinngemäß auch für das Verfahren des Hauptausschusses. [2]Soweit das Verfahren der Vertretung in der von ihr erlassenen Geschäftsordnung geregelt ist, kann diese für das Verfahren des Hauptausschusses abweichende Regelungen treffen.

§ 79 Einspruchsrecht

[1]Hält der Hauptausschuss das Wohl der Kommune durch einen Beschluss der Vertretung, eines Stadtbezirksrates oder eines Ortsrates für gefährdet, so kann er gegen den Beschluss innerhalb einer Woche Einspruch einlegen. [2]In diesem Fall ist der Beschluss zunächst nicht auszuführen. [3]Über die Angelegenheit ist erneut in einer Sitzung der Vertretung, des Stadtbezirksrates oder des Ortsrates zu beschließen, die frühestens drei Tage nach der ersten stattfinden darf.

Vierter Abschnitt: **Hauptverwaltungsbeamtin oder Hauptverwaltungsbeamter**

§ 80 Wahl, Amtszeit

(1) [1]Die Hauptverwaltungsbeamtin oder der Hauptverwaltungsbeamte wird von den Bürgerinnen und Bürgern nach den Vorschriften des Niedersächsischen Kommunalwahlgesetzes (NKWG) über die Direktwahl gewählt. [2]Die Wahl findet an dem Tag statt, den die Landesregierung nach § 6 NKWG für die Wahlen der Abgeordneten und die Direktwahlen bestimmt hat (allgemeiner Kommunalwahltag), soweit in den folgenden Absätzen oder im Niedersächsischen Kommunalwahlgesetz nichts anderes bestimmt ist.

(2) [1]Wird die Hauptverwaltungsbeamtin oder der Hauptverwaltungsbeamte nach § 83 Satz 3 in den Ruhestand versetzt, so ist die Nachfolgerin oder der Nachfolger innerhalb von sechs Monaten vor dem Beginn des Ruhestandes der Amtsinhaberin oder des Amtsinhabers zu wählen. [2]Scheidet die Hauptverwaltungsbeamtin oder der Hauptverwaltungsbeamte aus einem anderen Grund vorzeitig aus dem Amt aus, so wird die Nachfolgerin oder der Nachfolger innerhalb von sechs Monaten nach dem Ausscheiden gewählt. [3]Die Wahl kann bis zu drei Monate später stattfinden als in den Sätzen 1 und 2 vorgeschrieben, wenn nur dadurch die gemeinsame Durchführung mit einer anderen Wahl ermöglicht wird. [4]Fällt die Zustellung der Verfügung über die Versetzung in den Ruhestand (§ 83) oder das Ausscheiden im Sinne des Satzes 2 in das letzte Jahr der allgemeinen Wahlperiode der Abgeordneten, so wird die Nachfolgerin oder der Nachfolger am allgemeinen Kommunalwahltag gewählt.

(3) [1]Die Hauptverwaltungsbeamtin oder der Hauptverwaltungsbeamte wird gewählt

1. für die Dauer der allgemeinen Wahlperiode der Abgeordneten, wenn sie oder er
   a) am allgemeinen Kommunalwahltag oder
   b) statt am allgemeinen Kommunalwahltag vor Beginn der allgemeinen Wahlperiode in einer Stichwahl nach § 45g Abs. 2 Satz 3 NKWG oder in einer Nachwahl nach § 41 NKWG in Verbindung mit § 45a NKWG

gewählt wird,

2. für die Restdauer der laufenden allgemeinen Wahlperiode der Abgeordneten, wenn sie oder er statt am allgemeinen Kommunalwahltag nach Beginn der laufenden allgemeinen Wahlperiode in
   a) einer Stichwahl nach § 45g Abs. 2 Satz 3 NKWG,
   b) einer Nachwahl nach § 41 NKWG in Verbindung mit § 45a NKWG,
   c) einer neuen Direktwahl nach § 45n Abs. 1 NKWG,
   d) einer Wiederholungswahl nach § 45m NKWG,
   e) einer Wiederholungswahl nach § 42 Abs. 3 Satz 1 NKWG in Verbindung mit § 45a NKWG oder
   f) einer nach § 52c Abs. 2 Satz 1, auch in Verbindung mit Abs. 5, NKWG nachgeholten Wahl

gewählt wird,

3. für die Restdauer der laufenden und die Dauer der folgenden allgemeinen Wahlperiode der Abgeordneten in den übrigen Fällen.

[2]In Fällen des Satzes 1 Nr. 2 Buchst. a bis d verlängert sich die Amtszeit der Amtsinhaberin oder des Amtsinhabers bis zur Begründung des Beamtenverhältnisses der Nachfolgerin oder des Nachfolgers. [3]Gleiches gilt in

den Fällen des Satzes 1 Nr. 1 Buchst. b, wenn das Beamtenverhältnis erst nach Beginn der allgemeinen Wahlperiode begründet wird.

(4) [1]Hat die Vertretung beschlossen, Verhandlungen aufzunehmen über
1. den Zusammenschluss mit einer anderen Kommune,
2. die Neubildung einer Samtgemeinde,
3. die Auflösung einer Samtgemeinde,
4. die Umbildung einer Samtgemeinde oder
5. die Neubildung einer Gemeinde aus den Mitgliedsgemeinden einer Samtgemeinde,

so kann sie auch beschließen, auf eine erforderliche Wahl der Hauptverwaltungsbeamtin oder des Hauptverwaltungsbeamten für einen festzulegenden Zeitraum von längstens zwei Jahren nach dem Ablauf der Amtszeit oder dem Ausscheiden aus dem Amt vorläufig zu verzichten. [2]Der Beschluss über den vorläufigen Verzicht ist mindestens fünf Monate vor Ablauf der Amtszeit oder in den Fällen des Absatzes 2 Satz 1 vor Beginn des Ruhestandes der Amtsinhaberin oder des Amtsinhabers und in den Fällen des Absatzes 2 Satz 2 innerhalb eines Monats nach dem vorzeitigen Ausscheiden aus dem Amt zu fassen. [3]Auf Antrag der Kommune kann der gemäß Satz 1 festgelegte Zeitraum durch die oberste Kommunalaufsichtsbehörde einmalig um bis zu zwölf Monate verlängert werden, wenn die nach Satz 1 geplante Körperschaftsumbildung innerhalb des Verlängerungszeitraums voraussichtlich abgeschlossen sein wird. [4]Absatz 2 Sätze 2 und 3 gilt entsprechend, wenn einer der Beschlüsse nach Satz 1 oder die Entscheidung nach Satz 3 aufgehoben wird oder die für den vorläufigen Wahlverzicht festgelegte Zeitdauer abgelaufen ist. [5]Beschließt die Vertretung, vorläufig auf eine Wahl zu verzichten, so kann sie zugleich mit Zustimmung der Amtsinhaberin oder des Amtsinhabers eine Verlängerung der Amtszeit beschließen. [6]Diese endet, wenn das Amt infolge der Körperschaftsumbildung wegfällt oder eine Nachfolgerin oder ein Nachfolger das Amt antritt.

(5) Gewählt werden kann, wer
1. am Wahltag mindestens 23 Jahre, aber noch nicht 67 Jahre alt ist,
2. nach § 49 Abs. 1 Satz 1 Nr. 3 wählbar und nicht nach § 49 Abs. 2 von der Wählbarkeit ausgeschlossen ist und
3. die Gewähr dafür bietet, jederzeit für die freiheitlich demokratische Grundordnung im Sinne des Grundgesetzes für die Bundesrepublik Deutschland einzutreten.

(6) [1]Die Hauptverwaltungsbeamtin oder der Hauptverwaltungsbeamte ist hauptamtlich tätig. [2]Sie oder er ist Beamtin oder Beamter auf Zeit. [3]Das

Beamtenverhältnis wird mit dem Tag der Annahme der Wahl begründet, jedoch frühestens

1. mit dem Beginn der Wahlperiode der Abgeordneten, wenn die Hauptverwaltungsbeamtin oder der Hauptverwaltungsbeamte am allgemeinen Kommunalwahltag gewählt worden ist,
2. mit dem Zeitpunkt des Wirksamwerdens der Körperschaftsumbildung, wenn die Hauptverwaltungsbeamtin oder der Hauptverwaltungsbeamte im Zusammenhang mit einer in Absatz 4 Satz 1 genannten Körperschaftsumbildung gewählt worden ist,
3. mit dem Beginn des Ruhestandes der bisherigen Amtsinhaberin oder des bisherigen Amtsinhabers nach § 83 Satz 6.

[4]Ist die Wahl unwirksam, so wird kein Beamtenverhältnis begründet; § 11 Abs. 3 und 4 des Niedersächsischen Beamtengesetzes (NBG) gilt entsprechend. [5]Die Hauptverwaltungsbeamtin oder der Hauptverwaltungsbeamte ist nicht verpflichtet, sich einer Wiederwahl zu stellen.

(7) [1]Läuft die Amtszeit einer Hauptverwaltungsbeamtin oder eines Hauptverwaltungsbeamten vor dem 31. Oktober 2014 ab, so finden für die Wahl, die Amtszeit und die Vereidigung der Nachfolgerin oder des Nachfolgers die bis zum 31. Dezember 2013 geltenden Vorschriften Anwendung. [2]Satz 1 ist entsprechend anzuwenden, wenn eine Hauptverwaltungsbeamtin oder ein Hauptverwaltungsbeamter vor dem 1. Oktober 2013 vorzeitig aus dem Amt ausgeschieden ist oder die Verfügung über die Versetzung in den Ruhestand (§ 83) vor dem 1. Oktober 2013 zugestellt worden ist.

(8) [1]Läuft die acht Jahre dauernde Amtszeit einer Hauptverwaltungsbeamtin oder eines Hauptverwaltungsbeamten nach dem 30. Oktober 2014 ab, so findet innerhalb von sechs Monaten vor dem Ablauf der Amtszeit die Wahl der Nachfolgerin oder des Nachfolgers statt. [2]Die Wahl kann bis zu drei Monate später oder bis zu drei Monate früher stattfinden als in Satz 1 vorgeschrieben, wenn nur dadurch die gemeinsame Durchführung mit einer anderen Wahl ermöglicht wird. [3]Das Beamtenverhältnis der Nachfolgerin oder des Nachfolgers wird mit dem Tag der Annahme der Wahl begründet, jedoch frühestens mit Ablauf des Tages, an dem die Amtszeit der Amtsinhaberin oder des Amtsinhabers endet. [4]Findet nach Satz 2 eine Wahl später als in Satz 1 vorgeschrieben statt oder handelt es sich um eine in Absatz 3 Satz 1 Nr. 2 Buchst. a bis d oder f genannte Wahl, so verlängert sich die Amtszeit der Amtsinhaberin oder des Amtsinhabers bis zur Begründung des Beamtenverhältnisses der Nachfolgerin oder des Nachfolgers.

(9) [1]Läuft die acht Jahre dauernde Amtszeit einer Hauptverwaltungsbeamtin oder eines Hauptverwaltungsbeamten vor dem 1. November 2021 ab, so kann die Vertretung beschließen, dass die Nachfolgerin oder der Nach-

folger abweichend von Absatz 8 Sätze 1 und 2 am allgemeinen Kommunalwahltag 2021 gewählt wird. [2]Das Beamtenverhältnis der Nachfolgerin oder des Nachfolgers wird mit dem Tag der Annahme der Wahl begründet, jedoch frühestens am 1. November 2021. [3]Die Amtszeit der Amtsinhaberin oder des Amtsinhabers verlängert sich bis zur Begründung des Beamtenverhältnisses der Nachfolgerin oder des Nachfolgers, wenn nicht die Amtsinhaberin oder der Amtsinhaber schriftlich widerspricht. [4]Der Widerspruch muss der oder dem Vorsitzenden der Vertretung innerhalb von zwei Wochen nach dem Beschluss nach Satz 1 zugehen; er kann nicht zurückgenommen werden.

(10) [1]Läuft die Amtszeit einer Hauptverwaltungsbeamtin oder eines Hauptverwaltungsbeamten nach dem 31. Oktober 2026 ab, so kann sie oder er am 31. Oktober 2026 durch schriftliche Erklärung vorzeitig aus dem Amt ausscheiden. [2]Die Erklärung muss der Kommunalaufsichtsbehörde vor dem 1. April 2026 zugehen; sie kann vor Ablauf von zwei Wochen nach Zugang zurückgenommen werden. [3]Die Wahl der Nachfolgerin oder des Nachfolgers ist am allgemeinen Kommunalwahltag durchzuführen.

§ 81 Vereidigung, Stellvertretung, Nebentätigkeiten

(1) [1]Die Vereidigung der Hauptverwaltungsbeamtin oder des Hauptverwaltungsbeamten findet in der ersten Sitzung der Vertretung nach dem Beginn der Wahlperiode der Abgeordneten statt. [2]Sie wird von der oder dem ältesten anwesenden und hierzu bereiten Abgeordneten durchgeführt. [3]Ist das Beamtenverhältnis der Hauptverwaltungsbeamtin oder des Hauptverwaltungsbeamten zu einem Zeitpunkt nach der ersten Sitzung der Vertretung begründet worden, so erfolgt die Vereidigung in der nächsten darauf folgenden Sitzung der Vertretung durch eine ehrenamtliche Stellvertreterin oder einen ehrenamtlichen Stellvertreter der Hauptverwaltungsbeamtin oder des Hauptverwaltungsbeamten.

(2) [1]Die Vertretung wählt in ihrer ersten Sitzung aus den Beigeordneten bis zu drei ehrenamtliche Stellvertreterinnen oder Stellvertreter der Hauptverwaltungsbeamtin oder des Hauptverwaltungsbeamten, die sie oder ihn vertreten bei der repräsentativen Vertretung der Kommune, bei der Einberufung des Hauptausschusses einschließlich der Aufstellung der Tagesordnung, der Leitung der Sitzungen des Hauptausschusses und der Verpflichtung der Abgeordneten sowie ihrer Pflichtenbelehrung. [2]Soll es unter den Stellvertreterinnen und Stellvertretern eine Reihenfolge geben, so wird diese von der Vertretung bestimmt. [3]Die Stellvertreterinnen und Stellvertreter führen folgende Bezeichnungen:

1. in Gemeinden: stellvertretende Bürgermeisterin oder stellvertretender Bürgermeister,
2. in kreisfreien und in großen selbständigen Städten: Bürgermeisterin oder Bürgermeister,
3. in Samtgemeinden: stellvertretende Samtgemeindebürgermeisterin oder stellvertretender Samtgemeindebürgermeister,
4. in Landkreisen: stellvertretende Landrätin oder stellvertretender Landrat,
5. in der Region Hannover: stellvertretende Regionspräsidentin oder stellvertretender Regionspräsident.

[4]Die Vertretung kann die Stellvertreterinnen oder Stellvertreter abberufen. [5]Für den Beschluss ist die Mehrheit der Mitglieder der Vertretung erforderlich.

(3) [1]Für die in Absatz 2 Satz 1 und in § 59 Abs. 3 nicht genannten Fälle der Stellvertretung hat die Hauptverwaltungsbeamtin oder der Hauptverwaltungsbeamte eine allgemeine Stellvertreterin oder einen allgemeinen Stellvertreter. [2]Soweit nicht einer Beamtin oder einem Beamten auf Zeit das Amt der allgemeinen Stellvertreterin oder des allgemeinen Stellvertreters der Hauptverwaltungsbeamtin oder des Hauptverwaltungsbeamten übertragen ist, beauftragt die Vertretung auf Vorschlag der Hauptverwaltungsbeamtin oder des Hauptverwaltungsbeamten eine andere Person, die bei der Kommune beschäftigt ist, mit der allgemeinen Stellvertretung. [3]In der Hauptsatzung kann auf Vorschlag der Hauptverwaltungsbeamtin oder des Hauptverwaltungsbeamten die Stellvertretung für bestimmte Aufgabengebiete gesondert geregelt werden.

(4) Als Mitglied der Vertretung (§ 45 Abs. 1 Satz 2) und des Hauptausschusses (§ 74 Abs. 1 Satz 1 Nr. 1) wird die Hauptverwaltungsbeamtin oder der Hauptverwaltungsbeamte nicht vertreten.

(5) [1]Die Hauptverwaltungsbeamtin oder der Hauptverwaltungsbeamte teilt der Vertretung innerhalb von drei Monaten nach Ablauf des ersten Jahres ihrer oder seiner Amtszeit schriftlich oder durch ein elektronisches Dokument mit, welche anzeigepflichtigen Nebentätigkeiten im öffentlichen Dienst oder diesen gleichgestellten Nebentätigkeiten und welche auf Verlangen nach § 71 NBG übernommenen Nebentätigkeiten sie oder er zu diesem Zeitpunkt ausübt. [2]In der Mitteilung müssen die zeitliche Inanspruchnahme durch die Tätigkeit, die Dauer der Tätigkeit, die Person des Auftrag- oder Arbeitgebers sowie die Höhe der aus diesen erlangten Entgelte oder geldwerten Vorteile angegeben werden. [3]Eine Beratung über die Mitteilung darf nur in nicht öffentlicher Sitzung erfolgen. [4]Die Kommune macht ortsüblich bekannt, welche Nebentätigkeiten die Hauptverwal-

tungsbeamtin oder der Hauptverwaltungsbeamte nach Satz 1 mitgeteilt hat; die Bekanntmachung erfolgt innerhalb von drei Monaten nach der Mitteilung. [5]Nebentätigkeitsrechtliche Vorschriften bleiben unberührt.

§ 82 Abwahl

(1) Die Hauptverwaltungsbeamtin oder der Hauptverwaltungsbeamte kann nach den Vorschriften des Niedersächsischen Kommunalwahlgesetzes von den am Tag der Abwahl nach § 48 Wahlberechtigten vor Ablauf der Amtszeit abgewählt werden.

(2) [1]Zur Einleitung des Abwahlverfahrens ist ein Antrag von mindestens drei Vierteln der Abgeordneten erforderlich. [2]Über ihn wird in einer besonderen Sitzung der Vertretung, die frühestens zwei Wochen nach Eingang des Antrags stattfindet, namentlich abgestimmt. [3]Eine Aussprache findet nicht statt. [4]Für den Beschluss über den Antrag auf Einleitung des Abwahlverfahrens ist erneut eine Mehrheit von drei Vierteln der Abgeordneten erforderlich.

(3) [1]Die Hauptverwaltungsbeamtin oder der Hauptverwaltungsbeamte gilt als abgewählt, falls sie oder er innerhalb einer Woche nach dem Beschluss der Vertretung, das Abwahlverfahren einzuleiten, auf die Durchführung des Abwahlverfahrens verzichtet. [2]Der Verzicht ist schriftlich gegenüber der oder dem Vorsitzenden der Vertretung zu erklären.

(4) Die Hauptverwaltungsbeamtin oder der Hauptverwaltungsbeamte scheidet mit Ablauf des Tages aus dem Amt aus, an dem nach einer Abwahl gemäß Absatz 1 der Wahlausschuss die Abwahl nach den Vorschriften des Niedersächsischen Kommunalwahlgesetzes feststellt oder an dem eine Verzichtserklärung nach Absatz 3 der oder dem Vorsitzenden der Vertretung zugeht.

§ 83 Ruhestand auf Antrag

[1]Für Hauptverwaltungsbeamtinnen und Hauptverwaltungsbeamte gilt keine Altersgrenze. [2]§ 37 NBG ist nicht anzuwenden. [3]Die Hauptverwaltungsbeamtin oder der Hauptverwaltungsbeamte kann ohne Nachweis der Dienstunfähigkeit auf Antrag in den Ruhestand versetzt werden, wenn sie oder er zum Zeitpunkt des Beginns des Ruhestandes

1. mindestens 65 Jahre alt ist und
2. das Amt der Hauptverwaltungsbeamtin oder des Hauptverwaltungsbeamten in der laufenden Amtszeit

a) seit mindestens fünf Jahren oder
b) nach einer Wiederwahl seit mindestens drei Jahren

innehat.

[4]Der Antrag ist bei der Kommunalaufsichtsbehörde zu stellen. [5]Über den Antrag darf erst zwei Wochen nach Zugang entschieden werden; die Verfügung ist der Hauptverwaltungsbeamtin oder dem Hauptverwaltungsbeamten zuzustellen und kann nicht zurückgenommen werden. [6]Der Ruhestand beginnt mit dem Ende des sechsten Monats, der auf den Monat folgt, in dem der Hauptverwaltungsbeamtin oder dem Hauptverwaltungsbeamten die Verfügung über die Versetzung in den Ruhestand zugestellt worden ist.

§ 84 Ruhestand auf Antrag aus besonderen Gründen

[1]Die Hauptverwaltungsbeamtin oder der Hauptverwaltungsbeamte kann die Versetzung in den Ruhestand mit der Begründung beantragen, dass ihr oder ihm das für die weitere Amtsführung erforderliche Vertrauen nicht mehr entgegengebracht wird. [2]Der Antrag ist schriftlich bei der oder dem Vorsitzenden der Vertretung zu stellen und bedarf der Zustimmung von drei Vierteln der Abgeordneten. [3]Auf den Beschluss der Vertretung findet § 82 Abs. 2 Sätze 2 und 3 entsprechende Anwendung. [4]Der Antrag kann nur bis zur Beschlussfassung der Vertretung schriftlich zurückgenommen werden. [5]Hat die Vertretung dem Antrag zugestimmt und sind die Voraussetzungen für die Gewährung eines Ruhegehalts erfüllt, so versetzt die Kommunalaufsichtsbehörde die Hauptverwaltungsbeamtin oder den Hauptverwaltungsbeamten durch schriftliche Verfügung in den Ruhestand. [6]Der Ruhestand beginnt mit Ablauf des Tages, an dem der Hauptverwaltungsbeamtin oder dem Hauptverwaltungsbeamten die Verfügung zugestellt worden ist.

§ 85 Zuständigkeit

(1) [1]Die Hauptverwaltungsbeamtin oder der Hauptverwaltungsbeamte
1. bereitet die Beschlüsse des Hauptausschusses vor,
2. führt die Beschlüsse der Vertretung und des Hauptausschusses aus und erfüllt die Aufgaben, die ihr oder ihm vom Hauptausschuss übertragen worden sind,
3. entscheidet über Maßnahmen auf dem Gebiet der Verteidigung einschließlich des Schutzes der Zivilbevölkerung und über Maßnahmen zur Erfüllung von sonstigen Aufgaben, die das Land im Auftrag des

Bundes ausführt oder zu deren Ausführung die Bundesregierung Einzelweisungen erteilen kann,
4. entscheidet über gewerberechtliche und immissionsschutzrechtliche Genehmigungen und sonstige Maßnahmen,
5. erfüllt die Aufgaben, die der Geheimhaltung unterliegen (§ 6 Abs. 3 Satz 1),
6. führt Weisungen der Kommunal- und der Fachaufsichtsbehörden aus, soweit dabei kein Ermessensspielraum gegeben ist, und
7. führt die nicht unter die Nummern 1 bis 6 fallenden Geschäfte der laufenden Verwaltung.

[2]Sie oder er soll im Rahmen der Vorbereitung der Beschlüsse des Hauptausschusses die Ausschüsse der Vertretung beteiligen. [3]Die Bürgermeisterin oder der Bürgermeister und die Oberbürgermeisterin oder der Oberbürgermeister bereiten darüber hinaus die Beschlüsse der Stadtbezirksräte und der Ortsräte vor und führen sie aus.

(2) [1]Die Landrätin oder der Landrat und die Regionspräsidentin oder der Regionspräsident erfüllen die Aufgaben der Kommune als Kommunal- und Fachaufsichtsbehörde. [2]Sie benötigen die Zustimmung des Hauptausschusses bei Entscheidungen über
1. die erforderlichen Bestimmungen, wenn ein Vertrag über eine Gebietsänderung oder eine Vereinbarung anlässlich des Zusammenschlusses oder der Neu- oder Umbildung von Samtgemeinden nicht zustande kommt oder weitere Gegenstände zu regeln sind (§ 26 Abs. 2, § 100 Abs. 1 Satz 8, § 101 Abs. 4 Satz 1 Halbsatz 2 und § 102 Abs. 3 Satz 2),
2. die Genehmigung, den Bestand des Stiftungsvermögens anzugreifen oder es anderweitig zu verwenden (§ 135 Abs. 3), und
3. kommunalaufsichtliche Genehmigungen, die versagt werden sollen.

[3]Stimmt der Hauptausschuss nicht zu, so entscheidet die Kommunalaufsichtsbehörde.

(3) [1]Die Hauptverwaltungsbeamtin oder der Hauptverwaltungsbeamte leitet und beaufsichtigt die Verwaltung; sie oder er regelt die Geschäftsverteilung im Rahmen der Richtlinien der Vertretung. [2]Sie oder er ist Dienststellenleiterin oder Dienststellenleiter im Sinne der Geheimhaltungsvorschriften.

(4) Die Hauptverwaltungsbeamtin oder der Hauptverwaltungsbeamte hat die Vertretung, den Hauptausschuss, einen Ausschuss nach § 76 Abs. 3, soweit dessen Entscheidungszuständigkeit betroffen ist, und, soweit es sich um Angelegenheiten eines Stadtbezirks oder einer Ortschaft handelt, den Stadtbezirksrat oder den Ortsrat über wichtige Angelegenheiten zu

unterrichten; insbesondere unterrichtet sie oder er die Vertretung zeitnah über wichtige Beschlüsse des Hauptausschusses.

(5) [1]In Gemeinden oder Samtgemeinden informiert die Hauptverwaltungsbeamtin oder der Hauptverwaltungsbeamte die Einwohnerinnen und Einwohner in geeigneter Weise über wichtige Angelegenheiten der Gemeinde oder Samtgemeinde. [2]Bei wichtigen Planungen und Vorhaben der Gemeinde oder Samtgemeinde soll sie oder er die Einwohnerinnen und Einwohner rechtzeitig und umfassend über die Grundlagen, Ziele, Zwecke und Auswirkungen informieren. [3]Die Information ist so vorzunehmen, dass Gelegenheit zur Äußerung und zur Erörterung besteht. [4]Zu diesem Zweck soll die Hauptverwaltungsbeamtin oder der Hauptverwaltungsbeamte Einwohnerversammlungen für die Gemeinde oder Samtgemeinde oder für Teile von diesen durchführen. [5]Einzelheiten regelt die Hauptsatzung; Vorschriften über eine förmliche Beteiligung oder Anhörung bleiben davon unberührt. [6]Ein Verstoß gegen die Informationspflicht berührt die Rechtmäßigkeit der Entscheidung nicht.

(6) [1]In Landkreisen und in der Region Hannover informiert die Hauptverwaltungsbeamtin oder der Hauptverwaltungsbeamte die Öffentlichkeit in geeigneter Weise über wichtige Angelegenheiten des Landkreises oder der Region Hannover. [2]Sie oder er hat auch der Landesregierung über Vorgänge zu berichten, die für diese von Bedeutung sind; zu diesem Zweck kann sie oder er sich in geeigneter Weise bei den staatlichen Behörden der unteren Verwaltungsstufe, deren Geschäftsbereich sich auf den Landkreis oder die Region Hannover erstreckt, informieren. [3]Satz 2 ist auf kreisfreie Städte entsprechend anzuwenden.

(7) Über wichtige Angelegenheiten, die der Geheimhaltung unterliegen (§ 6 Abs. 3 Satz 1), sind nur die Stellvertreterinnen und Stellvertreter nach § 81 Abs. 2 zu unterrichten.

§ 86 Repräsentative Vertretung, Rechts- und Verwaltungsgeschäfte

(1) [1]Die repräsentative Vertretung der Kommune obliegt der Hauptverwaltungsbeamtin oder dem Hauptverwaltungsbeamten, bei ihrer oder seiner Abwesenheit den ehrenamtlichen Stellvertreterinnen oder Stellvertretern (§ 81 Abs. 2). [2]Sie oder er vertritt die Kommune nach außen in allen Rechts- und Verwaltungsgeschäften sowie in gerichtlichen Verfahren. [3]Die Vertretung der Kommune in Organen und sonstigen Gremien von juristischen Personen und Personenvereinigungen gilt nicht als Vertretung der Kommune im Sinne des Satzes 2.

(2) Soweit Erklärungen, durch die die Kommune verpflichtet werden soll, nicht gerichtlich oder notariell beurkundet werden, sind sie nur dann rechtsverbindlich, wenn sie von der Hauptverwaltungsbeamtin oder dem Hauptverwaltungsbeamten handschriftlich unterzeichnet wurden oder von ihr oder ihm in elektronischer Form mit der dauerhaft überprüfbaren qualifizierten elektronischen Signatur versehen sind.

(3) [1]Wird für ein Geschäft oder eine bestimmte Art von Geschäften eine Bevollmächtigte oder ein Bevollmächtigter bestellt, so gelten für die Bevollmächtigung die Vorschriften für Verpflichtungserklärungen entsprechend. [2]Soweit die im Rahmen dieser Vollmachten abgegebenen Erklärungen nicht gerichtlich oder notariell zu beurkunden sind, müssen sie die Schriftform aufweisen oder in elektronischer Form mit einer dauerhaft überprüfbaren qualifizierten elektronischen Signatur versehen sein.

(4) Die Absätze 2 und 3 gelten nicht für Geschäfte der laufenden Verwaltung.

(5) Ist nach Beginn der neuen Wahlperiode der Vertretung das Amt der Hauptverwaltungsbeamtin oder des Hauptverwaltungsbeamten nicht besetzt oder ist sie oder er daran gehindert, das Amt auszuüben, so obliegt die repräsentative Vertretung der Kommune vor der ersten Sitzung der Vertretung der oder dem ältesten der bisherigen Stellvertreterinnen oder Stellvertreter nach § 81 Abs. 2 Satz 1.

§ 87 Teilnahme an Sitzungen

(1) [1]Die Hauptverwaltungsbeamtin oder der Hauptverwaltungsbeamte und die anderen Beamtinnen und Beamten auf Zeit sind verpflichtet, der Vertretung auf Verlangen in der Sitzung Auskunft zu erteilen, soweit es sich nicht um Angelegenheiten handelt, die der Geheimhaltung unterliegen (§ 6 Abs. 3 Satz 1). [2]Sie sind auf ihr Verlangen zum Gegenstand der Verhandlung zu hören. [3]Die Sätze 1 und 2 gelten auch für Sitzungen des Hauptausschusses. [4]Bei Verhinderung der Hauptverwaltungsbeamtin oder des Hauptverwaltungsbeamten tritt an ihre oder seine Stelle die allgemeine Stellvertreterin oder der allgemeine Stellvertreter, auch wenn sie oder er nicht Beamtin oder Beamter auf Zeit ist.

(2) [1]Die Hauptverwaltungsbeamtin oder der Hauptverwaltungsbeamte nimmt an den Sitzungen der Ausschüsse der Vertretung, der Stadtbezirksräte und der Ortsräte teil; im Übrigen gilt Absatz 1 entsprechend. [2]Sie oder er kann sich durch Beschäftigte der Kommune vertreten lassen, die sie oder er dafür bestimmt. [3]Sie oder er hat persönlich teilzunehmen, wenn

ein Drittel der Mitglieder eines Ausschusses, eines Stadtbezirksrates oder eines Ortsrates dies verlangt. [4]Unter den gleichen Voraussetzungen sind die anderen Beamtinnen und Beamten auf Zeit zur Teilnahme verpflichtet.

(3) Ist die Samtgemeindebürgermeisterin oder der Samtgemeindebürgermeister zugleich Gemeindedirektorin oder Gemeindedirektor, so kann ihre oder seine Teilnahme an Sitzungen der Ratsausschüsse von Mitgliedsgemeinden der Samtgemeinde nicht verlangt werden.

(4) Für die Teilnahme von Beschäftigten der Kommune an Sitzungen der Vertretung, des Hauptausschusses, der Ausschüsse der Vertretung, der Stadtbezirksräte und der Ortsräte gilt § 41 entsprechend.

§ 88 Einspruch

(1) [1]Hält die Hauptverwaltungsbeamtin oder der Hauptverwaltungsbeamte einen Beschluss der Vertretung im eigenen Wirkungskreis oder einen Bürgerentscheid für rechtswidrig, so hat sie oder er der Kommunalaufsichtsbehörde unverzüglich über den Sachverhalt zu berichten und die Vertretung davon zu unterrichten. [2]Gegen einen Beschluss der Vertretung kann sie oder er stattdessen Einspruch einlegen. [3]In diesem Fall hat die Vertretung über die Angelegenheit in einer Sitzung, die frühestens drei Tage nach der ersten Beschlussfassung stattfinden darf, nochmals zu beschließen. [4]Hält die Hauptverwaltungsbeamtin oder der Hauptverwaltungsbeamte auch den neuen Beschluss für rechtswidrig, so hat sie oder er der Kommunalaufsichtsbehörde unverzüglich über den Sachverhalt zu berichten und die jeweiligen Standpunkte darzulegen. [5]Wird berichtet oder ist Einspruch eingelegt, so ist der Beschluss oder der Bürgerentscheid zunächst nicht auszuführen. [6]Die Kommunalaufsichtsbehörde entscheidet unverzüglich, ob der Beschluss oder der Bürgerentscheid zu beanstanden ist.

(2) [1]Absatz 1 gilt entsprechend für Beschlüsse des Hauptausschusses, eines Stadtbezirksrates und eines Ortsrates. [2]Die Vertretung ist bei ihrer nächsten Sitzung zu unterrichten.

(3) Für Beschlüsse im übertragenen Wirkungskreis gelten die Absätze 1 und 2 entsprechend mit der Maßgabe, dass anstelle der Kommunalaufsichtsbehörde der Fachaufsichtsbehörde zu berichten ist und diese entscheidet, ob eine Weisung erteilt wird.

(4) [1]Hält die Hauptverwaltungsbeamtin oder der Hauptverwaltungsbeamte das Wohl der Kommune durch einen Beschluss eines Ausschusses nach § 76 Abs. 3 für gefährdet, so kann sie oder er innerhalb einer Woche Einspruch einlegen. [2]In diesem Fall ist der Beschluss zunächst nicht auszu-

führen. [3]Über die Angelegenheit entscheidet der Hauptausschuss. [4]Die Vertretung ist in ihrer nächsten Sitzung zu unterrichten.

§ 89 Eilentscheidungen

[1]In dringenden Fällen, in denen die vorherige Entscheidung der Vertretung nicht eingeholt werden kann, entscheidet der Hauptausschuss. [2]Kann in Fällen des Satzes 1 oder in anderen Fällen die vorherige Entscheidung des Hauptausschusses nicht eingeholt werden und droht der Eintritt erheblicher Nachteile oder Gefahren, so trifft die Hauptverwaltungsbeamtin oder der Hauptverwaltungsbeamte im Einvernehmen mit einer Stellvertreterin oder einem Stellvertreter nach § 81 Abs. 2 die notwendigen Maßnahmen. [3]Sie oder er hat die Vertretung und den Hauptausschuss unverzüglich zu unterrichten. [4]Eine Anhörung nach § 94 Abs. 1 Sätze 1 und 2 sowie § 96 Abs. 1 Satz 6 kann vor Eilentscheidungen unterbleiben.

Fünfter Abschnitt: **Ortschaften, Stadtbezirke**

§ 90 Einrichtung, Änderung und Aufhebung von Ortschaften und Stadtbezirken

(1) [1]Gebietsteile einer Gemeinde, deren Einwohnerinnen und Einwohner eine engere Gemeinschaft bilden, können durch die Hauptsatzung zu Ortschaften bestimmt werden. [2]Die Hauptsatzung legt zugleich fest, ob Ortsräte gewählt oder Ortsvorsteherinnen oder Ortsvorsteher bestellt werden. [3]Satz 1 gilt nicht für Mitgliedsgemeinden von Samtgemeinden.

(2) [1]In kreisfreien Städten oder Städten mit mehr als 100 000 Einwohnerinnen und Einwohnern können durch die Hauptsatzung für das gesamte Stadtgebiet Stadtbezirke eingerichtet werden. [2]Die Hauptsatzung legt zugleich die Zahl der Stadtbezirke und ihre Grenzen fest. [3]Für jeden Stadtbezirk ist ein Stadtbezirksrat zu wählen.

(3) Sind Ortschaften aufgrund eines Gebietsänderungsvertrags oder aufgrund von Bestimmungen der Kommunalaufsichtsbehörde aus Anlass einer Gebietsänderung eingerichtet worden, so kann der Rat die entsprechenden Vorschriften der Hauptsatzung nur mit einer Mehrheit von zwei Dritteln seiner Mitglieder ändern oder aufheben.

(4) Die Aufhebung von Ortschaften oder Stadtbezirken oder die Änderung ihrer Grenzen ist nur zum Ende der Wahlperiode der Abgeordneten zulässig.

§ 91 Ortsrat, Stadtbezirksrat

(1) [1]Die Mitgliederzahl des Ortsrates wird durch die Hauptsatzung bestimmt; die Mindestzahl beträgt fünf. [2]Der Stadtbezirksrat hat halb so viele Mitglieder, wie eine Gemeinde mit der Einwohnerzahl des Stadtbezirkes Ratsfrauen oder Ratsherren hätte; ergibt sich dabei eine gerade Zahl von Mitgliedern des Stadtbezirksrates, so erhöht sich deren Zahl um eins.

(2) [1]Die Mitglieder des Ortsrates oder des Stadtbezirksrates werden von den Wahlberechtigten der Ortschaft oder des Stadtbezirkes zugleich mit den Ratsfrauen und Ratsherren der Gemeinde nach den Vorschriften dieses Gesetzes und des Niedersächsischen Kommunalwahlgesetzes gewählt; dabei entsprechen

1. der Ortsrat oder der Stadtbezirksrat der Vertretung im Sinne des Niedersächsischen Kommunalwahlgesetzes,
2. die Mitglieder des Ortsrates oder des Stadtbezirksrates den Ratsfrauen und Ratsherren sowie den Abgeordneten im Sinne des Niedersächsischen Kommunalwahlgesetzes und
3. die Ortschaft oder der Stadtbezirk dem Wahlgebiet im Sinne des Niedersächsischen Kommunalwahlgesetzes.

[2]Die Wahlorgane für die Wahl der Ratsfrauen und Ratsherren der Gemeinde sind auch für die Wahl des Ortsrates oder des Stadtbezirksrates zuständig.

(3) Die Hauptsatzung kann bestimmen, dass Ratsmitglieder, die in der Ortschaft oder dem Stadtbezirk wohnen oder in deren Wahlbereich die Ortschaft oder der Stadtbezirk ganz oder teilweise liegt, dem Ortsrat oder dem Stadtbezirksrat mit beratender Stimme angehören.

(4) [1]Für die Mitglieder des Ortsrates oder des Stadtbezirksrates gelten die Vorschriften über Abgeordnete entsprechend. [2]§ 55 gilt mit der Maßgabe entsprechend, dass Mitgliedern nach Absatz 3 eine Entschädigung nur als Sitzungsgeld gezahlt werden kann; die Hauptverwaltungsbeamtin oder der Hauptverwaltungsbeamte hat keinen Anspruch auf eine Entschädigung, wenn sie oder er nach Absatz 3 dem Ortsrat oder Stadtbezirksrat angehört. [3]§ 57 Abs. 1 gilt mit der Maßgabe entsprechend, dass sich mindestens zwei stimmberechtigte Mitglieder zu einer Fraktion oder Gruppe zusammenschließen können. [4]Die Mitglieder des Ortsrates oder des Stadtbezirksrates werden zu Beginn der ersten Sitzung von der oder dem bisherigen Vorsitzenden auf ihre Pflichten nach den §§ 40 bis 42 hingewiesen und förmlich verpflichtet, ihre Aufgaben nach bestem Wissen und Gewissen wahrzunehmen und die Gesetze zu beachten. [5]Erforderliche wei-

tere Verpflichtungen nimmt die oder der Vorsitzende oder die oder der stellvertretende Vorsitzende wahr.

(5) [1]Für das Verfahren des Ortsrates oder des Stadtbezirksrates gelten die Vorschriften für den Rat entsprechend; der Stadtbezirksrat oder der Ortsrat kann in Anwendung des § 62 in Angelegenheiten, die die Ortschaft oder den Stadtbezirk betreffen, Einwohnerfragestunden und Anhörungen durchführen. [2]Einzelheiten des Verfahrens und die Zusammenarbeit des Ortsrates oder des Stadtbezirksrates mit dem Rat, dem Verwaltungsausschuss und den Ausschüssen des Rates regelt der Rat in der Geschäftsordnung. [3]Der Ortsrat oder Stadtbezirksrat darf keine Ausschüsse bilden.

(6) [1]Nach dem Ende der Wahlperiode führt der Ortsrat oder Stadtbezirksrat seine Tätigkeit bis zur ersten Sitzung des neu gebildeten Ortsrates oder Stadtbezirksrates fort. [2]Das Gleiche gilt bei Auflösung des Ortsrates oder Stadtbezirksrates.

(7) [1]Die Auflösung des Rates hat die Auflösung des Ortsrates oder Stadtbezirksrates zur Folge. [2]Das Gleiche gilt, wenn die Wahl des Rates für ungültig erklärt wird oder ein Fall des § 42 Abs. 3 Satz 2 des Niedersächsischen Kommunalwahlgesetzes vorliegt.

§ 92 Ortsbürgermeisterin oder Ortsbürgermeister, Bezirksbürgermeisterin oder Bezirksbürgermeister

(1) [1]Der Ortsrat oder der Stadtbezirksrat wählt in seiner ersten Sitzung unter Leitung des ältesten anwesenden und hierzu bereiten Mitglieds aus seiner Mitte für die Dauer der Wahlperiode die Vorsitzende oder den Vorsitzenden und deren oder dessen Stellvertretung. [2]Die oder der Vorsitzende führt in Ortsräten die Bezeichnung Ortsbürgermeisterin oder Ortsbürgermeister und in Stadtbezirksräten die Bezeichnung Bezirksbürgermeisterin oder Bezirksbürgermeister.

(2) [1]Die oder der Vorsitzende beruft den Stadtbezirksrat oder den Ortsrat ein; er ist unverzüglich einzuberufen, wenn die Hauptverwaltungsbeamtin oder der Hauptverwaltungsbeamte dies unter Angabe des Beratungsgegenstandes verlangt. [2]Die Hauptverwaltungsbeamtin oder der Hauptverwaltungsbeamte kann verlangen, dass ein bestimmter Beratungsgegenstand auf die Tagesordnung gesetzt wird.

(3) [1]Die oder der Vorsitzende kann abberufen werden, wenn der Ortsrat oder der Stadtbezirksrat dies mit einer Mehrheit von zwei Dritteln seiner Mitglieder beschließt. [2]Nach dem Ende der Wahlperiode führt die oder der Vorsitzende ihre oder seine Tätigkeit bis zur Neuwahl einer oder eines

Vorsitzenden fort. [3]Das Gleiche gilt bei Auflösung des Ortsrates oder des Stadtbezirksrates.

§ 93 Zuständigkeiten des Ortsrates oder des Stadtbezirksrates

(1) [1]Der Ortsrat oder der Stadtbezirksrat vertritt die Interessen der Ortschaft oder des Stadtteils und fördert deren oder dessen positive Entwicklung innerhalb der Gemeinde. [2]Soweit der Rat nach § 58 Abs. 1 und 2 nicht ausschließlich zuständig ist und soweit es sich nicht um Aufgaben handelt, die nach § 85 Abs. 1 Nrn. 3 bis 6 der Hauptverwaltungsbeamtin oder dem Hauptverwaltungsbeamten obliegen, entscheidet der Ortsrat oder der Stadtbezirksrat unter Beachtung der Belange der gesamten Gemeinde in folgenden Angelegenheiten:

1. Unterhaltung, Ausstattung und Benutzung der im Stadtbezirk oder in der Ortschaft gelegenen öffentlichen Einrichtungen, wie Schulen, Büchereien, Kindergärten, Jugendbegegnungsstätten, Sportanlagen, Altenheime, Dorfgemeinschaftshäuser, Friedhöfe und ähnliche soziale und kulturelle Einrichtungen, deren Bedeutung über den Stadtbezirk oder die Ortschaft nicht hinausgeht,
2. Festlegung der Reihenfolge von Arbeiten zum Um- und Ausbau sowie zur Unterhaltung und Instandsetzung von Straßen, Wegen und Plätzen, deren Bedeutung über die Ortschaft oder über den Stadtbezirk nicht hinausgeht, einschließlich der Straßenbeleuchtung,
3. Benennung und Umbenennung von Straßen, Wegen und Plätzen, die ausschließlich in der Ortschaft oder dem Stadtbezirk gelegen sind,
4. Märkte, deren Bedeutung nicht wesentlich über die Ortschaft oder den Stadtbezirk hinausgeht,
5. Pflege des Ortsbildes sowie Unterhaltung und Ausgestaltung der Park- und Grünanlagen, deren Bedeutung nicht wesentlich über die Ortschaft oder über den Stadtbezirk hinausgeht,
6. Förderung von Vereinen, Verbänden und sonstigen Vereinigungen in der Ortschaft oder im Stadtbezirk,
7. Einrichtung eines Schiedsamts mit der Ortschaft oder dem Stadtbezirk als Amtsbezirk und Wahl der Schiedsperson für dieses Amt, wenn die Ortschaft oder der Stadtbezirk mindestens 2 000 Einwohnerinnen und Einwohner hat,
8. Förderung und Durchführung von Veranstaltungen der Heimatpflege und des Brauchtums in der Ortschaft oder im Stadtbezirk,
9. Pflege vorhandener Paten- und Partnerschaften,
10. Pflege der Kunst in der Ortschaft oder im Stadtbezirk,

11. Repräsentation der Ortschaft oder des Stadtbezirks und
12. Information und Dokumentation in Angelegenheiten der Ortschaft oder des Stadtbezirkes.

[3]Durch die Hauptsatzung können dem Ortsrat oder dem Stadtbezirksrat weitere Angelegenheiten des eigenen Wirkungskreises zur Entscheidung übertragen werden. [4]§ 85 Abs. 1 Satz 1 Nr. 7 gilt entsprechend mit der Maßgabe, dass auf die Bedeutung des Geschäfts für die Ortschaft oder den Stadtbezirk abzustellen ist.

(2) [1]Dem Ortsrat oder dem Stadtbezirksrat sind die Haushaltsmittel zur Verfügung zu stellen, die für die Erledigung seiner Aufgaben erforderlich sind. [2]Das Recht des Rates, die Haushaltssatzung zu erlassen, wird dadurch nicht berührt. [3]Die Ortsräte oder die Stadtbezirksräte sind jedoch bei den Beratungen der Haushaltssatzung rechtzeitig anzuhören. [4]In der Hauptsatzung soll bestimmt werden, dass den Ortsräten oder Stadtbezirksräten die Haushaltsmittel als Budget zuzuweisen sind.

(3) [1]Der Ortsrat oder der Stadtbezirksrat kann in Angelegenheiten, deren Bedeutung über die Ortschaft oder den Stadtbezirk nicht hinausgeht, eine Befragung der Einwohnerinnen und Einwohner in der Ortschaft oder in dem Stadtbezirk beschließen, die mindestens 14 Jahre alt sind und seit mindestens drei Monaten den Wohnsitz in der Ortschaft oder dem Stadtbezirk haben. [2]§ 35 Sätze 2 und 3 gilt entsprechend.

§ 94 Mitwirkungsrechte des Ortsrates oder des Stadtbezirksrates

(1) [1]Der Ortsrat oder der Stadtbezirksrat ist zu allen wichtigen Fragen des eigenen und des übertragenen Wirkungskreises, die die Ortschaft oder den Stadtbezirk in besonderer Weise berühren, rechtzeitig anzuhören. [2]Das Anhörungsrecht besteht vor der Beschlussfassung des Rates oder des Verwaltungsausschusses insbesondere in folgenden Angelegenheiten:

1. Planung und Durchführung von Investitionsvorhaben in der Ortschaft oder im Stadtbezirk,
2. Aufstellung, Änderung, Ergänzung und Aufhebung des Flächennutzungsplans sowie von Satzungen nach dem Baugesetzbuch, soweit sie sich auf die Ortschaft oder den Stadtbezirk erstrecken,
3. Errichtung, Übernahme, wesentliche Änderungen und Schließung von öffentlichen Einrichtungen in der Ortschaft oder im Stadtbezirk,
4. Um- und Ausbau sowie Benennung und Umbenennung von Straßen, Wegen und Plätzen in der Ortschaft oder im Stadtbezirk, soweit keine Entscheidungszuständigkeit nach § 93 Abs. 1 Satz 2 Nr. 2 oder 3 besteht,

5. Veräußerung, Vermietung und Verpachtung von Grundvermögen der Gemeinde, soweit es in der Ortschaft oder im Stadtbezirk liegt,
6. Änderung der Grenzen der Ortschaft oder des Stadtbezirks,
7. Aufstellung der Vorschlagsliste für Schöffinnen und Schöffen sowie
8. Wahl der Schiedsperson des Schiedsamts, zu dessen Amtsbezirk die Ortschaft oder der Stadtbezirk gehört, wenn nicht ein Schiedsamt nach § 93 Abs. 1 Satz 2 Nr. 7 eingerichtet wird.

[3]Auf Verlangen des Ortsrates oder des Stadtbezirksrates hat die Hauptverwaltungsbeamtin oder der Hauptverwaltungsbeamte für die Ortschaft oder den Stadtbezirk eine Einwohnerversammlung durchzuführen.

(2) [1]In der Bauleitplanung ist der Ortsrat oder der Stadtbezirksrat spätestens anzuhören, nachdem das Verfahren zur Beteiligung der Behörden und Stellen, die Träger öffentlicher Belange sind (§ 4 BauGB), abgeschlossen worden ist. [2]Der Rat kann allgemein oder im Einzelfall bestimmen, dass bei der Aufstellung, Änderung, Ergänzung und Aufhebung von Bebauungsplänen mit räumlich auf die Ortschaft oder den Stadtbezirk begrenzter Bedeutung dem Ortsrat oder Stadtbezirksrat die Entscheidung über die Art und Weise der Beteiligung der Bürgerinnen und Bürger an der Bauleitplanung (§ 3 BauGB) und den Verzicht darauf übertragen wird.

(3) [1]Der Ortsrat oder der Stadtbezirksrat kann in allen Angelegenheiten, die die Ortschaft oder den Stadtbezirk betreffen, Vorschläge unterbreiten, Anregungen geben und Bedenken äußern. [2]Über die Vorschläge muss das zuständige Gemeindeorgan innerhalb von vier Monaten entscheiden. [3]Bei der Beratung der Angelegenheit im Rat, im Verwaltungsausschuss oder in einem Ratsausschuss haben die Ortsbürgermeisterin oder der Ortsbürgermeister, die Bezirksbürgermeisterin oder der Bezirksbürgermeister oder deren oder dessen Stellvertreterin oder deren oder dessen Stellvertreter das Recht, angehört zu werden; dasselbe gilt für die Beratung von Stellungnahmen, die der Ortsrat oder der Stadtbezirksrat bei einer Anhörung nach den Absätzen 1 und 2 abgegeben hat.

§ 95 Sondervorschriften für Ortschaften

(1) Umfang und Inhalt der Entscheidungs- und Anhörungsrechte des Ortsrates können in der Hauptsatzung abweichend geregelt werden, soweit dies aufgrund der besonderen örtlichen Gegebenheiten erforderlich ist; für diesen Beschluss ist eine Mehrheit von zwei Dritteln der Ratsmitglieder erforderlich.

(2) [1]Die Ortsbürgermeisterin oder der Ortsbürgermeister erfüllt Hilfsfunktionen für die Gemeindeverwaltung; sie oder er ist in das Ehrenbeamtenver-

hältnis zu berufen. [2]Einzelheiten regelt die Hauptsatzung. [3]Die Ortsbürgermeisterin oder der Ortsbürgermeister kann es ablehnen, Hilfsfunktionen zu übernehmen.

(3) Die Ortsbürgermeisterin oder der Ortsbürgermeister muss in der Ortschaft wohnen.

§ 96 Ortsvorsteherin oder Ortsvorsteher

(1) [1]Der Rat bestimmt die Ortsvorsteherin oder den Ortsvorsteher für die Dauer der Wahlperiode aufgrund des Vorschlags der Fraktion, deren Mitglieder der Partei oder Wählergruppe angehören, die in der Ortschaft bei der Wahl der Ratsfrauen und Ratsherren die meisten Stimmen erhalten hat. [2]Für Ortschaften mit bis zu 150 Einwohnerinnen und Einwohnern kann in der Hauptsatzung ein von Satz 1 abweichendes Verfahren geregelt werden. [3]§ 95 Abs. 2 Satz 1 Halbsatz 2 und Abs. 3 gilt entsprechend. [4]Die Ortsvorsteherin oder der Ortsvorsteher hat die Belange der Ortschaft gegenüber den Organen der Gemeinde zur Geltung zu bringen und im Interesse einer bürgernahen Verwaltung Hilfsfunktionen für die Gemeindeverwaltung zu erfüllen. [5]Sie oder er kann in allen Angelegenheiten, die die Ortschaft betreffen, Vorschläge unterbreiten und von der Hauptverwaltungsbeamtin oder dem Hauptverwaltungsbeamten Auskünfte verlangen. [6]Für das Anhörungsrecht der Ortsvorsteherin oder des Ortsvorstehers gilt § 94 Abs. 1 Sätze 1 und 2 sowie Abs. 3 Satz 3 entsprechend. [7]Der Rat kann für die Ortsvorsteherin oder den Ortsvorsteher eine Stellvertreterin oder einen Stellvertreter bestimmen. [8]Einzelheiten regelt die Hauptsatzung.

(2) Nach dem Ende der Wahlperiode führt die Ortsvorsteherin oder der Ortsvorsteher ihre oder seine Tätigkeit bis zur Neubestellung einer Ortsvorsteherin oder eines Ortsvorstehers fort.

(3) [1]Das Ehrenbeamtenverhältnis der Ortsvorsteherin oder des Ortsvorstehers endet vor dem Ende der Wahlperiode, sobald sie oder er den Wohnsitz in der Ortschaft aufgibt. [2]Die Ortsvorsteherin oder der Ortsvorsteher kann durch Beschluss des Rates mit einer Mehrheit von zwei Dritteln seiner Mitglieder abberufen werden.

Sechster Teil: **Samtgemeinden**

Erster Abschnitt: **Bildung und Aufgaben von Samtgemeinden**

§ 97 Grundsatz

[1]Gemeinden eines Landkreises, die mindestens 400 Einwohnerinnen und Einwohner haben, können zur Stärkung der Verwaltungskraft Samtgemeinden bilden. [2]Eine Samtgemeinde soll mindestens 7 000 Einwohnerinnen und Einwohner haben.

§ 98 Aufgaben

(1) [1]Die Samtgemeinden erfüllen die folgenden Aufgaben des eigenen Wirkungskreises ihrer Mitgliedsgemeinden:
1. die Aufstellung der Flächennutzungspläne,
2. die Trägerschaft der allgemeinbildenden öffentlichen Schulen nach Maßgabe des Niedersächsischen Schulgesetzes, die Erwachsenenbildung und die Einrichtung und Unterhaltung der Büchereien, die mehreren Mitgliedsgemeinden dienen,
3. die Errichtung und Unterhaltung der Sportstätten, die mehreren Mitgliedsgemeinden dienen, und der Gesundheitseinrichtungen sowie die Altenbetreuung,
4. die Aufgaben nach dem Niedersächsischen Brandschutzgesetz,
5. den Bau und die Unterhaltung der Gemeindeverbindungsstraßen,
6. die in § 13 für die Anordnung eines Anschluss- oder Benutzungszwangs genannten Aufgaben,
7. die Hilfe bei Verwaltungsangelegenheiten (§ 37) und
8. die Aufgaben nach dem Niedersächsischen Gesetz über gemeindliche Schiedsämter.

[2]Die Samtgemeinden erfüllen ferner die Aufgaben des eigenen Wirkungskreises, die ihnen von allen Mitgliedsgemeinden oder mit ihrem Einvernehmen von einzelnen Mitgliedsgemeinden übertragen werden. [3]Die Übertragung einer Aufgabe nach den Sätzen 1 und 2 schließt die Befugnis der Samtgemeinde ein, Satzungen und Verordnungen zu erlassen, die erforderlich sind, um diese Aufgabe zu erfüllen. [4]Die finanziellen Folgen einer Aufgabenübertragung von nur einzelnen Mitgliedsgemeinden sind durch Vereinbarungen zu regeln. [5]Die Samtgemeinden können anstelle von Mitgliedsgemeinden im Einvernehmen mit dem örtlichen Träger der Jugendhilfe Aufgaben der öffentlichen Jugendhilfe wahrnehmen.

(2) [1]Die Samtgemeinden erfüllen die Aufgaben des übertragenen Wirkungskreises der Mitgliedsgemeinden. [2]Sie erfüllen auch diejenigen Aufgaben des übertragenen Wirkungskreises, die Gemeinden obliegen, deren Einwohnerzahl derjenigen der Samtgemeinde entspricht. [3]Rechtsvorschriften, nach denen Aufgaben unter bestimmten Voraussetzungen auf Gemeinden übertragen werden können, gelten für Samtgemeinden entsprechend.

(3) Rechtsvorschriften, die die gemeinsame Erfüllung von Aufgaben ausschließen oder dafür eine besondere Rechtsform vorschreiben, bleiben unberührt.

(4) Die Samtgemeinden unterstützen die Mitgliedsgemeinden bei der Erfüllung von deren Aufgaben und der Umsetzung der gesetzlichen Anforderungen an die digitale Verwaltung; in Angelegenheiten von grundsätzlicher oder besonderer wirtschaftlicher Bedeutung bedienen sich die Mitgliedsgemeinden der fachlichen Beratung durch die Samtgemeinde.

(5) [1]Die Samtgemeinden führen die Kassengeschäfte der Mitgliedsgemeinden und veranlagen und erheben für diese die Gemeindeabgaben und die privatrechtlichen Entgelte. [2]Sie können für ihre Mitgliedsgemeinden Kredite (§ 120 Abs. 1 Satz 1) aufnehmen und bewirtschaften. [3]Richten sie ein Rechnungsprüfungsamt ein, so tritt dieses für die Mitgliedsgemeinden an die Stelle des Rechnungsprüfungsamts des Landkreises (§ 153 Abs. 3).

(6) [1]Die Mitgliedsgemeinden legen ihre Haushaltssatzungen der Kommunalaufsichtsbehörde über die Samtgemeinde vor. [2]Die Samtgemeinde leitet die Haushaltssatzung innerhalb von zwei Wochen weiter.

(7) [1]Die Samtgemeinde und ihre Mitgliedsgemeinden regeln eine Aufnahme und Bewirtschaftung von Krediten (§ 120 Abs. 1 Satz 1) durch die Samtgemeinde und die Verrechnung von Kreditzinsen sowie eine gemeinsame Bewirtschaftung ihrer Liquiditätskredite (§ 122) und die gegenseitige Verrechnung von Liquiditätskreditzinsen durch öffentlich-rechtliche Vereinbarung. [2]Für die Geldanlage (§ 124 Abs. 2 Satz 2) gilt Satz 1 entsprechend.

§ 99 Hauptsatzung

(1) Die Hauptsatzung einer Samtgemeinde muss auch Folgendes bestimmen:

1. die Mitgliedsgemeinden,
2. den Namen der Samtgemeinde und den Sitz ihrer Verwaltung und

3. die Aufgaben, die der Samtgemeinde nach § 98 Abs. 1 Satz 2 von den Mitgliedsgemeinden übertragen worden sind.

(2) Die Hauptsatzung kann bestimmen, dass für die Aufnahme und das Ausscheiden von Mitgliedsgemeinden die Zustimmung einer Mehrheit der Mitgliedsgemeinden erforderlich ist.

(3) Änderungen der Hauptsatzung werden vom Samtgemeinderat mit der Mehrheit seiner Mitglieder beschlossen.

§ 100 Neubildung einer Samtgemeinde

(1) [1]Zur Bildung einer neuen Samtgemeinde vereinbaren die künftigen Mitgliedsgemeinden die Hauptsatzung der Samtgemeinde. [2]Gründe des öffentlichen Wohls dürfen dem nicht entgegenstehen. [3]Die Samtgemeinde kann nur
1. mindestens zehn Monate vor dem Beginn oder
2. zum Beginn

der nachfolgenden allgemeinen Wahlperiode gebildet werden. [4]Der Zeitpunkt ist in der Hauptsatzung zu bestimmen. [5]Eine Erhöhung der Mitgliederzahl im Samtgemeinderat (§ 46 Abs. 5) ist in der Hauptsatzung zu regeln. [6]Für Ratsbeschlüsse der künftigen Mitgliedsgemeinden über die Vereinbarung der Hauptsatzung ist jeweils die Mehrheit der Mitglieder des Rates erforderlich. [7]Die künftigen Mitgliedsgemeinden können Vereinbarungen insbesondere über die vermögensrechtliche Auseinandersetzung, die Rechtsnachfolge, das neue Ortsrecht und die Verwaltung treffen. [8]Kommen Vereinbarungen nach Satz 7 nicht zustande oder sind weitere Angelegenheiten zu regeln, so trifft die Kommunalaufsichtsbehörde die erforderlichen Bestimmungen.

(2) [1]Die Hauptsatzung und die Bestimmungen nach Absatz 1 Sätze 7 und 8 werden von der Kommunalaufsichtsbehörde nach § 11 verkündet. [2]In den Fällen des Absatzes 1 Satz 3 Nr. 2 soll die Hauptsatzung mindestens zehn Monate vor dem Beginn der nachfolgenden allgemeinen Wahlperiode verkündet werden.

(3) Wird in den Fällen des Absatzes 1 Satz 3 Nr. 1 die Hauptsatzung erst verkündet, nachdem der in ihr bestimmte Zeitpunkt für die Bildung der Samtgemeinde überschritten ist, so ist die Samtgemeinde am ersten Tag des Monats gebildet, der auf die Verkündung folgt.

(4) Für die Neubildung einer Samtgemeinde und für die Bestimmungen nach Absatz 1 Sätze 7 und 8 gilt § 27 entsprechend.

(5) Das Beamtenverhältnis der Samtgemeindebürgermeisterin oder des Samtgemeindebürgermeisters wird nicht vor dem Zeitpunkt begründet, an dem die neue Samtgemeinde gebildet ist.

(6) [1]Neu gebildete Samtgemeinden übernehmen ihre Aufgaben, sobald die Stelle der Samtgemeindebürgermeisterin oder des Samtgemeindebürgermeisters besetzt ist, spätestens jedoch am ersten Tag des sechsten Monats, nachdem die Hauptsatzung in Kraft getreten ist. [2]Der Zeitpunkt, an dem die Aufgaben übernommen werden, ist öffentlich bekannt zu machen.

§ 101 Zusammenschließen von Samtgemeinden

(1) [1]Das für Inneres zuständige Ministerium kann durch Verordnung Samtgemeinden eines Landkreises zu einer neuen Samtgemeinde zusammenschließen, wenn diese Samtgemeinden die Hauptsatzung der neuen Samtgemeinde vereinbart haben und die Mitgliedsgemeinden der Vereinbarung der Hauptsatzung der neuen Samtgemeinde zugestimmt haben. [2]Gründe des öffentlichen Wohls dürfen dem nicht entgegenstehen. [3]§ 100 Abs. 1 Satz 5 gilt entsprechend. [4]Vor dem Zusammenschließen sind die Mitgliedsgemeinden sowie ihre Einwohnerinnen und Einwohner anzuhören. [5]Die Beschlüsse über die Vereinbarung der Hauptsatzung erfordern die Mehrheit von zwei Dritteln der Mitglieder des Samtgemeinderates. [6]Die Zustimmung der Mitgliedsgemeinden nach Satz 1 ist gegenüber der Samtgemeinde vor Ablauf von sechs Monaten nach Abschluss der Vereinbarung zu erklären; § 100 Abs. 1 Satz 6 gilt entsprechend.

(2) [1]Samtgemeinden können abweichend von Absatz 1 Satz 1 ohne die Zustimmung einzelner Mitgliedsgemeinden zusammengeschlossen werden, wenn bei einer der Samtgemeinden eine besonders schwierige Haushaltslage vorliegt und Gründe des öffentlichen Wohls den Zusammenschluss rechtfertigen. [2]Für die Verordnung ist in diesem Fall die Zustimmung des Landtags erforderlich. [3]Aufgaben, die eine einzelne Mitgliedsgemeinde nach § 98 Abs. 1 Satz 2 übertragen hatte, gehen auf die neue Samtgemeinde nur dann über, wenn die Mitgliedsgemeinde dem nicht widerspricht.

(3) [1]Die neue Samtgemeinde kann nur
1. mindestens zehn Monate vor dem Beginn oder
2. zum Beginn

der nachfolgenden allgemeinen Wahlperiode gebildet werden. [2]Der Zeitpunkt ist in der Verordnung zu bestimmen.

(4) [1]Die beteiligten Samt- und Mitgliedsgemeinden können Vereinbarungen insbesondere über die vermögensrechtliche Auseinandersetzung, die Rechtsnachfolge, das neue Ortsrecht und die Verwaltung treffen; § 100 Abs. 1 Satz 8 und § 27 gelten entsprechend. [2]Die bisherigen Samtgemeinden sind mit der Bildung der neuen Samtgemeinde aufgelöst. [3]Die neue Samtgemeinde ist Rechtsnachfolgerin der bisherigen Samtgemeinden, soweit nicht nach Satz 1 etwas anderes bestimmt ist.

(5) [1]Die Hauptsatzung der neuen Samtgemeinde und die Bestimmungen nach Absatz 4 Satz 1 sind von der Kommunalaufsichtsbehörde nach § 11 zu verkünden. [2]In den Fällen des Absatzes 3 Satz 1 Nr. 2 soll die Verordnung mindestens zehn Monate vor dem Beginn der nachfolgenden allgemeinen Wahlperiode verkündet werden. [3]§ 100 Abs. 5 gilt entsprechend.

§ 102 Umbildung einer Samtgemeinde

(1) Eine Änderung der Hauptsatzung, durch die eine Gemeinde aus der Samtgemeinde ausscheidet oder in die Samtgemeinde aufgenommen wird (Umbildung einer Samtgemeinde), ist nur zulässig, wenn die Gemeinde einverstanden ist und Gründe des öffentlichen Wohls dem nicht entgegenstehen; § 100 Abs. 1 Sätze 3 bis 6 gilt entsprechend.

(2) Wird eine Mitgliedsgemeinde in eine Gemeinde, die der Samtgemeinde nicht angehört, eingegliedert oder mit ihr zusammengeschlossen, so scheidet sie aus der Samtgemeinde aus.

(3) [1]Die Samtgemeinde und die aufzunehmende oder die ausscheidende Gemeinde haben durch eine Vereinbarung die Rechtsfolgen zu regeln, die sich aus der Umbildung ergeben. [2]§ 100 Abs. 1 Satz 8, Abs. 2 und § 27 gelten entsprechend.

Zweiter Abschnitt: **Mitgliedsgemeinden von Samtgemeinden**

§ 103 Rat

[1]In Mitgliedsgemeinden von Samtgemeinden beruft die bisherige Bürgermeisterin oder der bisherige Bürgermeister die erste Ratssitzung ein und verpflichtet die Ratsmitglieder. [2]Diese Sitzung leitet das älteste anwesende und hierzu bereite Ratsmitglied, bis die Bürgermeisterin oder der Bürgermeister gewählt ist.

§ 104 Verwaltungsausschuss

[1]In seiner ersten Sitzung kann der Rat vor der Wahl der Bürgermeisterin oder des Bürgermeisters mit einer Mehrheit von zwei Dritteln der Ratsmitglieder beschließen, dass für die Dauer der Wahlperiode kein Verwaltungsausschuss gebildet wird. [2]In diesem Fall gehen die Zuständigkeiten des Verwaltungsausschusses auf den Rat über; die Zuständigkeit für die Vorbereitung der Beschlüsse des Rates geht auf die Bürgermeisterin oder den Bürgermeister über. [3]Wird ein Verwaltungsausschuss gebildet, so entscheidet der Rat vor der Wahl der Bürgermeisterin oder des Bürgermeisters, ob die Zahl der Beigeordneten erhöht werden soll (§ 74 Abs. 2 Satz 2).

§ 105 Bürgermeisterin oder Bürgermeister

(1) [1]In seiner ersten Sitzung wählt der Rat aus seiner Mitte für die Dauer der Wahlperiode die Bürgermeisterin oder den Bürgermeister. [2]Vorschlagsberechtigt für die Wahl ist nur eine Fraktion oder Gruppe, auf die mindestens ein Sitz im Verwaltungsausschuss entfällt. [3]Satz 2 gilt nicht, wenn der Rat beschlossen hat, dass kein Verwaltungsausschuss gebildet wird (§ 104 Satz 1).

(2) [1]Die Bürgermeisterin oder der Bürgermeister ist ehrenamtlich tätig und mit Annahme der Wahl in das Ehrenbeamtenverhältnis berufen. [2]Sie oder er führt den Vorsitz im Rat. [3]Sie oder er führt nach dem Ende der Wahlperiode die Tätigkeit bis zur Neuwahl einer Bürgermeisterin oder eines Bürgermeisters fort.

(3) [1]Die Bürgermeisterin oder der Bürgermeister kann vom Rat mit einer Mehrheit von zwei Dritteln seiner Mitglieder abberufen werden. [2]Der Beschluss kann nur gefasst werden, wenn ein Antrag auf Abberufung auf der Tagesordnung gestanden hat, die den Ratsmitgliedern bei der Einberufung des Rates mitgeteilt worden ist. [3]Der Rat wird in diesem Fall von der Stellvertreterin oder dem Stellvertreter der Bürgermeisterin oder des Bürgermeisters einberufen.

(4) [1]Die Stellvertreterinnen und Stellvertreter nach § 81 Abs. 2 werden in Fällen des § 104 Satz 1 aus der Mitte des Rates gewählt. [2]Sie vertreten die Bürgermeisterin oder den Bürgermeister außer in den Fällen des § 81 Abs. 2 auch beim Vorsitz im Rat.

(5) Auf Vorschlag der Bürgermeisterin oder des Bürgermeisters beauftragt der Rat mit der allgemeinen Stellvertretung

1. eine Beschäftigte oder einen Beschäftigten der Gemeinde,
2. eine Ratsfrau oder einen Ratsherrn, wenn sie oder er dem zustimmt, oder
3. eine Beschäftigte oder einen Beschäftigten der Samtgemeinde.

§ 106 Amt der Gemeindedirektorin oder des Gemeindedirektors

(1) [1]Der Rat kann in der ersten Sitzung für die Dauer der Wahlperiode, bei einem Wechsel im Amt der Bürgermeisterin oder des Bürgermeisters sowie auf Antrag der Bürgermeisterin oder des Bürgermeisters für die Dauer der restlichen Wahlperiode beschließen, dass die Bürgermeisterin oder der Bürgermeister nur folgende Aufgaben hat:
1. die repräsentative Vertretung der Gemeinde,
2. den Vorsitz im Rat und im Verwaltungsausschuss,
3. die Einberufung des Rates und des Verwaltungsausschusses einschließlich der Aufstellung der Tagesordnung im Benehmen mit der Gemeindedirektorin oder dem Gemeindedirektor und
4. die Verpflichtung der Ratsfrauen und Ratsherren sowie die Belehrung über ihre Pflichten.

[2]In diesem Fall werden die übrigen Aufgaben von der Samtgemeindebürgermeisterin oder dem Samtgemeindebürgermeister wahrgenommen, wenn sie oder er dazu bereit ist. [3]Anderenfalls bestimmt der Rat, dass die übrigen Aufgaben
1. einem anderen Ratsmitglied,
2. der allgemeinen Stellvertreterin oder dem allgemeinen Stellvertreter der Samtgemeindebürgermeisterin oder des Samtgemeindebürgermeisters oder
3. einem anderen Mitglied des Leitungspersonals der Samtgemeinde

übertragen werden. [4]Die Übertragung bedarf in den Fällen des Satzes 3 Nrn. 1 und 3 der Zustimmung der betroffenen Person. [5]Die mit den übrigen Aufgaben betraute Person ist in das Ehrenbeamtenverhältnis zu berufen und führt die Bezeichnung Gemeindedirektorin oder Gemeindedirektor, in Städten Stadtdirektorin oder Stadtdirektor. [6]Die für sie auszustellenden Urkunden werden von der Bürgermeisterin oder dem Bürgermeister und einem weiteren Ratsmitglied unterzeichnet. [7]Mit der Aushändigung der Urkunde endet das Ehrenbeamtenverhältnis der Bürgermeisterin oder des Bürgermeisters nach § 105 Abs. 2 Satz 1. [8]Der Rat beschließt, wer die Gemeindedirektorin oder den Gemeindedirektor vertritt. [9]Die Gemeindedirektorin oder der Gemeindedirektor gehört dem Verwaltungsausschuss mit beratender Stimme an. [10]Sie oder er führt nach dem Ende der Wahlperiode die Tätigkeit bis zur Neuwahl einer Bürgermeisterin oder eines Bürgermeisters fort.

(2) 1Die Gemeindedirektorin oder der Gemeindedirektor kann verlangen, dass ein bestimmter Beratungsgegenstand auf die Tagesordnung des Rates, eines seiner Ausschüsse oder des Verwaltungsausschusses gesetzt wird. 2Sie oder er nimmt an den Sitzungen teil; im Übrigen gilt § 87 entsprechend.

(3) 1Verpflichtende Erklärungen kann die Gemeindedirektorin oder der Gemeindedirektor nur gemeinsam mit der Bürgermeisterin oder dem Bürgermeister abgeben; § 86 Abs. 2 bis 4 gilt entsprechend. 2Urkunden für die Beamtinnen und Beamten werden auch von der Bürgermeisterin oder dem Bürgermeister unterzeichnet. 3Eilentscheidungen sind im Einvernehmen mit der Bürgermeisterin oder dem Bürgermeister zu treffen.

(4) 1Die Gemeindedirektorin oder der Gemeindedirektor kann in den Fällen des Absatzes 1 Satz 3 Nrn. 1 und 3 vom Rat mit einer Mehrheit von zwei Dritteln seiner Mitglieder abberufen werden. 2§ 105 Abs. 3 Satz 2 gilt entsprechend.

Siebenter Teil: **Beschäftigte**

§ 107 Rechtsverhältnisse der Beschäftigten

(1) 1Die Kommunen beschäftigen zur Erfüllung ihrer Aufgaben fachlich geeignete Beamtinnen, Beamte, Arbeitnehmerinnen und Arbeitnehmer (Beschäftigte). 2Dem Leitungspersonal muss in kreisfreien und großen selbständigen Städten, in Landkreisen und in der Region Hannover eine Beamtin oder ein Beamter mit der Befähigung zum Richteramt angehören. 3In den übrigen Kommunen, die nicht Mitgliedsgemeinden von Samtgemeinden sind, muss dem Leitungspersonal eine Beamtin oder ein Beamter mit der Befähigung für die Laufbahn der Laufbahngruppe 2 der Fachrichtung Allgemeine Dienste angehören, die oder der mit der dem Erwerb der Befähigung zugrunde liegenden Qualifikation vertiefte Kenntnisse des allgemeinen und besonderen Verwaltungsrechts erworben hat.

(2) 1Soweit die Eingruppierung und Vergütung von Arbeitnehmerinnen und Arbeitnehmern nicht durch besondere bundes- oder landesgesetzliche Vorschrift oder durch Tarifvertrag geregelt ist, muss sie derjenigen vergleichbarer Arbeitnehmerinnen und Arbeitnehmer des Landes entspre-

chen; die oberste Kommunalaufsichtsbehörde kann Ausnahmen zulassen. [2]Zur Vergütung im Sinne des Satzes 1 gehören auch außer- und übertarifliche sonstige Geldzuwendungen (Geld- und geldwerte Leistungen), die die Arbeitnehmerinnen und Arbeitnehmer unmittelbar oder mittelbar von ihrem Arbeitgeber erhalten, auch wenn sie über Einrichtungen geleistet werden, zu denen die Arbeitnehmerinnen und Arbeitnehmer einen eigenen Beitrag leisten.

(3) [1]Die Kommunen stellen einen Stellenplan auf. [2]Darin sind die vorhandenen Stellen nach Art und Wertigkeit gegliedert auszuweisen. [3]Der Stellenplan ist einzuhalten; Abweichungen sind nur zulässig, soweit sie aufgrund gesetzlicher oder tarifrechtlicher Vorschriften zwingend erforderlich sind.

(4) [1]Die Vertretung beschließt im Einvernehmen mit der Hauptverwaltungsbeamtin oder dem Hauptverwaltungsbeamten über die Ernennung, Versetzung zu einem anderen Dienstherrn, Versetzung in den Ruhestand und Entlassung der Beamtinnen und Beamten; die Vertretung kann diese Befugnisse für bestimmte Gruppen von Beamtinnen und Beamten dem Hauptausschuss oder der Hauptverwaltungsbeamtin oder dem Hauptverwaltungsbeamten übertragen. [2]Der Hauptausschuss beschließt im Einvernehmen mit der Hauptverwaltungsbeamtin oder dem Hauptverwaltungsbeamten über die Einstellung, Eingruppierung und Entlassung von Arbeitnehmerinnen und Arbeitnehmern; er kann diese Befugnisse allgemein oder für bestimmte Gruppen von Arbeitnehmerinnen oder Arbeitnehmern der Hauptverwaltungsbeamtin oder dem Hauptverwaltungsbeamten übertragen.

(5) [1]Oberste Dienstbehörde, höhere Dienstvorgesetzte und Dienstvorgesetzte der Hauptverwaltungsbeamtin oder des Hauptverwaltungsbeamten ist die Vertretung. [2]Entscheidungen, die mit der Versetzung in den Ruhestand oder der Entlassung zusammenhängen, trifft die Kommunalaufsichtsbehörde; dies gilt nicht für Entscheidungen über die Festsetzung von Versorgungsbezügen oder Altersgeld. [3]Für die Entscheidung über die Vergütung von Reisekosten und die Gewährung von Beihilfen sowie für die Entgegennahme der Anzeige des Erholungsurlaubs und der Verhinderung infolge kurzzeitiger Erkrankung ist die Hauptverwaltungsbeamtin oder der Hauptverwaltungsbeamte als Organ der Kommune zuständig; § 1 Abs. 1 des Niedersächsischen Verwaltungsverfahrensgesetzes in Verbindung mit § 20 des Verwaltungsverfahrensgesetzes bleibt unberührt. [4]Entscheidungen oder andere Maßnahmen, die mit

1. der Verschwiegenheitspflicht,
2. der Annahme von Belohnungen, Geschenken und sonstigen Vorteilen mit Ausnahme der Fälle des § 111 Abs. 8,
3. Sonderurlaub von zusammenhängend höchstens zehn Tagen,

4. dem Mutterschutz,
5. der Elternzeit,
6. den Umzugskosten,
7. dem Trennungsgeld sowie
8. der Anzeige einer Verhinderung infolge einer langfristigen Erkrankung zusammenhängen, kann die Vertretung auf den Hauptausschuss übertragen. [5]Für die übrigen Beamtinnen und Beamten der Kommune ist oberste Dienstbehörde die Vertretung; höherer Dienstvorgesetzter ist der Hauptausschuss und Dienstvorgesetzte oder Dienstvorgesetzter die Hauptverwaltungsbeamtin oder der Hauptverwaltungsbeamte.

(6) [1]In den Fällen, in denen beamtenrechtliche Vorschriften die oberste Dienstbehörde ermächtigen, die ihr obliegenden Aufgaben auf andere Behörden zu übertragen, ist die oder der höhere Dienstvorgesetzte zuständig; diese oder dieser kann einzelne Befugnisse auf die Dienstvorgesetzte oder den Dienstvorgesetzten übertragen. [2]Die Vertretung kann die Gewährung von Beihilfen nach § 80 NBG und abweichend von Satz 1 die Befugnisse zur Festsetzung von Versorgungsbezügen und Altersgeld auf eine der Aufsicht des Landes unterstehende juristische Person des öffentlichen Rechts als eigene Aufgabe übertragen. [3]Hat die Vertretung vor dem 1. Januar 2013 die versorgungsrechtlichen Befugnisse nach Satz 2 übertragen, so gilt diese Übertragung auch für die Befugnisse zur Festsetzung von Altersgeld. [4]Die Vertretung kann eine der Aufsicht des Landes unterstehende juristische Person des öffentlichen Rechts mit der Wahrnehmung einzelner weiterer Aufgaben der Personalverwaltung beauftragen.

§ 108 Beamtinnen und Beamte auf Zeit

(1) [1]In Gemeinden und Samtgemeinden mit mehr als 20 000 Einwohnerinnen und Einwohnern sowie in Landkreisen und in der Region Hannover können außer der Hauptverwaltungsbeamtin oder dem Hauptverwaltungsbeamten auch andere leitende Beamtinnen und Beamte nach Maßgabe der Hauptsatzung in das Beamtenverhältnis auf Zeit berufen werden. [2]Diese Beamtinnen und Beamten auf Zeit führen folgende Bezeichnungen:
1. in Gemeinden: Erste Gemeinderätin oder Erster Gemeinderat, wenn ihnen das Amt der allgemeinen Stellvertreterin oder des allgemeinen Stellvertreters übertragen ist, im Übrigen Gemeinderätin oder Gemeinderat,
2. in Städten: Erste Stadträtin oder Erster Stadtrat, wenn ihnen das Amt der allgemeinen Stellvertreterin oder des allgemeinen Stellvertreters übertragen ist, im Übrigen Stadträtin oder Stadtrat,

3. in Samtgemeinden: Erste Samtgemeinderätin oder Erster Samtgemeinderat, wenn ihnen das Amt der allgemeinen Stellvertreterin oder des allgemeinen Stellvertreters übertragen ist, im Übrigen Samtgemeinderätin oder Samtgemeinderat,
4. in Landkreisen: Erste Kreisrätin oder Erster Kreisrat, wenn ihnen das Amt der allgemeinen Stellvertreterin oder des allgemeinen Stellvertreters übertragen ist, im Übrigen Kreisrätin oder Kreisrat, und
5. in der Region Hannover: Erste Regionsrätin oder Erster Regionsrat, wenn ihnen das Amt der allgemeinen Stellvertreterin oder des allgemeinen Stellvertreters übertragen ist, im Übrigen Regionsrätin oder Regionsrat.

[3]In Verbindung mit den Bezeichnungen Gemeinderätin, Gemeinderat, Stadträtin, Stadtrat, Samtgemeinderätin, Samtgemeinderat, Kreisrätin, Kreisrat, Regionsrätin oder Regionsrat ist ein Zusatz zulässig, der das Fachgebiet kennzeichnet; die für das Finanzwesen zuständige Beamtin auf Zeit oder der für das Finanzwesen zuständige Beamte auf Zeit kann folgende Bezeichnungen erhalten:
1. in Gemeinden: Gemeindekämmerin oder Gemeindekämmerer,
2. in Städten: Stadtkämmerin oder Stadtkämmerer und
3. in Samtgemeinden: Samtgemeindekämmerin oder Samtgemeindekämmerer.

(2) [1]In Gemeinden und Samtgemeinden mit mehr als 10 000 Einwohnerinnen und Einwohnern kann die allgemeine Stellvertreterin oder der allgemeine Stellvertreter nach Maßgabe der Hauptsatzung in das Beamtenverhältnis auf Zeit berufen werden. [2]Auch wenn die Einwohnerzahl unter 10 000 gefallen ist, kann die bisherige Stelleninhaberin oder der bisherige Stelleninhaber für eine oder mehrere weitere Amtszeiten wiedergewählt werden. [3]Absatz 1 Satz 2 gilt entsprechend.

§ 109 Wahl und Abberufung der Beamtinnen und Beamten auf Zeit

(1) [1]Beamtinnen und Beamte auf Zeit nach § 108 werden auf Vorschlag der Hauptverwaltungsbeamtin oder des Hauptverwaltungsbeamten von der Vertretung für eine Amtszeit von acht Jahren gewählt; § 67 Sätze 4 bis 7 findet keine Anwendung. [2]Die Wahl darf nicht früher als ein Jahr vor Ablauf der Amtszeit der Stelleninhaberin oder des Stelleninhabers stattfinden. [3]Die Stelle ist öffentlich auszuschreiben. [4]Die Vertretung kann jedoch im Einvernehmen mit der Hauptverwaltungsbeamtin oder dem Hauptverwaltungsbeamten beschließen, von der Ausschreibung abzusehen, wenn sie beabsichtigt,

1. die Stelleninhaberin oder den Stelleninhaber erneut zu wählen,
2. eine Beamtin oder einen Beamten auf Zeit der Kommune unter Beibehaltung ihrer oder seiner bisherigen Fachgebietszuständigkeit zur allgemeinen Stellvertreterin oder zum allgemeinen Stellvertreter zu wählen oder
3. eine andere bestimmte Bewerberin oder einen anderen bestimmten Bewerber zu wählen, und nicht erwartet, dass sich im Ausschreibungsverfahren eine andere Person bewerben würde, die wegen ihrer Eignung, Befähigung und Sachkunde vorzuziehen wäre.

[5]Für Beschlüsse nach Satz 4 Nr. 3 ist eine Mehrheit von drei Vierteln der Mitglieder der Vertretung erforderlich. [6]Schlägt die Hauptverwaltungsbeamtin oder der Hauptverwaltungsbeamte bis zum Ablauf von drei Monaten

1. nach dem Ende der Amtszeit der bisherigen Stelleninhaberin oder des bisherigen Stelleninhabers keine Bewerberin oder keinen Bewerber vor oder
2. nach einer Ablehnung einer vorgeschlagenen Bewerberin oder eines vorgeschlagenen Bewerbers keine andere Bewerberin oder keinen anderen Bewerber vor

oder kommt es über die Frage einer Ausschreibung nach Satz 4 Nr. 1 zu keinem Einvernehmen, so entscheidet die Vertretung mit einer Mehrheit von drei Vierteln ihrer Abgeordneten allein.

(2) [1]Die Beamtinnen und Beamten nach § 108 sind hauptamtlich tätig; sie sind in das Beamtenverhältnis auf Zeit zu berufen. [2]Sie müssen die für ihr Amt erforderliche Eignung, Befähigung und Sachkunde besitzen. [3]Sie sind nur verpflichtet, nach den Vorschriften des Beamtenrechts das Amt für eine weitere Amtszeit zu übernehmen, wenn sie spätestens sechs Monate vor Ablauf der vorangehenden Amtszeit wiedergewählt werden und bei Ablauf der Amtszeit noch nicht 60 Jahre alt sind.

(3) [1]Eine Beamtin oder ein Beamter auf Zeit kann vor Ablauf der Amtszeit aus dem Amt abberufen werden. [2]Dazu ist ein Beschluss der Vertretung mit einer Mehrheit von drei Vierteln ihrer Mitglieder erforderlich. [3]§ 82 Abs. 2 gilt entsprechend. [4]Die Beamtin oder der Beamte scheidet mit Ablauf des Tages, an dem die Abberufung beschlossen wird, aus dem Amt aus und gilt besoldungsrechtlich und versorgungsrechtlich als abgewählt.

Achter Teil: **Kommunalwirtschaft**

Erster Abschnitt: **Haushaltswirtschaft**

§ 110 Allgemeine Haushaltsgrundsätze, Haushaltsausgleich

(1) Die Kommunen haben ihre Haushaltswirtschaft so zu planen und zu führen, dass die stetige Erfüllung ihrer Aufgaben gesichert ist.

(2) Die Haushaltswirtschaft ist sparsam und wirtschaftlich zu führen.

(3) Die Haushaltswirtschaft ist nach Maßgabe dieses Gesetzes und aufgrund dieses Gesetzes erlassener Rechtsvorschriften nach den Grundsätzen ordnungsmäßiger Buchführung im Rechnungsstil der doppelten Buchführung zu führen.

(4) [1]Der Haushalt soll in jedem Haushaltsjahr in Planung und Rechnung ausgeglichen sein. [2]Er ist ausgeglichen, wenn der Gesamtbetrag der ordentlichen Erträge mindestens dem Gesamtbetrag der ordentlichen Aufwendungen und der Gesamtbetrag der außerordentlichen Erträge mindestens dem Gesamtbetrag der außerordentlichen Aufwendungen entspricht. [3]Daneben sind die Liquidität der Kommune sowie die Finanzierung ihrer Investitionen und Investitionsförderungsmaßnahmen sicherzustellen.

(5) [1]Die Verpflichtung nach Absatz 4 Sätze 1 und 2 gilt als erfüllt, wenn
1. voraussichtliche Fehlbeträge im ordentlichen und im außerordentlichen Ergebnis mit Überschussrücklagen (§ 123 Abs. 1 Satz 1) verrechnet werden können oder ein voraussichtlicher Fehlbetrag im ordentlichen Ergebnis mit Überschüssen im außerordentlichen Ergebnis oder ein voraussichtlicher Fehlbetrag im außerordentlichen Ergebnis mit Überschüssen im ordentlichen Ergebnis gedeckt werden kann oder
2. nach der mittelfristigen Ergebnis- und Finanzplanung die vorgetragenen Fehlbeträge spätestens im zweiten dem Haushaltsjahr folgenden Jahr ausgeglichen werden können.

[2]Eine Verrechnung von Fehlbeträgen des ordentlichen und außerordentlichen Ergebnisses mit der um Rücklagen, Sonderposten und Ergebnisvorträge bereinigten Nettoposition nach Absatz 6 Satz 1 (Basisreinvermögen) ist unzulässig. [3]Soweit ein unentgeltlicher Vermögensübergang gesetzlich oder durch Vertrag bestimmt ist, sind die Vermögensänderungen gegen das Basisreinvermögen zu verrechnen. [4]Abweichend von Satz 2 können Fehlbeträge mit dem Basisreinvermögen bis zur Höhe von Überschüssen, die in Vorjahren nach Absatz 6 Satz 4 in Basisreinvermögen umgewandelt wurden, verrechnet werden, wenn ein Abbau der Fehlbeträge trotz Ausschöpfung aller Ertrags- und Sparmöglichkeiten nicht auf andere Weise

möglich ist. [5]Weitere Abweichungen von Satz 2 können durch Verordnung nach § 178 Abs. 1 Nr. 5 ermöglicht werden.

(6) [1]Die Überschussrücklagen sind Teil des die Schulden und Rückstellungen übersteigenden Vermögens (Nettoposition). [2]Ihnen werden die Jahresüberschüsse durch Beschluss über den Jahresabschluss zugeführt. [3]Eine Verrechnung mit den Sollfehlbeträgen aus dem letzten kameralen Abschluss einer Kommune geht einer Zuführung in die Überschussrücklagen vor. [4]Überschussrücklagen dürfen in Basisreinvermögen umgewandelt werden, wenn keine Fehlbeträge aus Vorjahren abzudecken sind, der Haushalt ausgeglichen ist und nach der geltenden mittelfristigen Ergebnis- und Finanzplanung keine Fehlbeträge zu erwarten sind.

(7) [1]Die Kommune darf sich über den Wert ihres Vermögens hinaus nicht verschulden. [2]Ist in der Planung oder der Rechnung erkennbar, dass die Schulden und Rückstellungen das Vermögen übersteigen, so ist die Kommunalaufsichtsbehörde unverzüglich hierüber zu unterrichten.

(8) [1]Die Kommune hat ein Haushaltssicherungskonzept aufzustellen, wenn der Haushaltsausgleich nicht erreicht werden kann oder eine Überschuldung abgebaut oder eine drohende Überschuldung abgewendet werden muss. [2]In dem Haushaltssicherungskonzept ist festzulegen,

1. innerhalb welcher Zeiträume der Haushaltsausgleich sowie die Beseitigung der Überschuldung oder der drohenden Überschuldung erreicht,
2. wie der im Haushaltsplan ausgewiesene Fehlbetrag und die Verschuldung abgebaut und
3. wie das Entstehen eines neuen Fehlbetrages und einer zusätzlichen Verschuldung vermieden

werden sollen. [3]Das Haushaltssicherungskonzept ist spätestens mit der Haushaltssatzung zu beschließen und der Kommunalaufsichtsbehörde mit der Haushaltssatzung vorzulegen. [4]Ist nach Satz 1 ein Haushaltssicherungskonzept aufzustellen und war dies bereits für das Vorjahr der Fall, so ist über den Erfolg der Haushaltssicherungsmaßnahmen ein Haushaltssicherungsbericht beizufügen. [5]Auf Anforderung der Kommunalaufsichtsbehörde hat die für die Rechnungsprüfung zuständige Stelle zu dem Haushaltssicherungsbericht Stellung zu nehmen.

§ 111 Grundsätze der Finanzmittelbeschaffung

(1) Die Gemeinden erheben Abgaben nach den gesetzlichen Vorschriften.

(2) Die Landkreise erheben Abgaben und Umlagen nach den gesetzlichen Vorschriften.

(3) [1]Die Samtgemeinden erheben Gebühren und Beiträge nach den für Gemeinden geltenden Vorschriften sowie von den Mitgliedsgemeinden eine Umlage (Samtgemeindeumlage) unter entsprechender Anwendung der Vorschriften über die Kreisumlage. [2]Die Hauptsatzung kann bestimmen, dass die Samtgemeindeumlage je zur Hälfte nach der Einwohnerzahl der Mitgliedsgemeinden und nach den Bemessungsgrundlagen der Kreisumlage festgesetzt wird.

(4) Die Region Hannover erhebt Abgaben und eine Umlage unter entsprechender Anwendung der für Landkreise geltenden Vorschriften, soweit nichts anderes bestimmt ist.

(5) [1]Die Gemeinden haben die zur Erfüllung ihrer Aufgaben erforderlichen Finanzmittel,

1. soweit vertretbar und geboten, aus speziellen Entgelten für die von ihnen erbrachten Leistungen,
2. im Übrigen aus Steuern

zu beschaffen, soweit die sonstigen Finanzmittel nicht ausreichen. [2]Satz 1 gilt für Samtgemeinden, Landkreise und die Region Hannover entsprechend mit der Maßgabe, dass in Nummer 2 anstelle der Steuern die Umlagen treten. [3]Eine Rechtspflicht zur Erhebung von Beiträgen für Verkehrsanlagen, wiederkehrenden Beiträgen für Verkehrsanlagen und Beiträgen für öffentliche Spielplätze besteht nicht.

(6) Die Kommunen dürfen Kredite nur dann aufnehmen, wenn eine andere Finanzierung nicht möglich ist oder wirtschaftlich unzweckmäßig wäre.

(7) [1]Die Landkreise und die Region Hannover können für ihre kreis- und regionsangehörigen Kommunen mit Ausnahme der Mitgliedsgemeinden von Samtgemeinden Kredite (§ 120 Abs. 1 Satz 1) und Liquiditätskredite (§ 122) aufnehmen und bewirtschaften. [2]Der Landkreis und die kreisangehörige Kommune sowie die Region Hannover und die regionsangehörige Kommune regeln die Aufnahme und Bewirtschaftung von nach Satz 1 aufgenommenen Krediten und Liquiditätskrediten und die Verrechnung von Zinsen für die Kredite und Liquiditätskredite durch öffentlich-rechtliche Vereinbarung.

(8) [1]Die Kommunen dürfen zur Erfüllung ihrer Aufgaben Spenden, Schenkungen und ähnliche Zuwendungen einwerben und annehmen oder an

Dritte vermitteln, die sich an der Erfüllung von Aufgaben beteiligen. [2]Für die Einwerbung und die Entgegennahme des Angebots einer Zuwendung ist die Hauptverwaltungsbeamtin oder der Hauptverwaltungsbeamte zuständig. [3]Über die Annahme oder Vermittlung entscheidet die Vertretung. [4]Die Kommunen erstellen jährlich einen Bericht, in dem die Zuwendungsgeber, die Zuwendungen und die Zuwendungszwecke anzugeben sind, und übersenden ihn der Kommunalaufsichtsbehörde.

§ 112 Haushaltssatzung

(1) Die Kommunen haben für jedes Haushaltsjahr eine Haushaltssatzung zu erlassen.

(2) [1]Die Haushaltssatzung enthält
1. die Festsetzung des Haushaltsplans
   a) im Ergebnishaushalt unter Angabe des Gesamtbetrages der ordentlichen Erträge und Aufwendungen sowie der außerordentlichen Erträge und Aufwendungen,
   b) im Finanzhaushalt unter Angabe des Gesamtbetrages der Einzahlungen und der Auszahlungen aus laufender Verwaltungstätigkeit, der Einzahlungen und der Auszahlungen für Investitionstätigkeit sowie der Einzahlungen und der Auszahlungen aus der Finanzierungstätigkeit,
   c) unter Angabe des Gesamtbetrages der vorgesehenen Kreditaufnahmen für Investitionen und Investitionsförderungsmaßnahmen (Kreditermächtigung) sowie
   d) unter Angabe des Gesamtbetrages der Ermächtigungen zum Eingehen von Verpflichtungen, die künftige Haushaltsjahre mit Auszahlungen für Investitionen und Investitionsförderungsmaßnahmen belasten (Verpflichtungsermächtigungen),
2. die Festsetzung des Höchstbetrages der Liquiditätskredite,
3. bei Gemeinden die Festsetzung der Hebesätze der Grund- und Gewerbesteuer, wenn diese nicht in einer gesonderten Satzung bestimmt sind, und
4. bei Samtgemeinden, Landkreisen und der Region Hannover weitere Vorschriften, wenn dies gesetzlich vorgeschrieben ist.

[2]Sie kann weitere Vorschriften enthalten, wenn sich diese auf die Erträge, Aufwendungen, Einzahlungen und Auszahlungen sowie den Stellenplan für das Haushaltsjahr beziehen.

(3) [1]Die Haushaltssatzung wird am Tag nach dem Ende der öffentlichen Auslegung des Haushaltsplans nach § 114 Abs. 2 Satz 3, frühestens mit

Beginn des Haushaltsjahres wirksam; sie gilt für das Haushaltsjahr. [2]Sie kann Festsetzungen für zwei Haushaltsjahre, nach Jahren getrennt, enthalten.

(4) Haushaltsjahr ist das Kalenderjahr, soweit nicht für einzelne Bereiche durch Gesetz oder Verordnung etwas anderes bestimmt ist.

§ 113 Haushaltsplan

(1) [1]Der Haushaltsplan enthält alle im Haushaltsjahr für die Erfüllung der Aufgaben der Kommune voraussichtlich
1. anfallenden Erträge und eingehenden Einzahlungen,
2. entstehenden Aufwendungen und zu leistenden Auszahlungen und
3. notwendigen Verpflichtungsermächtigungen.

[2]Die Vorschriften des Zweiten Abschnitts bleiben unberührt.

(2) [1]Der Haushaltsplan ist in einen Ergebnishaushalt und einen Finanzhaushalt zu gliedern. [2]Der Stellenplan für die Beschäftigten ist Teil des Haushaltsplans.

(3) [1]Der Haushaltsplan ist Grundlage für die Haushaltswirtschaft der Kommunen. [2]Er ist nach Maßgabe dieses Gesetzes und der aufgrund dieses Gesetzes erlassenen Vorschriften für die Haushaltsführung verbindlich. [3]Ansprüche und Verbindlichkeiten Dritter werden durch ihn weder begründet noch aufgehoben.

§ 114 Erlass der Haushaltssatzung

(1) [1]Die von der Vertretung beschlossene Haushaltssatzung ist mit ihren Anlagen der Kommunalaufsichtsbehörde vorzulegen. [2]Die Vorlage soll spätestens einen Monat vor Beginn des Haushaltsjahres erfolgen.

(2) [1]Enthält die Haushaltssatzung genehmigungsbedürftige Teile, so darf sie erst nach Erteilung der Genehmigung verkündet werden. [2]Haushaltssatzungen ohne genehmigungsbedürftige Teile dürfen frühestens einen Monat nach Vorlage an die Kommunalaufsichtsbehörde verkündet werden. [3]Im Anschluss an die Verkündung der Haushaltssatzung ist der Haushaltsplan mit seinen Anlagen an sieben Tagen öffentlich auszulegen; in der Verkündung ist auf die Auslegung hinzuweisen.

§ 115 Nachtragshaushaltssatzung

(1) [1]Die Haushaltssatzung kann nur durch Nachtragshaushaltssatzung geändert werden, die spätestens bis zum Ablauf des Haushaltsjahres zu beschließen ist. [2]Für die Nachtragshaushaltssatzung gelten die Vorschriften für die Haushaltssatzung entsprechend.

(2) Die Kommunen haben unverzüglich eine Nachtragshaushaltssatzung zu erlassen, wenn

1. sich zeigt, dass trotz Ausnutzung jeder Sparmöglichkeit ein erheblicher Fehlbetrag entstehen wird und der Haushaltsausgleich nur durch eine Änderung der Haushaltssatzung erreicht werden kann, oder
2. bisher nicht veranschlagte oder zusätzliche Aufwendungen oder Auszahlungen bei einzelnen Haushaltspositionen in einem im Verhältnis zu den Gesamtaufwendungen oder Gesamtauszahlungen erheblichen Umfang entstehen oder geleistet werden müssen.

(3) Absatz 2 Nr. 2 ist nicht anzuwenden auf

1. die Umschuldung von Krediten,
2. höhere Personalaufwendungen und Personalauszahlungen, die aufgrund gesetzlicher oder tarifrechtlicher Vorschriften zwingend erforderlich sind, und
3. Aufwendungen und Auszahlungen für Instandsetzungen und Ersatzbeschaffungen, die zeitlich und sachlich unabweisbar sind.

§ 116 Vorläufige Haushaltsführung

(1) [1]Ist die Haushaltssatzung bei Beginn des Haushaltsjahres noch nicht wirksam (§ 112 Abs. 3 Satz 1), so dürfen die Gemeinden

1. Aufwendungen entstehen lassen und Auszahlungen leisten, zu denen sie rechtlich verpflichtet sind oder die für die Weiterführung notwendiger Aufgaben unaufschiebbar sind, und in diesem Rahmen insbesondere Investitionen und Investitionsförderungsmaßnahmen fortsetzen, für die im Haushaltsplan eines Vorjahres Beträge vorgesehen waren,
2. Grund- und Gewerbesteuer nach den in der Haushaltssatzung des Vorjahres festgesetzten Hebesätzen erheben und
3. Kredite umschulden.

[2]Satz 1 Nrn. 1 und 3 gilt für Samtgemeinden, Landkreise und die Region Hannover entsprechend.

(2) [1]Reichen die Finanzierungsmittel für die Fortsetzung der Bauten, der Beschaffungen und der sonstigen Leistungen des Finanzhaushalts nach Absatz 1 Satz 1 Nr. 1 nicht aus, so dürfen die Kommunen mit Genehmi-

gung der Kommunalaufsichtsbehörde Kredite für Investitionen und Investitionsförderungsmaßnahmen bis zur Höhe eines Viertels des Gesamtbetrags der in der Haushaltssatzung des Vorjahres vorgesehenen Kreditermächtigung aufnehmen. [2]§ 120 Abs. 2 Sätze 2 und 3 gilt entsprechend.

(3) Während der vorläufigen Haushaltsführung gilt der Stellenplan des Vorjahres weiter.

§ 117 Über- und außerplanmäßige Aufwendungen und Auszahlungen

(1) [1]Über- und außerplanmäßige Aufwendungen und Auszahlungen sind nur zulässig, wenn sie zeitlich und sachlich unabweisbar sind; ihre Deckung muss gewährleistet sein. [2]In Fällen von unerheblicher Bedeutung entscheidet die Hauptverwaltungsbeamtin oder der Hauptverwaltungsbeamte; die Vertretung und der Hauptausschuss sind spätestens mit der Vorlage des Jahresabschlusses zu unterrichten.

(2) [1]Für Investitionen und Investitionsförderungsmaßnahmen, die im folgenden Haushaltsjahr fortgesetzt werden, sind überplanmäßige Auszahlungen auch dann zulässig, wenn ihre Deckung erst im folgenden Haushaltsjahr gewährleistet ist. [2]Absatz 1 Satz 2 gilt entsprechend.

(3) Die Absätze 1 und 2 sind entsprechend auf Maßnahmen anzuwenden, durch die später im Laufe des Haushaltsjahres über- oder außerplanmäßige Aufwendungen und Auszahlungen entstehen können.

(4) § 115 Abs. 2 bleibt unberührt.

(5) [1]Nicht im Haushaltsplan veranschlagte Abschreibungen oder die veranschlagten Abschreibungen überschreitende Abschreibungen werden von der Hauptverwaltungsbeamtin oder dem Hauptverwaltungsbeamten ermittelt und in die Erstellung des Jahresabschlusses einbezogen. [2]Satz 1 gilt für nicht im Haushaltsplan veranschlagte oder die Veranschlagung überschreitende Zuführungen zu Rückstellungen für Pensionsverpflichtungen für Beamtinnen und Beamte und zu Rückstellungen für Beihilfeverpflichtungen entsprechend. [3]Absatz 1 ist hierbei nicht anzuwenden.

§ 118 Mittelfristige Ergebnis- und Finanzplanung

(1) [1]Die Kommunen haben ihrer Haushaltswirtschaft eine mittelfristige Ergebnis- und Finanzplanung für fünf Jahre zugrunde zu legen. [2]Das erste

Planungsjahr ist dabei das Haushaltsjahr, das demjenigen Haushaltsjahr vorangeht, für das die Haushaltssatzung gelten soll.

(2) In der mittelfristigen Ergebnis- und Finanzplanung sind Umfang und Zusammensetzung der voraussichtlichen Aufwendungen und Auszahlungen und ihre Deckungsmöglichkeiten darzustellen.

(3) Als Grundlage für die mittelfristige Ergebnis- und Finanzplanung ist ein Investitionsprogramm aufzustellen, in das die geplanten Auszahlungen für Investitionen und Investitionsförderungsmaßnahmen aufgenommen werden.

(4) Die mittelfristige Ergebnis- und Finanzplanung und das Investitionsprogramm sind jährlich der Entwicklung anzupassen und fortzuführen.

(5) Die mittelfristige Ergebnis- und Finanzplanung ist der Vertretung mit dem Entwurf der Haushaltssatzung vorzulegen.

§ 119 Verpflichtungsermächtigungen

(1) Verpflichtungen zur Leistung von Auszahlungen für Investitionen und für Investitionsförderungsmaßnahmen in künftigen Jahren dürfen unbeschadet des Absatzes 5 nur eingegangen werden, wenn der Haushaltsplan hierzu ermächtigt.

(2) Verpflichtungsermächtigungen dürfen in der Regel zulasten der dem Haushaltsjahr folgenden drei Jahre veranschlagt werden, in Ausnahmefällen bis zum Abschluss einer Maßnahme; sie sind nur zulässig, wenn die Finanzierung der aus ihrer Inanspruchnahme entstehenden Auszahlungen in den künftigen Haushalten gesichert erscheint.

(3) Verpflichtungsermächtigungen gelten bis zum Ende des Haushaltsjahres und darüber hinaus bis zum Wirksamwerden der Haushaltssatzung für das nächste Haushaltsjahr (§ 112 Abs. 3 Satz 1).

(4) Der Gesamtbetrag der Verpflichtungsermächtigungen bedarf im Rahmen der Haushaltssatzung der Genehmigung der Kommunalaufsichtsbehörde, soweit in den Jahren, zu deren Lasten sie veranschlagt werden, insgesamt Kreditaufnahmen vorgesehen sind.

(5) [1]Verpflichtungen im Sinne des Absatzes 1 dürfen über- und außerplanmäßig eingegangen werden, wenn sie unabweisbar sind und der in der Haushaltssatzung festgesetzte Gesamtbetrag der Verpflichtungsermächtigungen nicht überschritten wird. [2]§ 117 Abs. 1 Satz 2 gilt entsprechend.

§ 120 Kredite

(1) [1]Kredite dürfen unter der Voraussetzung des § 111 Abs. 6 nur für Investitionen, Investitionsförderungsmaßnahmen und zur Umschuldung aufgenommen werden; sie sind als Einzahlungen im Finanzhaushalt zu veranschlagen. [2]Die Kommune hat Richtlinien für die Aufnahme von Krediten aufzustellen.

(2) [1]Der Gesamtbetrag der im Finanzhaushalt vorgesehenen Kreditaufnahmen für Investitionen und Investitionsförderungsmaßnahmen bedarf im Rahmen der Haushaltssatzung der Genehmigung der Kommunalaufsichtsbehörde (Gesamtgenehmigung). [2]Die Genehmigung soll nach den Grundsätzen einer geordneten Haushaltswirtschaft erteilt oder versagt werden; sie kann unter Bedingungen und Auflagen erteilt werden. [3]Sie ist in der Regel zu versagen, wenn die Kreditverpflichtungen nicht mit der dauernden Leistungsfähigkeit der Kommune im Einklang stehen.

(3) Die Kreditermächtigung gilt bis zum Ende des auf das Haushaltsjahr folgenden Jahres und darüber hinaus bis zum Wirksamwerden der Haushaltssatzung für das übernächste Haushaltsjahr (§ 112 Abs. 3 Satz 1).

(4) [1]Die Aufnahme der einzelnen Kredite, deren Gesamtbetrag nach Absatz 2 genehmigt worden ist, bedarf der Genehmigung der Kommunalaufsichtsbehörde (Einzelgenehmigung), sobald die Kreditaufnahmen nach § 19 des Gesetzes zur Förderung der Stabilität und des Wachstums der Wirtschaft beschränkt worden sind. [2]Die Einzelgenehmigung kann nach Maßgabe der Kreditbeschränkungen versagt werden.

(5) Durch Verordnung der Landesregierung kann die Aufnahme von Krediten von der Genehmigung der Kommunalaufsichtsbehörde abhängig gemacht werden mit der Maßgabe, dass die Genehmigung versagt werden kann, wenn die ausgehandelten Kreditbedingungen
1. die Entwicklung am Kreditmarkt ungünstig beeinflussen könnten oder
2. die Versorgung der Kommunen mit wirtschaftlich vertretbaren Krediten stören könnten.

(6) [1]Die Begründung einer Zahlungsverpflichtung, die wirtschaftlich einer Kreditverpflichtung gleichkommt, bedarf der Genehmigung der Kommunalaufsichtsbehörde. [2]Absatz 2 Sätze 2 und 3 gilt entsprechend. [3]Eine Genehmigung für die Begründung von Zahlungsverpflichtungen im Rahmen der laufenden Verwaltung ist nicht erforderlich.

(7) [1]Die Kommunen dürfen zur Sicherung des Kredits keine Sicherheiten bestellen. [2]Die Kommunalaufsichtsbehörde kann Ausnahmen zulassen, wenn die Bestellung von Sicherheiten der Verkehrsübung entspricht.

§ 121 Sicherheiten und Gewährleistung für Dritte

(1) [1]Die Kommunen dürfen keine Sicherheiten zugunsten Dritter bestellen. [2]Die Kommunalaufsichtsbehörde kann Ausnahmen zulassen.

(2) [1]Die Kommunen dürfen Bürgschaften und Verpflichtungen aus Gewährverträgen nur im Rahmen der Erfüllung ihrer Aufgaben übernehmen. [2]Die Rechtsgeschäfte bedürfen der Genehmigung der Kommunalaufsichtsbehörde.

(3) Absatz 2 gilt entsprechend für Rechtsgeschäfte, die den darin genannten wirtschaftlich gleichkommen, insbesondere für die Zustimmung zu Rechtsgeschäften Dritter, aus denen den Kommunen in künftigen Haushaltsjahren Aufwendungen entstehen oder Verpflichtungen zur Leistung von Auszahlungen erwachsen können.

(4) [1]Keiner Genehmigung bedürfen Rechtsgeschäfte nach den Absätzen 2 und 3, die
1. die Kommune zur Förderung des Städte- und Wohnungsbaus eingeht oder
2. für den Haushalt der Kommune keine besondere Belastung bedeuten.

[2]Diese Rechtsgeschäfte sind im Anhang zum Jahresabschluss darzustellen. [3]Rechtsgeschäfte nach Satz 1 Nr. 1 mit erheblichen Auswirkungen auf die Finanzwirtschaft sind in einem Vorbericht des Haushaltsplans zu erläutern; erhebliche Besonderheiten aus ihrer Abwicklung und Rechtsgeschäfte, die im Vorbericht noch nicht erläutert worden sind, sind im Anhang zum Jahresabschluss zu erläutern.

(5) [1]Bei Rechtsgeschäften nach den Absätzen 2 und 3 haben die Kommunen sich das Recht vorzubehalten, dass sie oder ihre Beauftragten jederzeit prüfen können, ob
1. die Voraussetzungen für die Kreditzusage oder ihre Erfüllung vorliegen oder vorgelegen haben, oder
2. im Fall der Übernahme einer Gewährleistung eine Inanspruchnahme der Kommune in Betracht kommen kann oder die Voraussetzungen für eine solche vorliegen oder vorgelegen haben.

[2]Die Kommunen können mit Genehmigung der Kommunalaufsichtsbehörde davon absehen, sich das Prüfungsrecht vorzubehalten.

§ 122 Liquiditätskredite

(1) [1]Zur rechtzeitigen Leistung ihrer Auszahlungen können die Kommunen Liquiditätskredite bis zu dem in der Haushaltssatzung festgesetzten

Höchstbetrag aufnehmen, soweit der Kasse keine anderen Mittel zur Verfügung stehen. [2]Diese Ermächtigung gilt über das Haushaltsjahr hinaus bis zum Wirksamwerden der neuen Haushaltssatzung (§ 112 Abs. 3 Satz 1). [3]Satz 2 gilt auch für einen in der neuen, noch nicht wirksamen Haushaltssatzung höher festgesetzten Höchstbetrag, soweit er den Betrag nach Absatz 2 nicht übersteigt.

(2) Der in der Haushaltssatzung festgesetzte Höchstbetrag bedarf der Genehmigung der Kommunalaufsichtsbehörde, wenn er ein Sechstel der im Finanzhaushalt veranschlagten Einzahlungen aus laufender Verwaltungstätigkeit übersteigt.

§ 123 Rücklagen, Rückstellungen

(1) [1]Die Kommune bildet
1. eine Rücklage aus Überschüssen des ordentlichen Ergebnisses und
2. eine Rücklage aus Überschüssen des außerordentlichen Ergebnisses.

[2]Weitere Rücklagen sind zulässig.

(2) Die Kommune bildet Rückstellungen für Verpflichtungen, die dem Grunde nach zu erwarten sind, deren Höhe oder Fälligkeit aber noch ungewiss ist.

§ 124 Erwerb, Verwaltung und Nachweis des Vermögens; Wertansätze

(1) Die Kommunen sollen Vermögensgegenstände nur erwerben, soweit dies zur Erfüllung ihrer Aufgaben in absehbarer Zeit erforderlich ist.

(2) [1]Die Vermögensgegenstände sind pfleglich und wirtschaftlich zu verwalten und ordnungsgemäß nachzuweisen. [2]Bei Geldanlagen ist auf eine ausreichende Sicherheit zu achten; sie sollen einen angemessenen Ertrag bringen.

(3) Für die Verwaltung und Bewirtschaftung von Kommunalwald gelten die Vorschriften dieses Gesetzes und die hierfür geltenden besonderen Rechtsvorschriften.

(4) [1]Das Vermögen ist in der Bilanz getrennt nach dem immateriellen Vermögen, dem Sachvermögen, dem Finanzvermögen und den liquiden Mitteln auszuweisen. [2]Die Vermögensgegenstände sind mit dem Anschaffungs- oder Herstellungswert anzusetzen, vermindert um die darauf basierenden Abschreibungen; die kommunalabgabenrechtlichen Vor-

schriften bleiben unberührt. [3]Kann der Anschaffungs- oder Herstellungswert eines Vermögensgegenstands bei der Aufstellung der ersten Eröffnungsbilanz nicht mit vertretbarem Aufwand ermittelt werden, so gilt der auf den Anschaffungs- oder Herstellungszeitpunkt rückindizierte Zeitwert am Stichtag der ersten Eröffnungsbilanz als Anschaffungs- oder Herstellungswert. [4]Bei der Ausweisung von Vermögen, das nach den Regeln über die Bewertung von Vermögen in der Bilanz ausnahmsweise mit dem Zeitwert als Anschaffungs- oder Herstellungswert ausgewiesen wird, werden in Höhe der Differenz zwischen dem Zeitwert und dem fortgeführten tatsächlichen Anschaffungs- oder Herstellungswert, wenn dieser nicht verfügbar ist, zu dem rückindizierten Anschaffungs- oder Herstellungswert (Satz 3) Sonderposten für den Bewertungsausgleich gebildet. [5]Abschreibungen für Vermögen, das nach Satz 4 mit dem Zeitwert als dem Anschaffungs- oder Herstellungswert nachgewiesen wird, sind auf der Basis des Zeitwerts vorzunehmen; gleichzeitig wird der nach Satz 4 passivierte Sonderposten ergebniswirksam aufgelöst und mit der Abschreibung verrechnet. [6]Schulden sind zu ihrem Rückzahlungsbetrag anzusetzen, Rückstellungen hingegen nur in Höhe des Betrags, der nach sachgerechter Beurteilung notwendig ist.

§ 125 Veräußerung von Vermögen, Zwangsvollstreckung

(1) [1]Die Kommunen dürfen Vermögensgegenstände, die sie zur Erfüllung ihrer Aufgaben in absehbarer Zeit nicht benötigen, veräußern. [2]Vermögensgegenstände dürfen in der Regel nur zu ihrem vollen Wert veräußert werden.

(2) Für die Überlassung der Nutzung eines Vermögensgegenstandes gilt Absatz 1 entsprechend.

(3) [1]Wenn die Kommunen
1. Vermögensgegenstände unentgeltlich veräußern wollen oder
2. Sachen, die einen besonderen wissenschaftlichen, geschichtlichen oder künstlerischen Wert haben, veräußern wollen,

haben sie dies zu begründen und die Begründung zu dokumentieren. [2]Erhebliche Auswirkungen dieser Veräußerungen auf die Finanzwirtschaft sind in einem Vorbericht zum Haushaltsplan und, falls es sich um abgewickelte und noch nicht erläuterte Vorgänge handelt, im Anhang zum Jahresabschluss zu erläutern.

(4) [1]Die Einleitung der Zwangsvollstreckung nach den Vorschriften der Zivilprozessordnung gegen eine Kommune wegen einer Geldforderung

muss die Gläubigerin oder der Gläubiger der Kommunalaufsichtsbehörde anzeigen, es sei denn, dass es sich um die Verfolgung dinglicher Rechte handelt. [2]Die Zwangsvollstreckung darf erst vier Wochen nach dem Zeitpunkt der Anzeige beginnen. [3]Die Zwangsvollstreckung ist unzulässig in Vermögensgegenstände, die für die Erfüllung öffentlicher Aufgaben unentbehrlich sind oder deren Veräußerung ein öffentliches Interesse entgegensteht, sowie in Vermögensgegenstände, die im Sinne des § 135 Abs. 3 zweckgebunden sind.

§ 126 Kommunalkasse

(1) [1]Die Kommune richtet eine Kommunalkasse ein. [2]Der Kommunalkasse obliegt die Abwicklung der Zahlungen der Kommune (Kassengeschäfte).

(2) Die Kommune hat eine für die Erledigung der Kassengeschäfte verantwortliche Person und eine Person für deren Stellvertretung zu bestellen (Kassenleitung).

(3) Der Kassenleitung darf nicht angehören, wer
1. befugt ist, Kassenanordnungen zu erteilen,
2. mit der Rechnungsprüfung beauftragt ist oder
3. mit der Hauptverwaltungsbeamtin oder dem Hauptverwaltungsbeamten, der oder dem für das Finanzwesen zuständigen Beschäftigten oder mit einer zur Rechnungsprüfung beauftragten Person in einer der folgenden Beziehungen steht:
   a) Verwandtschaft bis zum dritten Grad,
   b) Schwägerschaft bis zum zweiten Grad,
   c) Ehe oder Lebenspartnerschaft im Sinne des Lebenspartnerschaftsgesetzes.

(4) Die in der Kommunalkasse Beschäftigten dürfen keine Kassenanordnungen erteilen.

(5) [1]Die Hauptverwaltungsbeamtin oder der Hauptverwaltungsbeamte überwacht die Kommunalkasse (Kassenaufsicht). [2]Sie oder er kann die Kassenaufsicht einer oder einem Beschäftigten der Kommune übertragen, jedoch nicht Beschäftigten, die in der Kommunalkasse beschäftigt sind.

§ 127 Übertragung von haushaltswirtschaftlichen Befugnissen

(1) [1]Die Kommunen können Zahlungsanweisungs- und Bewirtschaftungsbefugnisse über bestimmte Haushaltspositionen und die Kassengeschäfte

ganz oder zum Teil Dritten mit deren Einverständnis übertragen, wenn die ordnungsgemäße Erledigung und die Prüfung nach den für die Kommunen geltenden Vorschriften gewährleistet sind. [2]Die in Satz 1 genannten Befugnisse und Geschäfte für die in der Trägerschaft der Kommune stehenden Schulen können in der Regel nur der Schulleiterin oder dem Schulleiter übertragen werden, ohne dass deren oder dessen Einverständnis erforderlich ist; zu einer Übertragung auf andere Personen ist die Zustimmung der Schulleiterin oder des Schulleiters erforderlich. [3]Sollen Kassengeschäfte übertragen werden, so ist die Kassenaufsicht ausdrücklich zu regeln und die Übertragung der Kommunalaufsichtsbehörde spätestens sechs Wochen vor Vollzug anzuzeigen.

(2) Die Hauptverwaltungsbeamtin oder der Hauptverwaltungsbeamte kann die ihr oder ihm durch dieses Gesetz oder aufgrund dieses Gesetzes übertragenen Zuständigkeiten zur Einwerbung, Entgegennahme von Angeboten, Annahme und Vermittlung von Spenden, Schenkungen und ähnlichen Zuwendungen, die für Zwecke der in der Trägerschaft der Kommune stehenden Schulen bestimmt sind, auf Schulleiterinnen und Schulleiter übertragen.

§ 128 Jahresabschluss, konsolidierter Gesamtabschluss

(1) [1]Die Kommune hat für jedes Haushaltsjahr einen Jahresabschluss nach den Grundsätzen ordnungsmäßiger Buchführung klar und übersichtlich aufzustellen. [2]Im Jahresabschluss sind sämtliche Vermögensgegenstände, Schulden, Rechnungsabgrenzungsposten, Erträge, Aufwendungen, Einzahlungen und Auszahlungen sowie die tatsächliche Vermögens-, Ertrags- und Finanzlage der Kommune darzustellen.

(2) Der Jahresabschluss besteht aus:
1. einer Ergebnisrechnung,
2. einer Finanzrechnung,
3. einer Bilanz und
4. einem Anhang.

(3) Dem Anhang sind beizufügen:
1. ein Rechenschaftsbericht,
2. eine Anlagenübersicht,
3. eine Schuldenübersicht,
4. eine Rückstellungsübersicht,
5. eine Forderungsübersicht und
6. eine Übersicht über die in das folgende Jahr zu übertragenden Haushaltsermächtigungen.

(4) [1]Mit dem Jahresabschluss der Kommune sind folgende Jahresabschlüsse zusammenzufassen (Konsolidierung):

1. der Einrichtungen, deren Wirtschaftsführung nach § 139 selbständig erfolgt,
2. der Eigenbetriebe,
3. der Eigengesellschaften,
4. der Einrichtungen und Unternehmen in privater Rechtsform, an denen die Kommune beteiligt ist,
5. der kommunalen Anstalten,
6. der gemeinsamen kommunalen Anstalten, an denen die Kommune beteiligt ist,
7. der rechtsfähigen kommunalen Stiftungen,
8. der Zweckverbände, an denen die Kommune beteiligt ist,
9. der Wasser- und Bodenverbände, bei denen die Kommune Mitglied ist, soweit sie kommunale Aufgaben wahrnehmen, und
10. der rechtlich unselbständigen Versorgungs- und Versicherungseinrichtungen.

[2]Für das öffentliche Sparkassenwesen bleibt es bei den besonderen Vorschriften. [3]Die Aufgabenträger nach Satz 1 brauchen nicht in den konsolidierten Gesamtabschluss einbezogen zu werden, wenn ihre Abschlüsse für ein den tatsächlichen Verhältnissen entsprechendes Bild der Vermögens-, Ertrags- und Finanzlage der Kommune nur von untergeordneter Bedeutung sind. [4]Die Aufstellung eines konsolidierten Gesamtabschlusses ist nicht erforderlich, wenn die Abschlüsse der Aufgabenträger nach Satz 1 für ein den tatsächlichen Verhältnissen entsprechendes Bild der Vermögens-, Ertrags- und Finanzlage der Kommune in ihrer Gesamtheit von untergeordneter Bedeutung sind.

(5) [1]Die Konsolidierung soll grundsätzlich mit dem Anteil der Kommune erfolgen. [2]Als Anteil an einem Zweckverband gilt das Verhältnis an der zu zahlenden Verbandsumlage; ist eine solche nicht zu zahlen, so gilt das Verhältnis an der Vermögensaufteilung im Fall einer Auflösung des Zweckverbandes. [3]Satz 2 gilt entsprechend für Anteile an Aufgabenträgern nach Absatz 4 Satz 1 Nrn. 1 bis 7 und 9, wenn die Anteile der Kommune sich nicht auf andere Weise feststellen lassen. [4]Aufgabenträger nach Absatz 4 Satz 1 unter beherrschendem Einfluss der Kommune sind entsprechend den §§ 300 bis 309 des Handelsgesetzbuchs (HGB) zu konsolidieren (Vollkonsolidierung), solche unter maßgeblichem Einfluss der Kommune werden entsprechend den §§ 311 und 312 HGB konsolidiert (Eigenkapitalmethode). [5]Bei der Kapitalkonsolidierung entsprechend § 301 Abs. 1 HGB kann einheitlich für alle Aufgabenträger auf eine Bewertung des Eigenkapitals nach dem in § 301 Abs. 1 Satz 2 HGB maßgeblichen Zeitpunkt ver-

zichtet werden. [6]Bei den assoziierten Aufgabenträgern kann bei der Anwendung der Eigenkapitalmethode auf eine Ermittlung der Wertansätze entsprechend § 312 Abs. 2 Satz 1 HGB verzichtet werden.

(6) [1]Der konsolidierte Gesamtabschluss wird nach den Regeln des Absatzes 1 aufgestellt und besteht aus einer konsolidierten Ergebnisrechnung, einer Gesamtbilanz und den konsolidierten Anlagen nach Absatz 3 Nrn. 2 bis 5. [2]Er ist durch einen Konsolidierungsbericht zu erläutern. [3]Dem Konsolidierungsbericht sind eine Kapitalflussrechnung sowie Angaben zu den nicht konsolidierten Beteiligungen beizufügen. [4]Der konsolidierte Gesamtabschluss ersetzt den Beteiligungsbericht nach § 151, wenn er die dortigen Anforderungen erfüllt.

§ 129 Beschlussverfahren zu den Abschlüssen, Bekanntmachung

(1) [1]Der Jahresabschluss ist innerhalb von drei Monaten nach Ende des Haushaltsjahres aufzustellen; der konsolidierte Gesamtabschluss soll innerhalb von neun Monaten nach Ende des Haushaltsjahres aufgestellt werden. [2]Die Hauptverwaltungsbeamtin oder der Hauptverwaltungsbeamte stellt jeweils die Vollständigkeit und Richtigkeit der Abschlüsse fest und legt sie der Vertretung unverzüglich mit dem jeweiligen Schlussbericht der Rechnungsprüfung und mit einer eigenen Stellungnahme zu diesem Bericht vor. [3]Die Vertretung beschließt über den Jahresabschluss und die Entlastung der Hauptverwaltungsbeamtin oder des Hauptverwaltungsbeamten sowie über den konsolidierten Gesamtabschluss bis spätestens zum 31. Dezember des Jahres, das auf das Haushaltsjahr folgt. [4]Wird die Entlastung verweigert oder wird sie mit Einschränkungen ausgesprochen, so sind dafür Gründe anzugeben.

(2) [1]Die Beschlüsse nach Absatz 1 Satz 3 sind der Kommunalaufsichtsbehörde unverzüglich mitzuteilen und öffentlich bekannt zu machen. [2]Im Anschluss an die Bekanntmachung sind der Jahresabschluss ohne die Forderungsübersicht und der konsolidierte Gesamtabschluss mit dem Konsolidierungsbericht an sieben Tagen öffentlich auszulegen; in der Bekanntmachung ist auf die Auslegung hinzuweisen.

Zweiter Abschnitt: **Sondervermögen und Treuhandvermögen**

§ 130 Sondervermögen

(1) Sondervermögen der Kommunen sind
1. Gemeindegliedervermögen (§ 134 Abs. 1),
2. das Vermögen der nicht rechtsfähigen kommunalen Stiftungen (§ 135 Abs. 3),
3. Eigenbetriebe,
4. Einrichtungen, deren Wirtschaftsführung nach § 139 selbständig erfolgt und für die aufgrund gesetzlicher Vorschriften Sonderrechnungen geführt werden, und
5. rechtlich unselbständige Versorgungs- und Versicherungseinrichtungen.

(2) [1]Für Sondervermögen nach Absatz 1 Nrn. 1 und 2 gelten die Vorschriften über die Haushaltswirtschaft. [2]Diese Sondervermögen sind im Haushalt der Kommunen gesondert nachzuweisen.

(3) Auf Sondervermögen nach Absatz 1 Nrn. 3 und 4 sind die §§ 110, 111, 116 und 118 bis 122, § 124 Abs. 1 bis 3 sowie § 125 entsprechend anzuwenden, soweit nicht durch Verordnung nach § 178 Abs. 1 Nr. 12 etwas anderes bestimmt ist.

(4) [1]Für Sondervermögen nach Absatz 1 Nr. 5 können besondere Haushaltspläne aufgestellt und Sonderrechnungen geführt werden. [2]In diesem Fall sind die Vorschriften des Ersten Abschnitts mit der Maßgabe anzuwenden, dass an die Stelle der Haushaltssatzung der Beschluss über den Haushaltsplan tritt; von der öffentlichen Bekanntmachung und der Auslegung nach § 114 Abs. 2 kann abgesehen werden. [3]Anstelle eines Haushaltsplans können ein Wirtschaftsplan aufgestellt und die für die Wirtschaftsführung und das Rechnungswesen der Eigenbetriebe geltenden Vorschriften entsprechend angewendet werden.

§ 131 Treuhandvermögen

(1) [1]Für rechtsfähige kommunale Stiftungen (§ 135 Abs. 1) und sonstige Vermögen, die die Kommunen nach besonderem Recht treuhänderisch zu verwalten haben (Treuhandvermögen), sind besondere Haushaltspläne aufzustellen und Sonderrechnungen zu führen. [2]§ 130 Abs. 4 Sätze 2 und 3 gilt entsprechend. [3]Ist das Treuhandvermögen für die Vermögens-, Ertrags- und Finanzlage einer Kommune von untergeordneter Bedeutung,

kann die Kommunalaufsichtsbehörde eine vereinfachte Haushaltsführung zulassen.

(2) Unbedeutendes Treuhandvermögen kann im Haushalt der Kommunen gesondert nachgewiesen werden.

(3) Mündelvermögen sind abweichend von den Absätzen 1 und 2 nur im Jahresabschluss gesondert nachzuweisen.

(4) Besondere gesetzliche Vorschriften oder Bestimmungen der Stifterin oder des Stifters bleiben unberührt.

§ 132 Sonderkassen

[1]Für Sondervermögen und Treuhandvermögen, für die Sonderrechnungen geführt werden, sind Sonderkassen einzurichten. [2]Sie sollen mit der Kommunalkasse verbunden werden. [3]§ 126 Abs. 5 und § 127 gelten entsprechend.

§ 133 – *aufgehoben* –

§ 134 Gemeindegliedervermögen

(1) Für die Nutzung des Gemeindevermögens, dessen Ertrag nach bisherigem Recht nicht den Gemeinden, sondern anderen Berechtigten zusteht (Gemeindegliedervermögen), bleiben die bisherigen Vorschriften und Gewohnheiten in Kraft.

(2) [1]Gemeindegliedervermögen darf nicht in Privatvermögen der Nutzungsberechtigten umgewandelt werden. [2]Es kann in freies Gemeindevermögen umgewandelt werden, wenn die Umwandlung aus Gründen des Gemeinwohls geboten erscheint. [3]Den Betroffenen ist eine angemessene Entschädigung in Geld oder in Grundbesitz oder mit ihrem Einverständnis in anderer Weise zu gewähren.

(3) Gemeindevermögen darf nicht in Gemeindegliedervermögen umgewandelt werden.

§ 135 Kommunale Stiftungen

(1) [1]Liegt der Zweck einer rechtsfähigen Stiftung im Aufgabenbereich einer Kommune, so hat die Kommune sie zu verwalten, wenn dies in der Stif-

tungssatzung bestimmt ist. [2]Die nach § 131 Abs. 1 Satz 1 zu führende Sonderrechnung und die vereinfachte Haushaltsführung nach § 131 Abs. 1 Satz 3 sind jährlich abzuschließen und mit einem Bericht über die Erfüllung des Stiftungszwecks und die Erhaltung des Stiftungsvermögens zu verbinden. [3]Verwaltet die Kommune eine Stiftung des öffentlichen Rechts, so sind Satz 2 sowie die §§ 6 bis 8 und 19 Abs. 2 des Niedersächsischen Stiftungsgesetzes entsprechend anzuwenden.

(2) [1]Verwaltet eine Kommune mehrere Stiftungen des öffentlichen Rechts, so kann sie eine andere, von ihr nicht verwaltete rechtsfähige Stiftung mit Sitz und Verwaltung in der Kommune mit der Führung von Geschäften dieser Stiftungen beauftragen, soweit nicht nach diesem Gesetz die Vertretung der Kommune zu entscheiden hat. [2]Die Kommune muss in den Organen der beauftragten Stiftung über einen angemessenen Einfluss verfügen. [3]Die Entscheidung über die Beauftragung ist der Kommunalaufsichtsbehörde unverzüglich anzuzeigen und darf erst sechs Wochen nach der Anzeige vollzogen werden. [4]Soweit dies aufgrund der Satzungen der verwalteten Stiftungen zulässig ist, kann die Kommune von diesen erwirtschaftete Mittel der beauftragten Stiftung zur Erfüllung von deren Stiftungszweck zur Verfügung stellen.

(3) [1]Ist einer Kommune Vermögen zur dauernden Verwendung für einen bestimmten Zweck zugewendet worden, so ist das Vermögen in seinem Bestand zu erhalten und so zu verwalten, dass es für den Verwendungszweck möglichst hohen Nutzen bringt. [2]Dies gilt nicht, wenn etwas anderes bei der Zuwendung bestimmt worden ist oder aus der Art der Zuwendung hervorgeht. [3]Die Kommune kann mit Genehmigung der Kommunalaufsichtsbehörde den Bestand des Vermögens angreifen, wenn der Zweck anders nicht zu verwirklichen ist. [4]Ist die Verwirklichung des Zwecks unmöglich geworden oder gefährdet sie das Gemeinwohl, so kann die Kommune mit Genehmigung der Kommunalaufsichtsbehörde das Vermögen anderweitig verwenden. [5]§ 87 Abs. 2 Satz 1 BGB gilt entsprechend.

(4) [1]Kommunales Vermögen darf nur im Rahmen der Erfüllung der Aufgaben der Kommune und nur dann in Stiftungsvermögen eingebracht werden, wenn der mit der Stiftung verfolgte Zweck ohne die Einbringung nicht erreicht werden kann. [2]§ 125 Abs. 3 gilt entsprechend.

Dritter Abschnitt: **Unternehmen und Einrichtungen**

§ 136 Wirtschaftliche Betätigung

(1) [1]Die Kommunen dürfen sich zur Erledigung ihrer Angelegenheiten wirtschaftlich betätigen. [2]Sie dürfen Unternehmen nur errichten, übernehmen oder wesentlich erweitern, wenn und soweit
1. der öffentliche Zweck das Unternehmen rechtfertigt,
2. die Unternehmen nach Art und Umfang in einem angemessenenVerhältnis zu
   a) der Leistungsfähigkeit der Kommune und
   b) zum voraussichtlichen Bedarf stehen und
3. der öffentliche Zweck nicht besser und wirtschaftlicher durch einen privaten Dritten erfüllt wird oder erfüllt werden kann.

[3]Satz 2 Nr. 3 gilt nicht für die wirtschaftliche Betätigung zum Zweck der Energieversorgung, der Wasserversorgung, des öffentlichen Personennahverkehrs, der Wohnraumversorgung sowie der Einrichtung und des Betriebs von Telekommunikationsnetzen einschließlich des Erbringens von Telekommunikationsdienstleistungen insbesondere für Breitbandtelekommunikation. [4]Betätigungen nach Satz 3 sind durch einen öffentlichen Zweck gerechtfertigt. [5]Zur Erfüllung des öffentlichen Zwecks nach Satz 2 Nr. 1 darf die Kommune Betätigungen nach Satz 3 auf Gebiete anderer Kommunen erstrecken, wenn deren berechtigte Interessen gewahrt sind; Betätigungen zum Zweck der Wasserversorgung bedürfen des Einvernehmens der betroffenen Kommune. [6]Bei gesetzlich liberalisierten Betätigungen gelten nur die Interessen als berechtigt, die nach den maßgeblichen Vorschriften eine Einschränkung des Wettbewerbs zulassen. [7]Wirtschaftliche Betätigungen der Kommune zur Erzeugung von Strom aus erneuerbaren Energien zu dem in § 1 des Erneuerbare-Energien-Gesetzes genannten Zweck sind abweichend von den Sätzen 1 bis 4 auch zulässig, wenn nur die Voraussetzungen des Satzes 2 Nr. 2 Buchst. a vorliegen. [8]Für Betätigungen nach Satz 7 gelten die Sätze 5 und 6 entsprechend.

(2) Unternehmen der Kommunen können geführt werden
1. als Unternehmen ohne eigene Rechtspersönlichkeit (Eigenbetriebe),
2. als Unternehmen in einer Rechtsform des privaten Rechts, deren sämtliche Anteile den Kommunen gehören (Eigengesellschaften), oder
3. als kommunale Anstalten des öffentlichen Rechts.

(3) Unternehmen im Sinne dieses Abschnitts sind insbesondere nicht
1. Einrichtungen, zu denen die Kommunen gesetzlich verpflichtet sind,

2. Einrichtungen des Unterrichts-, Erziehungs- und Bildungswesens, des Sports und der Erholung, des Gesundheits- und Sozialwesens, des Umweltschutzes sowie solche ähnlicher Art und
3. Einrichtungen, die als Hilfsbetriebe ausschließlich der Deckung des Eigenbedarfs der Kommune dienen.

(4) [1]Abweichend von Absatz 3 können Einrichtungen der Abwasserbeseitigung und der Straßenreinigung sowie Einrichtungen, die aufgrund gesetzlich vorgesehenen Anschluss- und Benutzungszwangs, gesetzlicher Überlassungspflichten oder gesetzlicher Andienungsrechte Abfälle entsorgen, als Eigenbetriebe oder kommunale Anstalten des öffentlichen Rechts geführt werden. [2]Diese Einrichtungen können in einer Rechtsform des privaten Rechts geführt werden, wenn die Kommune allein oder zusammen mit anderen Kommunen oder Zweckverbänden über die Mehrheit der Anteile verfügt. [3]Andere Einrichtungen nach Absatz 3 können als Eigenbetriebe oder kommunale Anstalten des öffentlichen Rechts geführt werden, wenn ein wichtiges Interesse daran besteht. [4]Diese Einrichtungen dürfen in einer Rechtsform des privaten Rechts geführt werden, wenn ein wichtiges Interesse der Kommune daran besteht und wenn in einem Bericht zur Vorbereitung des Beschlusses der Vertretung (§ 58 Abs. 1 Nr. 11) unter umfassender Abwägung der Vor- und Nachteile dargelegt wird, dass die Aufgabe im Vergleich zu den zulässigen Organisationsformen des öffentlichen Rechts wirtschaftlicher durchgeführt werden kann. [5]In den Fällen der Sätze 2 und 4 ist § 137 mit Ausnahme des Absatzes 1 Nr. 1 entsprechend anzuwenden.

(5) Betätigungen von Kommunen nach Absatz 1 Satz 7 unterliegen der Kommunalaufsicht.

(6) [1]Bankunternehmen dürfen die Kommunen nicht errichten. [2]Für das öffentliche Sparkassenwesen bleibt es bei den besonderen Vorschriften.

§ 137 Unternehmen in einer Rechtsform des privaten Rechts

(1) Die Kommunen dürfen Unternehmen im Sinne von § 136 in einer Rechtsform des privaten Rechts nur führen oder sich daran beteiligen, wenn

1. die Voraussetzungen des § 136 Abs. 1 erfüllt sind,
2. eine Rechtsform gewählt wird, die die Haftung der Kommune auf einen bestimmten Betrag begrenzt,
3. die Einzahlungsverpflichtungen (Gründungskapital, laufende Nachschusspflicht) der Kommune in einem angemessenen Verhältnis zu ihrer Leistungsfähigkeit stehen,

4. die Kommune sich nicht zur Übernahme von Verlusten in unbestimmter oder unangemessener Höhe verpflichtet,
5. durch Ausgestaltung des Gesellschaftsvertrags oder der Satzung sichergestellt ist, dass der öffentliche Zweck des Unternehmens erfüllt wird,
6. die Kommune einen angemessenen Einfluss, insbesondere im Aufsichtsrat oder in einem entsprechenden Überwachungsorgan, erhält und dieser durch Gesellschaftsvertrag, durch Satzung oder in anderer Weise gesichert wird,
7. die Kommune sich bei Einrichtungen nach § 136 Abs. 3, wenn sie über die Mehrheit der Anteile verfügt, ein Letztentscheidungsrecht in allen wichtigen Angelegenheiten dieser Einrichtungen sichert und
8. im Gesellschaftsvertrag oder der Satzung sichergestellt ist, dass der Kommune zur Konsolidierung des Jahresabschlusses des Unternehmens mit dem Jahresabschluss der Kommune zu einem konsolidierten Gesamtabschluss nach § 128 Abs. 4 bis 6 und § 129 alle für den konsolidierten Gesamtabschluss erforderlichen Unterlagen und Belege des Unternehmens so rechtzeitig vorgelegt werden, dass der konsolidierte Gesamtabschluss innerhalb von neun Monaten nach Ende des Haushaltsjahres aufgestellt werden kann.

(2) Absatz 1 gilt entsprechend, wenn ein Unternehmen in einer Rechtsform des privaten Rechts, bei dem die Kommune allein oder zusammen mit anderen Kommunen oder Zweckverbänden über die Mehrheit der Anteile verfügt, sich an einer Gesellschaft oder einer anderen Vereinigung in einer Rechtsform des privaten Rechts beteiligen oder eine solche gründen will.

§ 138 Vertretung der Kommune in Unternehmen und Einrichtungen

(1) [1]Die Vertreterinnen und Vertreter der Kommune in der Gesellschafterversammlung oder einem der Gesellschafterversammlung entsprechenden Organ von Eigengesellschaften oder von Unternehmen oder Einrichtungen, an denen die Kommune beteiligt ist, werden von der Vertretung gewählt. [2]Sie haben die Interessen der Kommune zu verfolgen und sind an die Beschlüsse der Vertretung und des Hauptausschusses gebunden. [3]Der Auftrag an sie kann jederzeit widerrufen werden.

(2) [1]Sind mehrere Vertreterinnen und Vertreter der Kommune zu benennen, so ist die Hauptverwaltungsbeamtin oder der Hauptverwaltungsbeamte zu berücksichtigen, es sei denn, dass sie oder er darauf verzichtet oder zur Geschäftsführerin oder zum Geschäftsführer der Gesellschaft bestellt ist. [2]Auf Vorschlag der Hauptverwaltungsbeamtin oder des Hauptverwal-

tungsbeamten kann an ihrer oder seiner Stelle eine andere Beschäftigte oder ein anderer Beschäftigter der Kommune benannt werden. [3]Nach Maßgabe des Gesellschaftsrechts kann sich die Hauptverwaltungsbeamtin oder der Hauptverwaltungsbeamte oder eine nach Satz 2 zur Vertretung der Kommune berechtigte Person durch andere Beschäftigte der Kommune vertreten lassen. [4]Ist die Hauptverwaltungsbeamtin oder der Hauptverwaltungsbeamte weder Vertreterin oder Vertreter der Kommune noch zur Geschäftsführerin oder zum Geschäftsführer der Gesellschaft bestellt und liegt auch kein Fall des Satzes 2 vor, so ist sie oder er, im Verhinderungsfall ihre oder seine Vertretung im Amt, nach Maßgabe des Gesellschaftsrechts berechtigt, beratend an den Sitzungen des Organs teilzunehmen. [5]Die Sätze 1 bis 4 gelten für die Gemeindedirektorin oder den Gemeindedirektor nach § 106 entsprechend.

(3) [1]Die Kommune ist verpflichtet, bei der Ausgestaltung des Gesellschaftsvertrags einer Kapitalgesellschaft darauf hinzuwirken, dass ihr das Recht eingeräumt wird, Mitglieder in einen Aufsichtsrat zu entsenden. [2]Über die Entsendung entscheidet die Vertretung. [3]Absatz 2 gilt entsprechend.

(4) [1]Die Vertreterinnen und Vertreter der Kommune haben die Vertretung über alle Angelegenheiten von besonderer Bedeutung frühzeitig zu unterrichten. [2]Satz 1 gilt entsprechend für die auf Veranlassung der Kommune in einen Aufsichtsrat oder in andere Organe der Unternehmen und Einrichtungen entsandten oder sonst bestellten Mitglieder. [3]Die Unterrichtungspflicht besteht nur, soweit durch Gesetz nichts anderes bestimmt ist.

(5) Die Vertreterinnen und Vertreter der Kommune in der Gesellschafterversammlung oder einem der Gesellschafterversammlung entsprechenden Organ einer Gesellschaft, bei der die Kommune allein oder zusammen mit anderen Kommunen oder Zweckverbänden über die Mehrheit der Anteile verfügt, dürfen der Aufnahme von Krediten und Liquiditätskrediten nur mit Genehmigung der Vertretung zustimmen.

(6) [1]Werden Vertreterinnen und Vertreter der Kommune aus ihrer Tätigkeit haftbar gemacht, so hat die Kommune sie von der Schadenersatzverpflichtung freizustellen, es sei denn, dass sie den Schaden vorsätzlich oder grob fahrlässig herbeigeführt haben. [2]Auch in diesem Fall ist die Kommune regresspflichtig, wenn sie nach Weisung gehandelt haben.

(7) [1]Vergütungen aus einer Tätigkeit als Vertreterin oder Vertreter der Kommune in Unternehmen und Einrichtungen in einer Rechtsform des privaten Rechts sind an die Kommune abzuführen, soweit sie über das Maß einer angemessenen Entschädigung hinausgehen. [2]Die Vertretung setzt für jede

Vertretungstätigkeit die Höhe der angemessenen Entschädigung fest. [3]Der Beschluss ist öffentlich bekannt zu machen.

(8) Die Absätze 6 und 7 gelten entsprechend für die Tätigkeit von Abgeordneten als Mitglied in einem Aufsichtsrat und in anderen Organen und Gremien der Unternehmen und Einrichtungen, wenn das Mitglied von der Kommune mit Rücksicht auf seine Zugehörigkeit zur Vertretung entweder entsandt oder sonst auf ihre Veranlassung bestellt worden ist.

(9) Die Tätigkeit einer Hauptverwaltungsbeamtin oder eines Hauptverwaltungsbeamten sowie von anderen Beschäftigten der Kommune als Mitglied in einem Aufsichtsrat und in anderen, in Absatz 1 Satz 1 nicht genannten Organen und Gremien der Unternehmen und Einrichtungen, an denen die Kommune unmittelbar oder mittelbar, anteilmäßig oder in sonstiger Form mitwirkt, ist Nebentätigkeit im öffentlichen Dienst, es sei denn, dass durch Rechtsvorschrift etwas anderes bestimmt ist oder die Tätigkeit dem Hauptamt zugeordnet ist.

§ 139 Selbständige Wirtschaftsführung von Einrichtungen

(1) Einrichtungen nach § 136 Abs. 3 können abweichend von § 113 Abs. 1 Satz 1 wirtschaftlich selbständig geführt werden, wenn dies wegen der Art und des Umfangs der Einrichtung erforderlich ist.

(2) Das für Inneres zuständige Ministerium hat durch Verordnung die selbständige Wirtschaftsführung zu regeln.

§ 140 Eigenbetriebe

(1) Die Kommune hat für ihre Eigenbetriebe Betriebssatzungen zu erlassen.

(2) Für die Eigenbetriebe sind Betriebsausschüsse zu bilden.

(3) [1]Die Vertretung kann den Betriebsausschüssen durch die Betriebssatzung bestimmte Angelegenheiten zur eigenen Entscheidung übertragen. [2]Ist die Hauptverwaltungsbeamtin oder der Hauptverwaltungsbeamte der Auffassung, dass ein Beschluss des Betriebsausschusses das Gesetz verletzt, die Befugnisse des Ausschusses überschreitet oder das Wohl der Kommune gefährdet, so hat sie oder er eine Entscheidung des Hauptausschusses herbeizuführen.

(4) Die laufenden Geschäfte des Eigenbetriebs führt die Betriebsleitung.

(5) Die Wirtschaftsführung und das Rechnungswesen der Eigenbetriebe richten sich im Übrigen nach den erlassenen Verordnungsregelungen für Eigenbetriebe nach § 178 Abs. 1 Nr. 12.

§ 141 Errichtung von kommunalen Anstalten des öffentlichen Rechts

(1) [1]Die Kommune kann Unternehmen und Einrichtungen in der Rechtsform einer rechtsfähigen Anstalt des öffentlichen Rechts (kommunale Anstalt) nach Maßgabe des § 136 errichten oder bestehende Eigenbetriebe im Wege der Gesamtrechtsnachfolge in kommunale Anstalten umwandeln. [2]Zulässig ist eine solche Umwandlung auch

1. von Unternehmen und Einrichtungen, die nach § 136 Abs. 1 und 2 oder nach § 136 Abs. 4 als Eigenbetrieb geführt werden können, und
2. von Einrichtungen, die nach § 139 wirtschaftlich selbständig geführt werden oder geführt werden können.

[3]Die Umwandlung nach Satz 2 muss auf der Grundlage einer Eröffnungsbilanz erfolgen. [4]Unternehmen und Einrichtungen in privater Rechtsform, an denen die Kommune über die Anteile verfügt, können in kommunale Anstalten umgewandelt werden. [5]Unternehmen und Einrichtungen nach den Sätzen 1 und 2 können in eine Umwandlung nach Satz 4 einbezogen werden. [6]Für die Umwandlungen nach den Sätzen 4 und 5 gelten die Vorschriften des Umwandlungsgesetzes über Formwechsel entsprechend.

(2) Auf kommunale Anstalten ist, soweit sich aus dieser Vorschrift oder den §§ 142 bis 147 nichts anderes ergibt, § 137 entsprechend anzuwenden.

(3) [1]Die kommunale Anstalt kann sich nach Maßgabe der Unternehmenssatzung an anderen Unternehmen beteiligen, wenn der öffentliche Zweck der kommunalen Anstalt dies rechtfertigt. [2]Auf eine Beteiligung nach Satz 1 sind die §§ 137 und 138 entsprechend anwendbar, § 138 mit der Maßgabe, dass an die Stelle der Kommune die kommunale Anstalt, an die Stelle der Vertretung der Verwaltungsrat sowie an die Stelle des Hauptausschusses und der Hauptverwaltungsbeamtin oder des Hauptverwaltungsbeamten der Vorstand tritt. [3]Für die Durchführung von Jahresabschlussprüfungen von Unternehmen in einer Rechtsform des privaten Rechts, an denen die kommunale Anstalt beteiligt ist, gilt § 158 entsprechend mit der Maßgabe, dass § 53 Abs. 2 des Haushaltsgrundsätzegesetzes (HGrG) bei der Berechnung des nach § 53 HGrG maßgeblichen Umfangs der Beteiligung keine Anwendung findet.

§ 142 Unternehmenssatzung der kommunalen Anstalt

[1]Die Kommune regelt die Rechtsverhältnisse der kommunalen Anstalt durch eine Unternehmenssatzung. [2]Die Unternehmenssatzung muss Bestimmungen über den Namen und den Zweck der kommunalen Anstalt, die Anzahl der Mitglieder des Verwaltungsrates und die Höhe des Stammkapitals enthalten.

§ 143 Aufgabenübergang auf die kommunale Anstalt

(1) [1]Die Kommune kann der kommunalen Anstalt einzelne oder alle mit dem in der Unternehmenssatzung bestimmten Zweck zusammenhängende Aufgaben ganz oder teilweise übertragen. [2]Sie kann zugunsten der kommunalen Anstalt nach Maßgabe des § 13 durch Satzung einen Anschluss- und Benutzungszwang vorschreiben. [3]Sie kann der kommunalen Anstalt auch das Recht einräumen, an ihrer Stelle nach Maßgabe der §§ 10, 11 und 13 Satzungen, einschließlich der Satzung über den Anschluss- und Benutzungszwang, für das übertragene Aufgabengebiet zu erlassen. [4]Die Anstalt verkündet ihre Satzungen nach den Bestimmungen der Hauptsatzung der Kommune, die für die Verkündung der Satzungen der Kommune gelten. [5]Satzungen sind vom Vorstand der kommunalen Anstalt zu unterzeichnen.

(2) Die Kommune kann der kommunalen Anstalt zur Finanzierung der von ihr wahrzunehmenden Aufgaben durch die Unternehmenssatzung das Recht übertragen, gegenüber den Nutzern und den Leistungsnehmern der kommunalen Anstalt Gebühren, Beiträge und Kostenerstattungen nach den kommunalabgabenrechtlichen Vorschriften zu erheben, festzusetzen und zu vollstrecken.

§ 144 Unterstützung der kommunalen Anstalt durch die Kommune

(1) Bei der Erfüllung ihrer Aufgaben wird die kommunale Anstalt von der Kommune mit der Maßgabe unterstützt, dass ein Anspruch der kommunalen Anstalt gegen die Kommune oder eine sonstige Verpflichtung der Kommune, der kommunalen Anstalt Mittel zur Verfügung zu stellen, nicht besteht.

(2) [1]Die kommunale Anstalt haftet für ihre Verbindlichkeiten mit ihrem gesamten Vermögen. [2]Die Kommune haftet nicht für die Verbindlichkeiten der kommunalen Anstalt. [3]Im Fall der Zahlungsunfähigkeit oder der Über-

schuldung der kommunalen Anstalt haftet die Kommune gegenüber dem Land für Leistungen, die das Land gemäß § 12 Abs. 2 der Insolvenzordnung aus diesem Anlass erbringt.

§ 145 Organe der kommunalen Anstalt

(1) Organe der kommunalen Anstalt sind der Vorstand und der Verwaltungsrat.

(2) [1]Der Vorstand leitet die kommunale Anstalt in eigener Verantwortung, soweit nicht durch die Unternehmenssatzung etwas anderes bestimmt ist. [2]Der Vorstand vertritt die kommunale Anstalt gerichtlich und außergerichtlich. [3]Die Bezüge im Sinne des § 285 Nr. 9 Buchst. a HGB, die den einzelnen Vorstandsmitgliedern im abgelaufenen Geschäftsjahr gewährt worden sind, sind im Jahresabschluss der kommunalen Anstalt darzustellen.

(3) [1]Der Verwaltungsrat überwacht die Geschäftsführung des Vorstands. [2]Der Verwaltungsrat bestellt die Vorstandsmitglieder auf höchstens fünf Jahre; eine erneute Bestellung ist zulässig. [3]Der Verwaltungsrat entscheidet außerdem über

1. den Erlass von Satzungen gemäß § 143 Abs. 1 Satz 3,
2. die Festlegung von Gebühren, Beiträgen, Kostenerstattungen sowie allgemein geltender Tarife und Entgelte für die Nutzer und die Leistungsnehmer der kommunalen Anstalt,
3. die Beteiligung der kommunalen Anstalt an anderen Unternehmen,
4. den Haushaltsplan oder den Wirtschaftsplan sowie
5. die Feststellung des Jahresabschlusses und die Ergebnisverwendung.

[4]Entscheidungen nach Satz 3 Nrn. 1 und 3 bedürfen der Zustimmung der Vertretung. [5]Die Unternehmenssatzung kann vorsehen, dass die Vertretung den Mitgliedern des Verwaltungsrates in bestimmten anderen Fällen Weisungen erteilen kann. [6]Entscheidungen des Verwaltungsrates werden in ihrer Wirksamkeit nicht dadurch berührt, dass seine Mitglieder Weisungen nicht beachtet haben.

(4) [1]Der Verwaltungsrat besteht aus dem vorsitzenden Mitglied, den übrigen Mitgliedern sowie mindestens einer bei der kommunalen Anstalt beschäftigten Person. [2]Beschäftigte der Kommunalaufsichtsbehörde, die unmittelbar mit Aufgaben der Aufsicht über die kommunale Anstalt befasst sind, können nicht Mitglieder des Verwaltungsrates sein.

(5) [1]Die Zahl der Vertreterinnen und Vertreter der Beschäftigten darf ein Drittel aller Mitglieder des Verwaltungsrates nicht übersteigen. [2]Die Unternehmenssatzung trifft Bestimmungen über die Wahl und das Stimmrecht

der Vertreterinnen und Vertreter der Beschäftigten nach Maßgabe des Niedersächsischen Personalvertretungsgesetzes und der aufgrund dieses Gesetzes erlassenen Vorschriften über die Vertretung der Beschäftigten bei Einrichtungen der öffentlichen Hand mit wirtschaftlicher Zweckbestimmung.

(6) [1]Den Vorsitz im Verwaltungsrat führt die Hauptverwaltungsbeamtin oder der Hauptverwaltungsbeamte. [2]Mit ihrer oder seiner Zustimmung kann die Vertretung eine andere Person zum vorsitzenden Mitglied bestellen.

(7) [1]Das vorsitzende Mitglied nach Absatz 6 Satz 2 und die übrigen Mitglieder des Verwaltungsrates werden von der Vertretung auf fünf Jahre bestellt. [2]Die Amtszeit von Mitgliedern des Verwaltungsrates, die der Vertretung angehören, endet mit dem Ablauf der Wahlzeit oder dem vorzeitigen Ausscheiden aus der Vertretung. [3]Die Unternehmenssatzung trifft Bestimmungen über die Abberufung von Mitgliedern des Verwaltungsrates und über die Amtsausübung bis zum Amtsantritt der neuen Mitglieder.

(8) Für die Tätigkeit von Abgeordneten als Mitglied im Verwaltungsrat gilt § 138 Abs. 6 und 7 entsprechend.

§ 146 Dienstherrnfähigkeit der kommunalen Anstalt

[1]Die kommunale Anstalt hat das Recht, Dienstherr von Beamtinnen und Beamten zu sein, wenn ihr nach § 143 hoheitliche Aufgaben übertragen sind. [2]Wird sie aufgelöst, so hat die Kommune die Beamtinnen und Beamten, die Versorgungsempfängerinnen und Versorgungsempfänger, die Altersgeldberechtigten sowie die Empfängerinnen und Empfänger von Hinterbliebenenaltersgeld zu übernehmen. [3]Wird das Vermögen der kommunalen Anstalt ganz oder teilweise auf andere juristische Personen des öffentlichen Rechts mit Dienstherrnfähigkeit übertragen, so gilt für die Übernahme und die Rechtsstellung der Beamtinnen und Beamten, der Versorgungsempfängerinnen und Versorgungsempfänger, der Altersgeldberechtigten sowie der Empfängerinnen und Empfänger von Hinterbliebenenaltersgeld der kommunalen Anstalt § 29 NBG.

§ 147 Sonstige Vorschriften für die kommunale Anstalt

(1) [1]Auf kommunale Anstalten sind § 22 Abs. 1, die §§ 41 und 107 Abs. 1 Satz 1 und Abs. 2 bis 6, § 110 Abs. 1 und 2, § 111 Abs. 1, 5, 6 und 8, die §§ 116, 118 und 157 sowie die Vorschriften des Zehnten Teils entspre-

chend anzuwenden. [2]Dabei tritt an die Stelle der Vertretung der Verwaltungsrat sowie an die Stelle des Hauptausschusses und der Hauptverwaltungsbeamtin oder des Hauptverwaltungsbeamten der Vorstand.

(2) Das für Inneres zuständige Ministerium erlässt im Einvernehmen mit dem für Finanzen zuständigen Ministerium durch Verordnung allgemeine Vorschriften über Aufbau, Verwaltung, Wirtschaftsführung, Rechnungswesen und die Prüfung kommunaler Anstalten.

§ 148 Umwandlung und Veräußerung von Unternehmen und Einrichtungen

(1) [1]Folgende Maßnahmen sind nur zulässig, wenn sie im wichtigen Interesse der Kommune liegen:
1. die Umwandlung eines Eigenbetriebs in eine Eigengesellschaft,
2. die Veräußerung eines Eigenbetriebs, einer Eigengesellschaft oder eines Teils der in Besitz der Kommune befindlichen Anteile an einem Unternehmen oder einer Einrichtung in einer Rechtsform des privaten Rechts,
3. die Beteiligung von Privatpersonen oder Privatgesellschaften an Eigengesellschaften,
4. der Zusammenschluss von kommunalen Unternehmen und Einrichtungen mit privaten Unternehmen,
5. der Abschluss eines Verpachtungs-, Betriebsführungs- oder Anlagenüberlassungsvertrags über
   a) einen Eigenbetrieb oder eine Eigengesellschaft oder
   b) ein Unternehmen oder eine Einrichtung, wenn die Kommune über die Mehrheit der Anteile verfügt,

sowie

6. andere Rechtsgeschäfte, durch die die Kommune ihren Einfluss auf das Unternehmen, die Einrichtung oder die Gesellschaft verliert oder mindert.

[2]§ 137 Abs. 1 Nrn. 2 bis 8 gilt entsprechend.

(2) [1]Die Kommune darf Verträge über die Lieferung von Energie in das Kommunalgebiet sowie Konzessionsverträge, durch die sie einem Energieversorgungsunternehmen die Benutzung von Kommunaleigentum einschließlich der öffentlichen Straßen, Wege und Plätze für Leitungen zur Versorgung der Einwohnerinnen und Einwohner überlässt, nur abschließen, wenn die Erfüllung der kommunalen Aufgaben nicht gefährdet wird und die berechtigten wirtschaftlichen Interessen der Kommune und ihrer Einwohnerinnen und Einwohner gewahrt sind. [2]Dasselbe gilt für die Verlän-

gerung oder die Ablehnung der Verlängerung sowie für wichtige Änderungen derartiger Verträge. 3Die Kommunalaufsichtsbehörde kann mit Zustimmung der Kommune auf deren Kosten ein Sachverständigengutachten einholen, wenn nur dies noch zur Ausräumung erheblicher Bedenken im Rahmen des Anzeigeverfahrens nach § 152 Abs. 1 Satz 1 Nr. 11 führen kann.

§ 149 Wirtschaftsgrundsätze

(1) Unternehmen sollen einen Ertrag für den Haushalt der Kommunen erwirtschaften, soweit dies mit ihrer Aufgabe der Erfüllung des öffentlichen Zwecks in Einklang zu bringen ist.

(2) 1Die Erträge jedes Unternehmens sollen mindestens alle Aufwendungen einschließlich der marktüblichen Verzinsung des Eigenkapitals decken und Zuführungen zum Eigenkapital (Rücklagen) ermöglichen, die zur Erhaltung des Vermögens des Unternehmens sowie zu seiner technischen und wirtschaftlichen Fortentwicklung notwendig sind. 2Zu den Aufwendungen gehören auch

1. angemessene Abschreibungen,
2. die Steuern,
3. die Konzessionsabgabe,
4. die Zinsen für die zu Zwecken des Unternehmens aufgenommenen Schulden,
5. die marktübliche Verzinsung der von der Kommune zur Verfügung gestellten Betriebsmittel sowie
6. die angemessene Vergütung der Leistungen und Lieferungen von Unternehmen und Verwaltungszweigen der Kommune für das Unternehmen.

§ 150 Beteiligungsmanagement

1Die Kommune überwacht und koordiniert ihre Unternehmen und ihre nach § 136 Abs. 4 und § 139 geführten Einrichtungen sowie Beteiligungen an ihnen im Sinne der von ihr zu erfüllenden öffentlichen Zwecke. 2Die Kommune ist berechtigt, sich jederzeit bei den jeweiligen Unternehmen, Gesellschaften und Einrichtungen zu unterrichten. 3Die Sätze 1 und 2 gelten auch für mittelbare Beteiligungen im Sinne des § 137 Abs. 2. 4Die Sätze 2 und 3 gelten nicht, soweit ihnen zwingende Vorschriften des Gesellschaftsrechts entgegenstehen.

§ 151 Beteiligungsbericht

[1]Die Kommune hat einen Bericht über ihre Unternehmen und Einrichtungen in der Rechtsform des privaten Rechts und über ihre Beteiligungen daran sowie über ihre kommunalen Anstalten (Beteiligungsbericht) zu erstellen und jährlich fortzuschreiben. [2]Der Beteiligungsbericht enthält insbesondere Angaben über

1. den Gegenstand des Unternehmens oder der Einrichtung, die Beteiligungsverhältnisse, die Besetzung der Organe und die von dem Unternehmen oder der Einrichtung gehaltenen Beteiligungen,
2. den Stand der Erfüllung des öffentlichen Zwecks durch das Unternehmen oder die Einrichtung,
3. die Grundzüge des Geschäftsverlaufs, die Lage des Unternehmens oder der Einrichtung, die Kapitalzuführungen und -entnahmen durch die Kommune und die Auswirkungen auf die Haushalts- und Finanzwirtschaft sowie
4. das Vorliegen der Voraussetzungen des § 136 Abs. 1 für das Unternehmen.

[3]Die Einsicht in den Beteiligungsbericht ist jedermann gestattet. [4]Wird der Beteiligungsbericht durch den konsolidierten Gesamtabschluss nach § 128 Abs. 6 Satz 4 ersetzt, so ist die Einsichtnahme nach Satz 3 auch hierfür sicherzustellen. [5]Auf die Möglichkeit zur Einsichtnahme ist in geeigneter Weise öffentlich hinzuweisen.

§ 152 Anzeige und Genehmigung

(1) [1]Folgende Entscheidungen der Kommune sind der Kommunalaufsichtsbehörde unverzüglich schriftlich anzuzeigen:

1. Entscheidungen über die Errichtung, Übernahme oder wesentliche Erweiterung von Unternehmen und Einrichtungen in der Rechtsform des Eigenbetriebs oder einer Eigengesellschaft (§§ 136, 137 Abs. 1),
2. Entscheidungen über die Beteiligung an Unternehmen und Einrichtungen in der Rechtsform des privaten Rechts (§ 136 Abs. 4, § 137 Abs. 1),
3. Entscheidungen über die Beteiligung eines Unternehmens oder einer Einrichtung in einer Rechtsform des privaten Rechts, bei dem oder bei der die Kommune allein oder zusammen mit anderen Kommunen oder Zweckverbänden über die Mehrheit der Anteile verfügt, an einer Gesellschaft oder an einer anderen Vereinigung in einer Rechtsform des privaten Rechts oder deren Gründung,

4. Entscheidungen über die selbständige Wirtschaftsführung von Einrichtungen (§ 139),
5. Entscheidungen über die Umwandlung eines Eigenbetriebs in eine Eigengesellschaft,
6. Entscheidungen über die Errichtung oder Auflösung kommunaler Anstalten sowie die Umwandlung der in § 141 Abs. 1 genannten Eigenbetriebe, Eigengesellschaften und Einrichtungen in kommunale Anstalten,
7. Entscheidungen über die Beteiligung von Privatpersonen oder Privatgesellschaften an Eigengesellschaften bei einer kommunalen Mehrheitsbeteiligung,
8. Entscheidungen über die Veräußerung von Anteilen oder den Erwerb weiterer Anteile an Unternehmen und Einrichtungen in einer Rechtsform des privaten Rechts, wenn sich der kommunale Beteiligungsanteil wesentlich verändert,
9. Entscheidungen über den Zusammenschluss von kommunalen Unternehmen und Einrichtungen mit einem privaten Unternehmen bei einer kommunalen Mehrheitsbeteiligung,
10. Entscheidungen über den Abschluss eines Verpachtungs-, Betriebsführungs- oder Anlagenüberlassungsvertrags über
    a) einen Eigenbetrieb oder eine Eigengesellschaft oder
    b) ein Unternehmen oder eine Einrichtung, wenn die Kommune über die Mehrheit der Anteile verfügt,

und

11. Entscheidungen über den Abschluss, die Verlängerung oder die Änderung von Verträgen über die Lieferung von Energie oder von Konzessionsverträgen (§ 148 Abs. 2).

[2]Aus der Anzeige muss zu ersehen sein, ob die gesetzlichen Voraussetzungen erfüllt sind. [3]Die Entscheidung darf erst sechs Wochen nach der Anzeige vollzogen werden. [4]Die Kommunalaufsichtsbehörde kann im Einzelfall aus besonderem Grund die Frist verkürzen oder verlängern.

(2) Eine Genehmigung der Kommunalaufsichtsbehörde ist erforderlich für Entscheidungen der Kommune über

1. die Veräußerung eines Eigenbetriebs oder einer Eigengesellschaft,
2. die Veräußerung von Anteilen an einem Unternehmen oder an einer Einrichtung in einer Rechtsform des privaten Rechts, wenn der Kommune dadurch allein oder zusammen mit anderen Kommunen, einem Land oder dem Bund nicht mehr die Mehrheit der Anteile an diesem Unternehmen oder der Einrichtung zusteht,

3. die Umwandlung einer Eigengesellschaft in eine Gesellschaft, an der Personen des Privatrechts eine Mehrheitsbeteiligung eingeräumt wird, und
4. den Zusammenschluss eines kommunalen Unternehmens oder einer Einrichtung mit einem privaten Unternehmen ohne Einräumung eines beherrschenden kommunalen Einflusses.

(3) Für kommunale Anstalten gelten Absatz 1 Satz 1 Nrn. 1 bis 3, 8, 10 und 11 sowie Absatz 2 entsprechend.

Vierter Abschnitt: **Prüfungswesen**

§ 153 Rechnungsprüfungsamt

(1) Zur Durchführung der Rechnungsprüfung richten die Landkreise, die Region Hannover, die kreisfreien Städte, die großen selbständigen Städte und die selbständigen Gemeinden ein Rechnungsprüfungsamt ein; andere Gemeinden und Samtgemeinden können ein Rechnungsprüfungsamt einrichten, wenn ein Bedürfnis hierfür besteht und die Kosten in angemessenem Verhältnis zum Umfang der Verwaltung stehen.

(2) [1]Die Rechnungsprüfung kann ganz oder teilweise in den Formen kommunaler Zusammenarbeit nach dem Niedersächsischen Gesetz über die kommunale Zusammenarbeit erfolgen, wenn die ordnungsgemäße Erledigung der Rechnungsprüfung gesichert ist. [2]Hat eine Kommune die Aufgabe der Rechnungsprüfung vollständig übertragen, so braucht sie kein eigenes Rechnungsprüfungsamt einzurichten.

(3) Haben Gemeinden oder Samtgemeinden kein Rechnungsprüfungsamt und haben sie die Rechnungsprüfung nicht vollständig nach dem Niedersächsischen Gesetz über die kommunale Zusammenarbeit übertragen, so wird die Rechnungsprüfung vom Rechnungsprüfungsamt des Landkreises oder der Region Hannover auf Kosten der Gemeinde oder der Samtgemeinde durchgeführt.

§ 154 Unabhängigkeit des Rechnungsprüfungsamts

(1) [1]Das Rechnungsprüfungsamt der Kommune ist der Vertretung unmittelbar unterstellt und nur dieser verantwortlich. [2]Der Hauptausschuss hat das Recht, dem Rechnungsprüfungsamt Aufträge zur Prüfung der Verwaltung zu erteilen. [3]Das Rechnungsprüfungsamt ist bei der sachlichen Beurtei-

lung der Prüfungsvorgänge unabhängig und insoweit an Weisungen nicht gebunden.

(2) [1]Die Vertretung beruft die Leiterin oder den Leiter und erforderlichenfalls die Prüferinnen und Prüfer des Rechnungsprüfungsamts und beruft sie ab. [2]Für die Berufung und Abberufung der Leiterin oder des Leiters des Rechnungsprüfungsamts ist die Mehrheit der Mitglieder der Vertretung erforderlich. [3]Die Abberufung bedarf der Zustimmung der Kommunalaufsichtsbehörde.

(3) Die Leiterin oder der Leiter des Rechnungsprüfungsamts darf nicht mit der Hauptverwaltungsbeamtin oder dem Hauptverwaltungsbeamten, der oder dem für das Finanzwesen zuständigen Beschäftigten und der Kassenleitung in einer der folgenden Beziehungen stehen:
1. Verwandtschaft bis zum dritten Grad,
2. Schwägerschaft bis zum zweiten Grad,
3. Ehe oder Lebenspartnerschaft im Sinne des Lebenspartnerschaftsgesetzes.

(4) Die Leiterin oder der Leiter und die Prüferinnen und Prüfer des Rechnungsprüfungsamts dürfen eine andere Stellung in der Kommune nur innehaben, wenn dies mit den Aufgaben des Rechnungsprüfungsamts vereinbar ist und die Unabhängigkeit des Rechnungsprüfungsamts nicht beeinträchtigt wird.

(5) Die Leiterin oder der Leiter und die Prüferinnen und Prüfer des Rechnungsprüfungsamts dürfen Zahlungen durch die Kommune weder anordnen noch ausführen.

§ 155 Rechnungsprüfung

(1) Die Rechnungsprüfung umfasst
1. die Prüfung des Jahresabschlusses,
2. die Prüfung des konsolidierten Gesamtabschlusses,
3. die laufende Prüfung der Kassenvorgänge und der Belege zur Vorbereitung des Jahresabschlusses,
4. die dauernde Überwachung der Kassen der Kommune und ihrer Eigenbetriebe sowie die Vornahme der regelmäßigen und unvermuteten Kassenprüfungen, unbeschadet der Vorschriften über die Kassenaufsicht, und
5. die Prüfung von Vergaben vor Auftragserteilung, einschließlich der Vergaben von Eigenbetrieben und kommunalen Stiftungen.

(2) Die Vertretung kann dem Rechnungsprüfungsamt weitere Aufgaben übertragen, insbesondere
1. die Prüfung der Vorräte und Vermögensbestände,
2. die Prüfung der Verwaltung auf Ordnungsmäßigkeit, Zweckmäßigkeit und Wirtschaftlichkeit,
3. die Prüfung der Wirtschaftsführung der Eigenbetriebe und der kommunalen Stiftungen,
4. die Prüfung der Betätigung der Kommune bei Unternehmen und Einrichtungen in einer Rechtsform des privaten Rechts, an denen die Kommune unmittelbar oder mittelbar beteiligt ist,
5. die Kassen-, Buch- und Betriebsprüfung, soweit sich die Kommune eine solche Prüfung bei einer Beteiligung, bei der Gewährung eines Kredits oder sonst vorbehalten hat und
6. die Prüfung der Abschlüsse der kommunalen Stiftungen nach § 135 Abs. 1 Satz 2 und der Abschlüsse der kommunalen Stiftungen, über die die Kommune die Aufsicht führt.

(3) Das Rechnungsprüfungsamt kann die Prüfung nach pflichtgemäßem Ermessen beschränken und auf die Vorlage einzelner Prüfungsunterlagen verzichten.

(4) Andere gesetzliche Bestimmungen über die Prüfungspflicht der Wirtschaftsbetriebe der öffentlichen Hand werden hierdurch nicht berührt.

§ 156 Jahresabschlussprüfung und Prüfung des konsolidierten Gesamtabschlusses

(1) Der Jahresabschluss ist dahingehend zu prüfen, ob
1. der Haushaltsplan eingehalten worden ist,
2. die Grundsätze ordnungsmäßiger Buchführung eingehalten worden sind,
3. bei den Erträgen und Aufwendungen sowie bei den Einzahlungen und Auszahlungen des kommunalen Geld- und Vermögensverkehrs nach den bestehenden Gesetzen und Vorschriften unter Beachtung der maßgebenden Verwaltungsgrundsätze und der gebotenen Wirtschaftlichkeit verfahren worden ist und
4. sämtliche Vermögensgegenstände, Schulden, Rechnungsabgrenzungsposten, Erträge, Aufwendungen, Einzahlungen und Auszahlungen enthalten sind und der Jahresabschluss die tatsächliche Vermögens-, Ertrags- und Finanzlage darstellt.

(2) [1]Der konsolidierte Gesamtabschluss ist dahin zu prüfen, ob er nach den Grundsätzen ordnungsmäßiger Buchführung aufgestellt ist. [2]Bei der

Prüfung des konsolidierten Gesamtabschlusses sind die Ergebnisse einer Prüfung nach den §§ 157 und 158 und vorhandene Jahresabschlussprüfungen zu berücksichtigen. [3]Das Rechnungsprüfungsamt kann mit der Durchführung der Prüfung des konsolidierten Gesamtabschlusses eine Wirtschaftsprüferin, einen Wirtschaftsprüfer, eine Wirtschaftsprüfungsgesellschaft oder andere Dritte beauftragen oder zulassen, dass die Beauftragung im Einvernehmen mit dem Rechnungsprüfungsamt unmittelbar durch die Kommune erfolgt.

(3) Das Rechnungsprüfungsamt hat seine Bemerkungen jeweils in einem Schlussbericht zusammenzufassen.

(4) [1]Der um die Stellungnahme der Hauptverwaltungsbeamtin oder des Hauptverwaltungsbeamten ergänzte Schlussbericht des Rechnungsprüfungsamts ist frühestens nach seiner Vorlage in der Vertretung (§ 129 Abs. 1 Satz 2) an sieben Tagen öffentlich auszulegen; die Auslegung ist öffentlich bekannt zu machen. [2]Dabei sind die Belange des Datenschutzes zu beachten. [3]Bekanntmachung und Auslegung können mit dem Verfahren nach § 129 Abs. 2 verbunden werden. [4]Die Kommune gibt Ausfertigungen des öffentlich ausgelegten und um die Stellungnahme der Hauptverwaltungsbeamtin oder des Hauptverwaltungsbeamten ergänzten Schlussberichts gegen Kostenerstattung ab.

§ 157 Jahresabschlussprüfung bei Eigenbetrieben

[1]Die Jahresabschlussprüfung eines Eigenbetriebs erfolgt durch das für die Kommune zuständige Rechnungsprüfungsamt. [2]Es kann mit der Durchführung der Jahresabschlussprüfung eine Wirtschaftsprüferin, einen Wirtschaftsprüfer, eine Wirtschaftsprüfungsgesellschaft oder andere Dritte beauftragen oder zulassen, dass die Beauftragung im Einvernehmen mit dem Rechnungsprüfungsamt unmittelbar durch den Eigenbetrieb erfolgt. [3]Die Kosten der Jahresabschlussprüfung trägt der Eigenbetrieb.

§ 158 Jahresabschlussprüfung bei privatrechtlichen Unternehmen

(1) [1]Ist eine Kommune allein oder zusammen mit anderen Kommunen, einem Land oder dem Bund an einem rechtlich selbständigen, privatrechtlichen Unternehmen in dem in § 53 HGrG bezeichneten Umfang beteiligt, so hat sie dafür zu sorgen, dass in der Satzung oder im Gesellschaftsvertrag die Durchführung einer Jahresabschlussprüfung nach den Vorschriften über die Jahresabschlussprüfung bei Eigenbetrieben vorgeschrieben

und ein zuständiges Rechnungsprüfungsamt bestimmt wird. [2]Die Kommune hat von dem Unternehmen zu verlangen, dass sie den Prüfungsbericht über den Jahresabschluss unverzüglich nach dessen Eingang erhält. [3]Die Sätze 1 und 2 gelten nicht, wenn der Jahresabschluss aufgrund anderer Rechtsvorschriften zu prüfen ist. [4]In diesen Fällen hat die Kommune eine Abschlussprüferin oder einen Abschlussprüfer nach § 319 Abs. 1 Satz 1 HGB zu wählen und die Rechte nach § 53 HGrG auszuüben. [5]Die Kommune hat der Kommunalaufsichtsbehörde eine Ausfertigung eines nach Satz 2 oder 4 erhaltenen Prüfungsberichts zu übersenden, wenn der Bestätigungsvermerk der Abschlussprüferin oder des Abschlussprüfers Einschränkungen enthält oder der Vermerk versagt worden ist.

(2) Bei einer Beteiligung nach Absatz 1 Satz 1 hat die Kommune darauf hinzuwirken, dass den für sie zuständigen Prüfungseinrichtungen die in § 54 HGrG vorgesehenen Befugnisse eingeräumt werden.

(3) [1]Ist eine Kommune allein oder zusammen mit anderen Kommunen, einem Land oder dem Bund an einem rechtlich selbständigen, privatrechtlichen Unternehmen nicht in dem in § 53 HGrG bezeichneten Umfang beteiligt, so soll die Kommune, soweit ihr Interesse dies erfordert, darauf hinwirken, dass ihr in der Satzung oder im Gesellschaftsvertrag die Rechte nach § 53 Abs. 1 HGrG sowie ihr und den für sie zuständigen Prüfungseinrichtungen die Befugnisse nach § 54 HGrG eingeräumt werden. [2]Bei mittelbaren Beteiligungen gilt das nur, wenn die Kommune allein oder zusammen mit anderen Kommunen, einem Land oder dem Bund in dem in § 53 HGrG bezeichneten Umfang an einem Unternehmen beteiligt ist, dessen Anteil an einem anderen Unternehmen wiederum 25 Prozent aller Anteile übersteigt.

(4) [1]Soweit durch Gesetz nichts anderes bestimmt ist, kann die Kommune in den Fällen der Beteiligung nach Absatz 1 Satz 1 nach Anhörung des Rechnungsprüfungsamts beschließen, dass das Unternehmen abweichend von der Satzung oder dem Gesellschaftsvertrag auf bestimmte Zeit auf Jahresabschlussprüfungen verzichten kann, wenn

1. der Betriebsumfang nach der Höhe der Bilanzsumme und des Umsatzes gering ist,
2. die Verhältnisse des Unternehmens geordnet sind und
3. die Betriebsführung des Unternehmens einfach und übersichtlich ist.

[2]Dies gilt nicht für Unternehmen, die die Energieversorgung, einen Verkehrsbetrieb für den öffentlichen Verkehr oder einen Hafenbetrieb zum Gegenstand haben.

Neunter Teil: Besondere Aufgaben- und Kostenregelungen

Erster Abschnitt: Region Hannover, Landeshauptstadt Hannover und übrige regionsangehörige Gemeinden

§ 159 Grundsätze der Aufgabenverteilung

(1) Die Region Hannover erfüllt

1. in ihrem gesamten Gebiet neben den Aufgaben nach § 5 Abs. 1 Nr. 3 die Aufgaben der Landkreise im eigenen Wirkungskreis nach § 5 Abs. 1 Nr. 4, soweit diese Aufgaben nicht
   a) der Landeshauptstadt Hannover durch Rechtsvorschriften ausdrücklich zugewiesen werden oder nach §§ 162 und 163 zugewiesen sind oder
   b) den übrigen regionsangehörigen Gemeinden nach § 163 für ihr Gebiet zugewiesen sind,
2. in ihrem Gebiet mit Ausnahme des Gebiets der Landeshauptstadt Hannover die Aufgaben der Landkreise im übertragenen Wirkungskreis, soweit sich nicht aus Absatz 3 Nr. 3 oder den §§ 161 und 164 etwas anderes ergibt,
3. die ihr nach den §§ 160 und 161 besonders zugewiesenen Aufgaben und
4. weitere ihr durch Rechtsvorschrift zugewiesene Aufgaben.

(2) Die Landeshauptstadt Hannover erfüllt neben ihren Aufgaben als Gemeinde in ihrem Gebiet

1. die Aufgaben des eigenen Wirkungskreises, die den Landkreisen obliegen, soweit sie der Landeshauptstadt Hannover durch § 162 zugewiesen werden,
2. die besonderen Aufgaben des eigenen Wirkungskreises nach § 163,
3. die Aufgaben des übertragenen Wirkungskreises, die den Landkreisen obliegen, soweit sich aus § 161 nichts anderes ergibt oder eine andere Rechtsvorschrift dies nicht ausdrücklich ausschließt, und
4. die ihr nach § 164 zugewiesenen Aufgaben des übertragenen Wirkungskreises.

(3) Die übrigen regionsangehörigen Gemeinden erfüllen neben ihren Aufgaben als Gemeinde in ihrem Gebiet

1. die besonderen Aufgaben des eigenen Wirkungskreises nach § 163,

2. die besonderen Aufgaben des übertragenen Wirkungskreises nach § 164 Abs. 1 und nach § 164 Abs. 2 bis 4, soweit die dort genannten Voraussetzungen vorliegen, und
3. die Aufgaben nach § 17, soweit es sich um selbständige Gemeinden nach § 14 Abs. 3 handelt.

§ 160 Aufgaben der Region Hannover in ihrem gesamten Gebiet im eigenen Wirkungskreis

(1) Die Region Hannover ist Träger der Regionalplanung im Sinne des Niedersächsischen Raumordnungsgesetzes.

(2) [1]Die Region Hannover ist zuständig für die regionale Wirtschafts- und Beschäftigungsförderung, soweit sie keine staatliche Aufgabe ist. [2]Sie ist ferner zuständig für die kommunale Förderung der regional bedeutsamen Naherholung und kann auf Antrag der Gemeinden die Trägerschaft von Anlagen und Einrichtungen übernehmen, die diesem Zweck dienen. [3]Die Zuständigkeit nach den Sätzen 1 und 2 schließt eine Förderung durch die Standortgemeinde nicht aus.

(3) Die Region Hannover nimmt die Aufgaben nach § 1 des Niedersächsischen Krankenhausgesetzes (NKHG) wahr.

(4) [1]Die Region Hannover ist der örtliche Träger der öffentlichen Jugendhilfe, soweit dazu nicht regionsangehörige Gemeinden bestimmt worden sind. [2]Sie ist Träger zentraler Einrichtungen und Leistungsangebote auch für das Gebiet anderer örtlicher Träger der Jugendhilfe, soweit diese eine solche Aufgabenübernahme mit ihr vereinbart haben. [3]Sie ist ferner dafür zuständig, die Jugendhilfeplanung innerhalb der Region Hannover durch eine Rahmenplanung aufeinander abzustimmen, auch mit anerkannten Trägern der freien Jugendhilfe und mit der überörtlichen Planung. [4]Die Region Hannover ist auch zuständig für die Förderung der auf ihrer Ebene bestehenden Jugendverbände und ihrer Zusammenschlüsse. [5]Anderen örtlichen Trägern der öffentlichen Jugendhilfe gewährt sie auf Antrag einen angemessenen pauschalierten Kostenausgleich bis zu 80 Prozent der Personal- und Sachkosten für Leistungen nach den §§ 19, 21, 29 bis 35a, 41 bis 43, 52, 55, 56, 59 und 90 Abs. 3 des Achten Buchs des Sozialgesetzbuchs (SGB VIII). [6]Voraussetzung dafür ist, dass diese Träger ihre Jugendhilfeplanung mit der Region Hannover abstimmen und ihr den Abschluss von Vereinbarungen nach § 78b SGB VIII übertragen. [7]Die Region Hannover kann die Sätze 5 und 6 auf weitere Aufgaben und Leistungen nach dem Achten Buch des Sozialgesetzbuchs anwenden.

(5) [1]Die Region Hannover ist Träger der berufsbildenden Schulen, der Förderschulen mit Ausnahme der Förderschulen im Förderschwerpunkt Lernen, der Abendgymnasien, der Kollegs und der kommunalen Schullandheime. [2]Der Kreiselternrat (§ 97 des Niedersächsischen Schulgesetzes – NSchG) wird unter der Bezeichnung Regionselternrat für das gesamte Gebiet der Region Hannover eingerichtet, der Kreisschülerrat (§ 82 NSchG) in gleicher Weise unter der Bezeichnung Regionsschülerrat. [3]§ 102 Abs. 3 bis 5 und die §§ 117 und 118 NSchG sind im gesamten Gebiet der Region Hannover nicht anzuwenden. [4]§ 103 NSchG ist mit der Maßgabe anzuwenden, dass die Region Hannover nach Ermessen entscheidet, ob sie die laufende Verwaltung einzelner ihrer Schulen überträgt.

(6) [1]Die Region Hannover ist öffentlich-rechtlicher Entsorgungsträger im Sinne des Kreislaufwirtschaftsgesetzes, des Batteriegesetzes und des Elektro- und Elektronikgerätegesetzes. [2]Sie übernimmt von dem Landkreis Hannover und der Landeshauptstadt Hannover die diesem Zweck dienenden Einrichtungen und Anlagen, soweit sie nicht zugleich anderen Zwecken dienen und dafür weiterhin benötigt werden.

(7) Die Region Hannover ist neben ihren Aufgaben nach dem Zweiten Abschnitt des Niedersächsischen Pflegegesetzes zuständig für den Abschluss von Vergütungsvereinbarungen über die ambulante und die stationäre Pflege sowie die Kurzzeit- und die Tagespflege nach dem Elften Buch des Sozialgesetzbuchs.

(8) Die Region Hannover ist für die Planung und Finanzierung der kommunalen Förderung des sozialen Wohnungsbaus zuständig.

§ 161 Besondere Aufgaben der Region Hannover im übertragenen Wirkungskreis

Die Region Hannover ist in ihrem gesamten Gebiet zuständig für

1. die Aufgaben der unteren Landesplanungsbehörde nach dem Niedersächsischen Raumordnungsgesetz,
2. die Aufgaben der höheren Verwaltungsbehörde nach dem Baugesetzbuch, ausgenommen
   a) Entscheidungen nach § 6 Abs. 1 und § 10 Abs. 2 BauGB für Bauleitpläne, die die Region Hannover selbst erarbeitet hat,
   b) Entscheidungen nach § 37 Abs. 1 und 2, § 246 Abs. 14 Satz 1 und § 246b Abs. 1 Satz 1 BauGB,
   c) die der Enteignungsbehörde (§ 104 BauGB) obliegenden Aufgaben,

3. die Aufgaben der unteren Naturschutzbehörde nach § 32 Abs. 1 Satz 1 des Niedersächsischen Ausführungsgesetzes zum Bundesnaturschutzgesetz (NAGBNatSchG), soweit nicht nach § 164 Abs. 4 dieses Gesetzes einzelne Aufgaben regionsangehörigen Gemeinden übertragen worden sind,
4. die Aufgaben, die durch Bundes- und Landesrecht den Gesundheitsämtern, den unteren Gesundheitsbehörden und den Amtsärztinnen und Amtsärzten zugewiesen sind, sowie für die Aufgaben der Landkreise
   a) in Bezug auf das Infektionsschutzgesetz (IfSG) und darauf gestützte Verordnungen, ausgenommen die Überwachung, ob die Nachweispflichten nach § 43 Abs. 5 Satz 2 IfSG eingehalten worden sind,
   b) nach dem Niedersächsischen Gesetz über Hilfen und Schutzmaßnahmen für psychisch Kranke,
5. die Aufgaben der Landkreise nach dem Dritten Abschnitt des Niedersächsischen Pflegegesetzes,
6. die Aufgaben der Ämter für Ausbildungsförderung
   a) nach § 41 des Bundesausbildungsförderungsgesetzes (BAföG), soweit nicht ein nach § 3 Abs. 8 Satz 1 des Niedersächsischen Hochschulgesetzes eingerichtetes Amt für Ausbildungsförderung zuständig ist,
   b) nach § 45 Abs. 4 Satz 1 BAföG in Bezug auf eine Ausbildung in den Staaten, für die durch Rechtsverordnung nach § 45 Abs. 4 Satz 2 BAföG das Land Niedersachsen zuständig ist; abweichend davon ist bis zum 31. Dezember 2011 für Förderungsanträge für Ausbildungen an in Asien gelegenen Ausbildungsstätten für Bewilligungszeiträume, die ab dem 1. März 2010 beginnen, das Studentenwerk Oldenburg als Amt für Ausbildungsförderung zuständig.
7. die Aufgaben des Versicherungsamts nach dem Vierten Buch des Sozialgesetzbuchs,
8. *(aufgehoben)*
9. die Aufgaben der unteren Deichbehörden nach dem Niedersächsischen Deichgesetz und die Aufgaben der Aufsichtsbehörden nach dem Wasserverbandsgesetz,
10. die Aufgaben der unteren Wasserbehörde, ausgenommen die Zuständigkeiten
    a) nach § 164 Abs. 3, soweit sie regionsangehörigen Gemeinden übertragen worden sind,
    b) für die Genehmigung von Einleitungen in öffentliche Abwasseranlagen im Bereich der selbständigen Gemeinden und der Landes-

hauptstadt Hannover nach § 58 des Wasserhaushaltsgesetzes (WHG),
11. die Aufgaben auf dem Gebiet des Schornsteinfegerrechts, die den Landkreisen sowie den kreisfreien Städten und großen selbständigen Städten zugewiesen sind,
12. die Aufgaben der unteren Bodenschutzbehörden nach § 10 des Niedersächsischen Bodenschutzgesetzes,
13. die Aufgaben der Waldbehörden, mit Ausnahme der Aufgaben nach § 31 Abs. 3 und 4 und § 35 Abs. 4 des Niedersächsischen Gesetzes über den Wald und die Landschaftsordnung in der Landeshauptstadt Hannover, sowie die Aufgaben der Landkreise nach dem Forstschäden-Ausgleichsgesetz und der Verordnung zur Durchführung des Bundeswaldgesetzes,
14. die Aufgaben nach dem Bundes-Immissionsschutzgesetz und den darauf gestützten Verordnungen, die nur den Landkreisen und den kreisfreien und großen selbständigen Städten zugewiesen sind,
15. die den Landkreisen und kreisfreien Städten zugewiesenen Aufgaben nach dem Chemikaliengesetz und den darauf gestützten Verordnungen und
16. die Festsetzung nach § 4 Abs. 2 Satz 2 des Niedersächsischen Straßengesetzes (NStrG), die Festlegung der seitlichen Begrenzung der Ortsdurchfahrten nach § 43 Abs. 6 NStrG, soweit Landesstraßen betroffen sind, sowie die Aufgabe der Anhörungs- und Planfeststellungsbehörde nach § 38 Abs. 5 NStrG für Bundes- und Landesstraßen.

§ 162 Besondere Aufgaben der Landeshauptstadt Hannover im eigenen Wirkungskreis

(1) Die Landeshauptstadt Hannover ist in ihrem Gebiet zuständig für die den Landkreisen zugewiesenen Aufgaben
1. nach dem Niedersächsischen Brandschutzgesetz,
2. nach dem Niedersächsischen Rettungsdienstgesetz,
3. der kommunalen Förderung der Träger der Jugendarbeit nach dem Jugendförderungsgesetz,
4. des Straßenbaulastträgers für Kreisstraßen nach dem Niedersächsischen Straßengesetz und der Anhörungs- und Planfeststellungsbehörde nach § 38 Abs. 5 NStrG für diese Straßen und
5. der Festsetzung der Grenzen der Ortsdurchfahrten nach § 4 Abs. 2 Satz 1 NStrG sowie die Festlegung der seitlichen Begrenzung der Ortsdurchfahrten nach § 43 Abs. 6 NStrG, soweit Kreisstraßen betroffen sind.

(2) Die Erfüllung der Aufgaben nach Absatz 1 durch die Landeshauptstadt Hannover ist bei der Regionsumlage zu berücksichtigen.

(3) Die Landeshauptstadt Hannover bleibt in dem Umfang für die Unterhaltung der Gewässer zweiter Ordnung zuständig, wie sie dies bis zum 31. Oktober 2001 war.

§ 163 Besondere Aufgaben der Landeshauptstadt Hannover und der übrigen regionsangehörigen Gemeinden im eigenen Wirkungskreis

(1) [1]Die Landeshauptstadt Hannover und die übrigen regionsangehörigen Gemeinden sind Träger der öffentlichen Schulen, soweit nicht nach § 160 Abs. 5 die Region Hannover zuständig ist. [2]Schulträger, die Schülerinnen und Schüler aus anderen regionsangehörigen Gemeinden (Herkunftsgemeinde) aufnehmen, erhalten von dem für die Herkunftsgemeinde zuständigen Schulträger einen Schulbeitrag. [3]Grundlage für diesen Beitrag ist ein Pro-Kopf-Betrag, den die Region Hannover pauschal nach Schulformen durch Satzung festlegt. [4]Der Anspruch auf Zahlung des Schulbeitrags besteht nur, wenn

1. der für die Herkunftsgemeinde zuständige Schulträger die gewählte Schulform oder den gewählten Bildungsgang nicht anbietet,
2. der Schulbesuch den schulrechtlichen Vorschriften entspricht und
3. zwischen den beteiligten Schulträgern nichts anderes vereinbart ist.

[5]Die Sätze 2 bis 4 gelten entsprechend für Schulträger, die Träger einer Förderschule im Förderschwerpunkt Lernen sind.

(2) Die Landeshauptstadt Hannover und die übrigen regionsangehörigen Gemeinden sind zuständig für die kommunalen Aufgaben der Erwachsenenbildung; das Recht der kommunalen Zusammenarbeit bleibt unberührt.

(3) Die Landeshauptstadt Hannover und die übrigen regionsangehörigen Gemeinden sind für die kommunale Förderung des sozialen Wohnungsbaus und neben der Region Hannover auch für die Finanzierung dieser Förderung zuständig.

(4) [1]Neben den in § 1 Abs. 2 Satz 1 des Niedersächsischen Gesetzes zur Ausführung des Achten Buchs des Sozialgesetzbuchs und zur Niedersächsischen Kinder- und Jugendkommission bestimmten örtlichen Trägern der öffentlichen Jugendhilfe können auf Antrag auch die übrigen regionsangehörigen Gemeinden mit mehr als 30 000 Einwohnerinnen und Einwohnern sowie die Stadt Springe durch das zuständige Ministerium

hierzu bestimmt werden. ²Die Bestimmung nach Satz 1 ist aufzuheben, wenn die Gemeinde dies beantragt.

§ 164 Besondere Aufgaben der Landeshauptstadt Hannover und der übrigen regionsangehörigen Gemeinden im übertragenen Wirkungskreis

(1) Abweichend von § 159 Abs. 1 Nr. 2 nehmen neben der Landeshauptstadt Hannover auch alle übrigen regionsangehörigen Gemeinden folgende Aufgaben der Landkreise im übertragenen Wirkungskreis wahr:
1. die Überwachung des fließenden und des ruhenden Verkehrs nach der Straßenverkehrsordnung (StVO), wobei sie insoweit Straßenverkehrsbehörde im Sinne des § 44 Abs. 1 Satz 1 StVO sind,
2. die Aufgaben nach dem Wohnungsbindungsgesetz,
3. die Aufgaben der zuständigen Stelle nach dem Niedersächsischen Wohnraum- und Wohnquartierfördergesetz,
4. die Aufgaben der Wohngeldbehörde nach dem Wohngeldgesetz und
5. die Durchführung der Vorschriften des Ersten Abschnitts des Bundeserziehungsgeldgesetzes und die Aufgaben der Erziehungsgeldstelle nach dem Zweiten Abschnitt jenes Gesetzes.

(2) ¹Abweichend von § 57 Abs. 1 Satz 1 der Niedersächsischen Bauordnung (NBauO) nehmen neben der Landeshauptstadt Hannover auch die übrigen regionsangehörigen Gemeinden mit mehr als 30 000 Einwohnerinnen und Einwohnern die Aufgaben der unteren Bauaufsichtsbehörden wahr. ²Entsprechendes gilt für regionsangehörige Gemeinden, die diese Aufgaben am 31. Oktober 2001 wahrgenommen haben. ³Die oberste Bauaufsichtsbehörde kann anderen regionsangehörigen Gemeinden mit mehr als 20 000 Einwohnerinnen und Einwohnern die Aufgaben der unteren Bauaufsichtsbehörden übertragen; hierfür gilt § 57 Abs. 2 NBauO entsprechend.

(3) ¹Die Region Hannover kann der Landeshauptstadt Hannover oder einer der übrigen regionsangehörigen Gemeinden für deren Gebiet Aufgaben nach dem Niedersächsischen Wassergesetz und dem Wasserhaushaltsgesetz übertragen, wenn die Gemeinde dies beantragt und eine ordnungsgemäße Erledigung zu erwarten ist. ²Dies betrifft folgende Aufgaben:
1. die Erteilung der Erlaubnis, Abwasser aus Kleinkläranlagen einzuleiten (§ 10 WHG),
2. die Erteilung der Genehmigung nach § 57 NWG für Gewässer dritter Ordnung und

3. die Erteilung der Genehmigung von Abwasserbehandlungsanlagen (§ 60 Abs. 3 WHG), deren Abwässer in eine öffentliche Abwasseranlage eingeleitet werden sollen, wenn die Gemeinde für die Genehmigung dieser Einleitungen nach § 98 Abs. 1 Satz 1 NWG für zuständig erklärt worden ist.

[3]Die Gemeinde hat im Umfang der Übertragung die Aufgaben und Befugnisse der Wasserbehörde; sie ist insoweit für die behördliche Überwachung zuständig.

(4) [1]Die Region Hannover kann der Landeshauptstadt Hannover oder einer der übrigen regionsangehörigen Gemeinden für deren Gebiet die Aufgaben der Naturschutzbehörde nach den §§ 28 und 30 des Bundesnaturschutzgesetzes sowie den §§ 21 und 24 NAGBNatSchG übertragen, wenn die Gemeinde dies beantragt und eine ordnungsgemäße Erledigung zu erwarten ist. [2]Soweit die Aufgaben übertragen wurden, hat die Gemeinde die Stellung einer unteren Naturschutzbehörde und kann entsprechend § 34 NAGBNatSchG ehrenamtlich tätige Beauftragte für Naturschutz bestellen.

(5) [1]Wurde eine Aufgabe nach den Absätzen 2 bis 4 auf Antrag übertragen oder ist die Aufgabenübertragung beendet worden, ist dies durch diejenige Behörde öffentlich bekannt zu machen, die über die Aufgabenübertragung entscheidet oder entschieden hat. [2]Die Aufgabenübertragung kann aufgehoben werden, wenn die regionsangehörige Gemeinde dies beantragt oder wenn die Voraussetzungen der Aufgabenübertragung nicht mehr erfüllt sind. [3]Satz 2 gilt entsprechend, wenn im Fall des Absatzes 2 Satz 1 die Einwohnerzahl auf weniger als 30 001 sinkt und im Fall des Absatzes 2 Satz 2.

(6) In den Fällen der Absätze 2 bis 4 und § 63a Abs. 1 NBauO in der Fassung vom 10. Februar 2003 (Nds. GVBl. S. 89), zuletzt geändert durch § 13 des Gesetzes vom 10. November 2011 (Nds. GVBl. S. 415), übt die Region Hannover die Fachaufsicht über die regionsangehörigen Gemeinden aus; davon ausgenommen ist die Landeshauptstadt Hannover.

(7) [1]Die Region Hannover hat den betroffenen regionsangehörigen Gemeinden 90 Prozent der notwendigen, pauschaliert zu berechnenden Verwaltungskosten für die Aufgaben zu erstatten, die die Gemeinden nach den Absätzen 3 und 4 übernommen haben. [2]Die Region Hannover erstattet den Gemeinden jedoch höchstens einen Betrag in Höhe der bei ihr durch diese Aufgabenübertragung ersparten Verwaltungskosten, soweit diese nicht zuvor durch Erträge gedeckt waren. [3]Soweit in den Gemeinden die Verwaltungskosten durch andere Erträge gedeckt sind oder gedeckt werden können, sind sie nicht zu erstatten. [4]Die Gemeinden können mit

der Region Hannover den Ausgleich der Verwaltungskosten auch abweichend vereinbaren oder ganz auf ihn verzichten.

§ 165 Wahrnehmung von Aufgaben aufgrund einer Vereinbarung

(1) [1]Die Region Hannover kann alle oder einzelne regionsangehörige Gemeinden durch Vereinbarung beauftragen, bestimmte Aufgaben im Namen der Region Hannover durchzuführen, soweit es sich um Geschäfte der laufenden Verwaltung handelt. [2]Sie bleibt für die ordnungsgemäße Durchführung der Aufgaben verantwortlich.

(2) [1]Eine regionsangehörige Gemeinde kann die Region Hannover durch Vereinbarung beauftragen, bestimmte Aufgaben, für die die Gemeinde zuständig ist, im Namen der Gemeinde durchzuführen, soweit es sich um Geschäfte der laufenden Verwaltung handelt. [2]Sie bleibt für die ordnungsgemäße Durchführung der Aufgaben verantwortlich.

(3) Die Beauftragung mit der Durchführung von Aufgaben nach Absatz 1 oder 2 und ihre Rücknahme sind durch die beauftragende Körperschaft öffentlich bekannt zu machen.

(4) [1]Soweit von den Möglichkeiten der Absätze 1 und 2 Gebrauch gemacht wird, ist in einer Vereinbarung der Beteiligten die Erstattung der notwendigen Verwaltungskosten durch die beauftragende Körperschaft zu regeln. [2]Dies gilt nicht für Aufgaben der Landkreise oder der Gemeinden im eigenen Wirkungskreis, wenn der Auftrag einheitlich für das gesamte Gebiet der Region Hannover erfolgt.

(5) [1]Aufgabenübertragungen nach dem Recht der kommunalen Zusammenarbeit und Maßnahmen der Verwaltungshilfe bleiben von den Absätzen 1 und 2 unberührt. [2]Hängt nach Bestimmungen dieses Teils des Gesetzes die Übertragung einer Aufgabe davon ab, ob eine regionsangehörige Gemeinde eine bestimmte Einwohnerzahl hat, so gilt diese Voraussetzung für alle Beteiligten als erfüllt, wenn die nach dem Recht der kommunalen Zusammenarbeit vereinbarte gemeinsame Erfüllung dieser Aufgabe ein Gebiet betrifft, dessen Einwohnerzahl die Mindestgrenze erreicht.

(6) [1]Einrichtungen, die dazu dienen, sowohl Aufgaben der Landeshauptstadt Hannover als auch gesetzliche Aufgaben der Region Hannover zu erfüllen, können gemeinsam betrieben werden; die Vorschriften des Rechts der kommunalen Zusammenarbeit sind entsprechend anzuwenden. [2]Andere Möglichkeiten der Zusammenarbeit bleiben unberührt.

§ 166 Finanzielle Zuweisungen für Aufgaben, Umlagen

(1) [1]Die Region Hannover erhält vom Land für die Erfüllung von Aufgaben, für die sie über die Aufgaben des übertragenen Wirkungskreises der Landkreise hinaus seit dem 1. Januar 2005 erstmals anstelle einer staatlichen Behörde zuständig ist, einen Ausgleich ihrer nicht durch Erträge gedeckten notwendigen Kosten. [2]Das Land kann die Kosten nach Pauschalsätzen berechnen; sie setzen sich zusammen aus Verwaltungskosten und Zweckkosten.

(2) [1]Die regionsangehörigen Gemeinden erhalten von der Region Hannover finanzielle Zuweisungen für Aufgaben des übertragenen Wirkungskreises der Landkreise, die sie nach § 164 Abs. 1 oder 2 wahrnehmen. [2]Die Höhe dieser Zuweisungen bemisst sich anteilig nach dem Verhältnis der Einwohnerzahlen an den Zuweisungen, die die Region Hannover für diese Aufgaben nach § 12 NFAG oder § 4 des Niedersächsischen Finanzverteilungsgesetzes erhält. [3]Die Gemeinden erhalten die Zuweisungen nur soweit, wie die Kosten für diese Aufgaben nicht bereits in den ihnen unmittelbar zustehenden Zuweisungen dieser Art berücksichtigt sind. [4]Die regionsangehörigen Gemeinden haben der Region Hannover für Aufgaben des übertragenen Wirkungskreises, die die Region Hannover nach diesem Gesetz oder aufgrund dieses Gesetzes an ihrer Stelle wahrnimmt und für die sie solche Zuweisungen erhalten, die Anteile zur Verfügung zu stellen, die auf diese Aufgaben entfallen. [5]Die Beteiligten können von den Sätzen 1 bis 4 abweichende Vereinbarungen treffen.

(3) [1]Abweichend von § 15 Abs. 2 Satz 2 gilt die Landeshauptstadt Hannover bei der Anwendung der Vorschriften des Niedersächsischen Gesetzes über den Finanzausgleich über die Schlüsselzuweisungen und die Kreisumlage sowie bei der Erhebung der Umlage nach § 2 Abs. 3 NKHG als kreisangehörige Gemeinde. [2]Abweichend von den Vorschriften des Niedersächsischen Gesetzes über den Finanzausgleich ist die Regionsumlage so zu berechnen, dass ein Betrag in Höhe von 75 Prozent der Zinszahlungen für die Schulden des Landkreises Hannover zum Zeitpunkt seiner Auflösung ausschließlich von dessen Gemeinden getragen wird. [3]Bei der Verteilung dieses besonderen Umlageanteils sind allein die Steuerkraftzahlen nach § 11 Abs. 1 NFAG zu berücksichtigen. Ebenfalls abweichend von den Vorschriften des Niedersächsischen Gesetzes über den Finanzausgleich ist die Regionsumlage des Weiteren so zu berechnen, dass ein nach Maßgabe des Satzes 5 zu bestimmender Betrag allein von den regionsangehörigen Gemeinden, die nicht örtliche Träger der Jugendhilfe sind, getragen wird. [5]Zur Bestimmung des Betrages nach Satz 4 wird von einem Betrag in Höhe der nicht durch Erträge gedeckten Aufwendungen der Region für die Erbringung der von § 160

Abs. 4 Sätze 5 bis 7 erfassten Leistungen aus dem zur betreffenden Regionsumlage vorvergangenen Jahr ein Betrag in Höhe des Prozentsatzes abgezogen, der den regionsangehörigen Gemeinden, die Träger der öffentlichen Jugendhilfe sind, nach § 160 Abs. 4 Sätze 5 bis 7 als Kostenausgleich erstattet worden ist.

§ 167 Verordnungsermächtigungen

(1) [1]Die Landesregierung wird ermächtigt, durch Verordnung
1. der Region Hannover weitere Aufgaben zu übertragen, die im übrigen Landesgebiet staatliche Behörden wahrnehmen,
2. der Region Hannover Aufgaben des übertragenen Wirkungskreises vorzubehalten gegenüber
   a) der Landeshauptstadt Hannover oder
   b) den ihr angehörigen selbständigen Gemeinden, auch abweichend von im übrigen Landesgebiet geltenden Bestimmungen,
3. der Landeshauptstadt Hannover und den übrigen regionsangehörigen Gemeinden weitere Aufgaben des übertragenen Wirkungskreises der Landkreise zu übertragen.

[2]Ein Fachministerium kann von der Verordnungsermächtigung nach Satz 1 anstelle der Landesregierung Gebrauch machen, soweit es die Zuständigkeiten für Aufgaben außerhalb der Region Hannover bestimmen kann und es diese Zuständigkeiten landesweit regelt. [3]Für die finanziellen Folgen der Aufgabenübertragungen und -vorbehalte nach Satz 1 gilt § 166 entsprechend.

(2) Führen nicht schon die allgemeinen Kostenregelungen zu einem Ausgleich der Kosten bei der die Aufgabe wahrnehmenden Stelle, gilt bei antragsabhängigen Zuständigkeiten regionsangehöriger Gemeinden § 164 Abs. 7, im Übrigen § 166 Abs. 2 entsprechend.

Zweiter Abschnitt: Landkreis Göttingen und Stadt Göttingen

§ 168 Abweichende Bestimmungen, Aufgabenübertragungen

(1) Der Landkreis Göttingen nimmt die Aufgaben nach § 1 NKHG auch für die Stadt Göttingen wahr.

(2) [1]Die Landesregierung kann durch Verordnung Aufgaben des übertragenen Wirkungskreises, die die Stadt Göttingen nach § 18 in Verbindung mit § 16 Abs. 2 erfüllt, auf den Landkreis Göttingen übertragen, wenn dies zweckmäßig erscheint. [2]Der Landkreis Göttingen und die Stadt Göttingen sind vor dem Erlass einer Verordnung nach Satz 1 anzuhören.

§ 169 Finanzielle Zuweisungen für Aufgaben, Umlagen

(1) Abweichend von § 16 Abs. 2 gilt die Stadt Göttingen bei der Anwendung der Vorschriften des Niedersächsischen Gesetzes über den Finanzausgleich über die Schlüsselzuweisungen und die Kreisumlage sowie bei der Erhebung der Umlage nach § 2 Abs. 3 Nds. KHG als kreisangehörige Gemeinde.

(2) [1]Die Stadt Göttingen erhält einen Anteil von den Schlüsselzuweisungen für Kreisaufgaben des Landkreises Göttingen. [2]Zur Berechnung des Anteils wird von diesen Schlüsselzuweisungen zunächst derjenige Betrag abgezogen, mit dem die in § 7 Abs. 1 Satz 1 NFAG genannte finanzielle Belastung berücksichtigt wird. [3]Aus den so verbleibenden Schlüsselzuweisungen wird ein Anteil von 26,5 Prozent gebildet und von diesem anteiligen Betrag derjenige Betrag abgezogen, der rechnerisch für die Stadt Göttingen auf die Entschuldungsumlage nach § 14d Abs. 3 NFAG entfällt.

(3) [1]Die Erfüllung der Aufgaben, die der Stadt Göttingen aufgrund des § 16 Abs. 2 dieses Gesetzes oder des § 195 Nr. 1 NSchG in ihrem Gebiet anstelle des Landkreises Göttingen obliegen, ist bei der Kreisumlage nach Maßgabe des Satzes 2 zu berücksichtigen. [2]Abweichend von den Vorschriften des Niedersächsischen Gesetzes über den Finanzausgleich ist die Kreisumlage so zu berechnen, dass der Teil der Kreisumlage, der dem Verhältnis des Zuschussbedarfs des Landkreises Göttingen für die Erfüllung der Aufgaben, die er aufgrund der in Satz 1 genannten Vorschriften nicht im Gebiet der Stadt Göttingen wahrnimmt, zu dem Gesamtzuschussbedarf des Landkreises Göttingen entspricht, nicht von der Stadt Göttingen, sondern allein von den anderen kreisangehörigen Gemeinden getragen wird.

(4) [1]Wird die Stadt Göttingen vom Landkreis Göttingen nach § 4 Abs. 1 des Niedersächsischen Gesetzes zur Ausführung des Neunten und des Zwölften Buchs des Sozialgesetzbuchs (Nds. AG SGB IX/XII) durch Satzung oder öffentlich-rechtlichen Vertrag zur Durchführung von Aufgaben des örtlichen Trägers der Eingliederungshilfe und der Sozialhilfe herangezogen, so richtet sich die Erstattung der notwendigen Aufwendungen ab-

weichend von § 26 Abs. 1 Satz 1 Nds. AG SGB IX/XII nach den Absätzen 5 und 6, wenn durch öffentlich-rechtlichen Vertrag nichts anderes vereinbart ist. [2]Dasselbe gilt, wenn die Stadt Göttingen vom Landkreis Göttingen nach § 3 Abs. 1 des Niedersächsischen Gesetzes zur Ausführung des Zweiten Buchs des Sozialgesetzbuchs und des § 6b des Bundeskindergeldgesetzes zur Durchführung der Aufgaben der Grundsicherung für Arbeitsuchende herangezogen wird und durch öffentlich-rechtlichen Vertrag nichts anderes vereinbart ist.

(5) [1]Erhält der Landkreis Göttingen aus Bundes- oder Landesmitteln Ausgleichsleistungen zur Deckung von Aufwendungen für die Erfüllung von Aufgaben nach Absatz 4, so erhält die Stadt Göttingen den auf sie entfallenden Teil dieser Ausgleichsleistungen, soweit sich aus den Sätzen 2 und 3 nichts anderes ergibt. [2]Bei pauschal gewährten Ausgleichsleistungen bestimmt sich die Höhe des auf die Stadt Göttingen entfallenden Teils nach dem Verteilungsschlüssel, den der Bund oder das Land der Festsetzung seiner Zahlungen zugrunde legt. [3]Ausgleichsleistungen, die der Landkreis Göttingen aufgrund des § 22 Abs. 2 Nds. AG SGB IX/XII erhält, werden im Verhältnis des beim Landkreis Göttingen und der Stadt Göttingen jeweils anfallenden Zuschussbedarfs für die Aufgaben des überörtlichen Trägers der Eingliederungshilfe und der Sozialhilfe zwischen dem Landkreis Göttingen und der Stadt Göttingen aufgeteilt.

(6) [1]Der bei der Stadt Göttingen nach Abzug der Erstattungsbeträge nach Absatz 5 verbleibende Zuschussbedarf für die Durchführung der Aufgaben nach Absatz 4 wird vom Landkreis Göttingen unter Abzug einer Interessenquote erstattet. [2]Die Interessenquote der Stadt Göttingen beträgt 25 Prozent für die Durchführung der Aufgaben nach Absatz 4 Satz 1 und 30 Prozent für die Durchführung der Aufgaben nach Absatz 4 Satz 2.

(7) [1]Abweichend von § 105 Abs. 5 NSchG findet § 105 Abs. 4 NSchG im Verhältnis zwischen dem Landkreis Göttingen und der Stadt Göttingen Anwendung, soweit beide Kommunen Träger von Schulformen desselben Schulbereichs sind. [2]Dabei gelten abweichend von § 105 Abs. 1 NSchG Schülerinnen und Schüler, die ihren Wohnsitz oder gewöhnlichen Aufenthalt im Gebiet der Stadt Göttingen haben, als auswärtige Schülerinnen und Schüler in Bezug auf das Gebiet des Landkreises Göttingen.

(8) Das für Inneres zuständige Ministerium überprüft im Jahr 2024 auf Grundlage der Verhältnisse in den Jahren 2020 bis 2023 sowie unter Berücksichtigung des Ergebnisses der Überprüfung durch den Gemeinsamen Ausschuss nach § 28 Abs. 2 Nds. AG SGB IX/XII die Auswirkungen des Niedersächsischen Gesetzes zur Ausführung des Neunten und des

Zwölften Buchs des Sozialgesetzbuchs auf die finanziellen Beziehungen zwischen dem Landkreis Göttingen und der Stadt Göttingen.

Zehnter Teil **Aufsicht**

§ 170 Ausübung der Aufsicht

(1) [1]Die Aufsichtsbehörden schützen die Kommunen in ihren Rechten und sichern die Erfüllung ihrer Pflichten. [2]Sie stellen sicher, dass die Kommunen die geltenden Gesetze beachten (Kommunalaufsicht) und die Aufgaben des übertragenen Wirkungskreises rechtmäßig und zweckmäßig ausführen (Fachaufsicht). [3]Die Aufsicht soll so gehandhabt werden, dass die Entschlusskraft und die Verantwortungsfreude nicht beeinträchtigt werden.

(2) Soweit die Kommunen bei der Erfüllung ihrer Aufgaben an Weisungen gebunden sind, richtet sich die Aufsicht nach den hierfür geltenden Gesetzen.

§ 171 Kommunalaufsichtsbehörden, Fachaufsichtsbehörden

(1) Die Kommunalaufsicht über die Landkreise, die Region Hannover, die kreisfreien Städte, die großen selbständigen Städte, die Landeshauptstadt Hannover und die Stadt Göttingen führt das für Inneres zuständige Ministerium als Kommunalaufsichtsbehörde.

(2) Die Kommunalaufsicht über die übrigen kreisangehörigen Gemeinden sowie über die Samtgemeinden führen der Landkreis als Kommunalaufsichtsbehörde und das für Inneres zuständige Ministerium als oberste Kommunalaufsichtsbehörde.

(3) Die Kommunalaufsicht über die übrigen regionsangehörigen Gemeinden führt die Region Hannover als Kommunalaufsichtsbehörde und das für Inneres zuständige Ministerium als oberste Kommunalaufsichtsbehörde.

(4) [1]Ist ein Landkreis in einer von ihm als Kommunalaufsichtsbehörde zu entscheidenden Angelegenheit auch noch in anderer Weise beteiligt, tritt an seine Stelle die oberste Kommunalaufsichtsbehörde; diese entscheidet

auch darüber, ob die Voraussetzung für ihre Zuständigkeit gegeben ist. [2]Satz 1 gilt für die Region Hannover entsprechend.

(5) [1]Soweit durch Rechtsvorschrift nichts anderes bestimmt ist, wird die Fachaufsicht wahrgenommen von

1. der jeweils fachlich zuständigen obersten Landesbehörde gegenüber den Landkreisen, der Region Hannover, den kreisfreien und großen selbständigen Städten, der Landeshauptstadt Hannover und der Stadt Göttingen,
2. der Region Hannover und der jeweils zuständigen obersten Landesbehörde als oberster Fachaufsichtsbehörde gegenüber den übrigen regionsangehörigen Gemeinden sowie
3. den Landkreisen und der jeweils fachlich zuständigen obersten Landesbehörde als oberster Fachaufsichtsbehörde gegenüber den übrigen kreisangehörigen Gemeinden.

[2]Soweit die Landkreise und die Region Hannover die Fachaufsicht gegenüber den selbständigen Gemeinden wahrnehmen, erstreckt sich diese auch auf die Erfüllung der nach § 17 Satz 1 übertragenen Aufgaben. [3]Die Kommunalaufsichtsbehörden unterstützen die Fachaufsichtsbehörden.

§ 172 Unterrichtung

(1) [1]Die Kommunalaufsichtsbehörde kann sich jederzeit über die Angelegenheiten der Kommunen unterrichten. [2]Sie kann Personen mit Prüfungen und Besichtigungen vor Ort beauftragen sowie mündliche und schriftliche Berichte, Protokolle der Vertretung, des Hauptausschusses, der Stadtbezirksräte, der Ortsräte und der Ausschüsse der Vertretung sowie Akten und sonstige Unterlagen anfordern oder einsehen.

(2) Die Fachaufsichtsbehörde kann Auskünfte, Berichte, die Vorlage von Akten und sonstigen Unterlagen fordern und Geschäftsprüfungen durchführen.

§ 173 Beanstandung

(1) [1]Die Kommunalaufsichtsbehörde kann Beschlüsse und andere Maßnahmen einer Kommune sowie Bürgerentscheide beanstanden, wenn sie das Gesetz verletzen. [2]Beanstandete Maßnahmen dürfen nicht vollzogen werden. [3]Die Kommunalaufsichtsbehörde kann verlangen, dass bereits getroffene Maßnahmen rückgängig gemacht werden.

(2) Enthalten Haushaltssatzungen Rechtsverletzungen in nicht genehmigungsbedürftigen Teilen, so kann die Kommunalaufsichtsbehörde die Wirkung der Beanstandung auf diese Teile beschränken.

§ 174 Anordnung und Ersatzvornahme

(1) Erfüllt eine Kommune die ihr gesetzlich obliegenden Pflichten und Aufgaben nicht, so kann die Kommunalaufsichtsbehörde anordnen, dass die Kommune innerhalb einer bestimmten Frist das Erforderliche veranlasst.

(2) Kommt eine Kommune einer Anordnung der Kommunalaufsichtsbehörde nicht innerhalb der Frist nach, kann die Kommunalaufsichtsbehörde die Anordnung anstelle und auf Kosten der Kommune selbst durchführen oder durch einen anderen durchführen lassen (Ersatzvornahme).

§ 175 Bestellung von Beauftragten

[1]Wenn und solange nicht gewährleistet ist, dass eine Kommune ordnungsgemäß verwaltet wird und die Befugnisse der Kommunalaufsichtsbehörde nach den §§ 172 bis 174 nicht ausreichen, kann die Kommunalaufsichtsbehörde eine Beauftragte oder einen Beauftragten bestellen, die oder der alle oder einzelne Aufgaben der Kommune oder eines Kommunalorgans auf Kosten der Kommune wahrnimmt. [2]Beauftragte haben im Rahmen ihres Auftrags die Stellung eines Organs der Kommune.

§ 176 Genehmigungen

(1) [1]Satzungen, Beschlüsse und andere Maßnahmen der Kommune, für die eine Genehmigung der Aufsichtsbehörde erforderlich ist, werden erst mit der Genehmigung wirksam. [2]Die Genehmigung gilt als erteilt, wenn über einen Genehmigungsantrag von der zuständigen Aufsichtsbehörde nicht innerhalb eines Monats nach seinem Eingang entschieden worden ist. [3]Dies gilt nicht, wenn die Kommune einer Fristverlängerung zugestimmt hat. [4]Der Kommune ist auf Antrag zu bescheinigen, dass die Genehmigung als erteilt gilt. [5]Satz 2 gilt nicht für die Zulassung von Ausnahmen und für Entscheidungen nach § 85 Abs. 2 Satz 3. [6]Für Genehmigungen nach § 119 Abs. 4, § 120 Abs. 2 und 6, § 121 Abs. 2 und 3, § 122 Abs. 2 sowie § 152 Abs. 2 gilt Satz 2 mit der Maßgabe, dass an die Stelle der Frist von einem Monat eine Frist von drei Monaten tritt, in den Fällen des § 119 Abs. 4 und des § 120 Abs. 2 jedoch nur, wenn für die Genehmi-

gung eine besondere Prüfung erforderlich ist. [7]Ein besonderer Prüfungsbedarf liegt vor, wenn
1. in der letzten bestandskräftigen Entscheidung nach § 120 Abs. 2 festgestellt worden ist, dass die Kreditverpflichtungen mit der dauernden Leistungsfähigkeit der Kommune nicht in Einklang stehen,
2. der Gesamtbetrag der Kreditaufnahmen für Investitionen und Investitionsförderungsmaßnahmen höher als die zu leistende ordentliche Tilgung ist oder
3. zugleich ein Genehmigungserfordernis nach § 122 Abs. 2 besteht.

[8]Die Sätze 6 und 7 gelten für Genehmigungen, die nach § 130 Abs. 3 für die Haushalts- oder Wirtschaftspläne der Eigenbetriebe der Kommune erteilt werden, mit der Maßgabe entsprechend, dass sich der besondere Prüfungsbedarf nach Satz 7 Nrn. 1 bis 3 auch auf die Haushalts- oder Wirtschaftspläne der Eigenbetriebe beziehen kann.

(2) Absatz 1 gilt entsprechend für Geschäfte des bürgerlichen Rechtsverkehrs, für die eine Genehmigung der Aufsichtsbehörde erforderlich ist.

(3) Das für Inneres zuständige Ministerium kann durch Verordnung Beschlüsse, Rechtsgeschäfte und andere Maßnahmen der Kommune, für die eine Genehmigung der Kommunalaufsichtsbehörde erforderlich ist, von dem Genehmigungserfordernis allgemein oder unter bestimmten Voraussetzungen freistellen und stattdessen vorschreiben, dass diese Maßnahmen vorher der Kommunalaufsichtsbehörde anzuzeigen sind.

Elfter Teil **Übergangs- und Schlussvorschriften**

§ 177 Maßgebende Einwohnerzahl

(1) [1]Als Einwohnerzahl der Kommune gilt die Zahl, die die Landesstatistikbehörde aufgrund einer allgemeinen Zählung der Bevölkerung (Volkszählung) und deren Fortschreibung für den Stichtag des Vorjahres ermittelt hat. [2]Stichtag ist der 30. Juni; in Jahren, in denen eine Volkszählung stattgefunden hat, ist es der Tag der Volkszählung.

(2) [1]Die Zahl der Abgeordneten der Vertretung nach § 46 ist nach der Einwohnerzahl zu bestimmen, die die Landesstatistikbehörde aufgrund einer Volkszählung oder deren Fortschreibung für einen Stichtag ermittelt hat, der mindestens 12 Monate und höchstens 18 Monate vor dem Wahltag liegt. [2]Hat nach dem Stichtag eine Gebietsänderung stattgefunden, so gilt

das Gebiet der Kommune am Wahltag als Gebiet der Kommune am Stichtag.

(3) [1]Für jede Wohnung, die am 30. Juni des vergangenen Jahres von nicht kaserniertem Personal der Stationierungsstreitkräfte und den Angehörigen dieses Personals belegt war und die der Landesstatistikbehörde gemeldet wurde, wird

1. bei der Bestimmung der Zahl der Abgeordneten der Vertretung nach § 46 die nach den Absätzen 1 und 2 maßgebende Einwohnerzahl sowie
2. bei der Bestimmung der Bedarfsansätze und der Aufteilung der Zuweisungen für Aufgaben des übertragenen Wirkungskreises die nach den Bestimmungen des Niedersächsischen Gesetzes über den Finanzausgleich maßgebende Einwohnerzahl

um drei Personen erhöht. [2]Satz 1 gilt nur, soweit das Personal von Mitgliedstaaten der Europäischen Union gestellt wird.

§ 178 Ausführung des Gesetzes

(1) Das für Inneres zuständige Ministerium erlässt im Einvernehmen mit dem für Finanzen zuständigen Ministerium durch Verordnung allgemeine Vorschriften über

1. den Inhalt
   a) des Haushaltsplans,
   b) der mittelfristigen Ergebnis- und Finanzplanung und
   c) des Investitionsprogramms,
2. die Haushaltsführung und die Haushaltsüberwachung,
3. die Veranschlagungen für einen vom Haushaltsjahr abweichenden Wirtschaftszeitraum,
4. die Bildung, vorübergehende Inanspruchnahme, Verwendung und Auflösung von Rücklagen, Sonderposten und Rückstellungen,
5. die Erfassung, den Nachweis, die Bewertung und die Abschreibung der Vermögensgegenstände,
6. die Erfassung, die Bewertung und den Nachweis der Schulden,
7. die Geldanlagen und ihre Sicherung,
8. den getrennten Ausweis des Verwaltungsvermögens und des realisierbaren Vermögens in der Vermögensrechnung und der Bilanz sowie die Bewertung der Gegenstände des realisierbaren Vermögens mit dem Veräußerungswert in den Fällen, in denen die Kommune bis zum 31. Dezember 2005 in ihrer Haushaltsführung einen getrennten Nach-

weis von Verwaltungsvermögen und realisierbarem Vermögen beschlossen hat,
9. die Stundung, die Niederschlagung und den Erlass von Forderungen sowie Vorschriften darüber, wie mit Kleinbeträgen umzugehen ist,
10. den Inhalt und die Gestaltung des Jahresabschlusses und des konsolidierten Gesamtabschlusses sowie die Abdeckung von Fehlbeträgen,
11. die Aufgaben und die Organisation der Kommunalkasse und der Sonderkassen, deren Beaufsichtigung und Prüfung sowie die Abwicklung des Zahlungsverkehrs und die Buchführung, wobei bestimmt werden kann, dass im Rahmen von vorgegebenen Kassensicherheitsstandards Dienstanweisungen zu erlassen sind,
12. die Wirtschaftsführung und das Rechnungswesen, wobei jeweils abweichend von § 130 Abs. 3 Regelungen getroffen werden können, sowie den Aufbau, die Verwaltung und die Prüfung der Eigenbetriebe, wobei für Eigenbetriebe eine Freistellung von diesen Vorschriften vorgesehen werden kann, wenn die Eigenbetriebe unterhalb einer Geringfügigkeitsgrenze des Versorgungs- oder Einzugsbereichs liegen oder sonst von geringfügiger wirtschaftlicher Bedeutung für die Kommune sind,
13. die Anwendung der Vorschriften zur Durchführung des Kommunalwirtschaftsrechts auf das Sondervermögen und das Treuhandvermögen,
14. (aufgehoben)
15. die Anwendung von Vorschriften zur doppelten Buchführung im Haushalts- und Rechnungswesen, und zwar auch in Bezug auf die Aufstellung der Eröffnungsbilanz sowie auf die Bilanz und deren Fortführung, und
16. das Verfahren bei der Vergabe öffentlicher Aufträge.

(2) Das für Inneres zuständige Ministerium kann im Einvernehmen mit dem für Finanzen zuständigen Ministerium durch Verordnung
1. regeln, dass Erträge und Aufwendungen sowie Einzahlungen und Auszahlungen, für die ein Dritter Kostenträger ist oder die von einer zentralen Stelle angenommen oder ausgezahlt werden, nicht im Haushalt der Kommune abgewickelt werden und dass für Sanierungs-, Entwicklungs- und Umlegungsmaßnahmen Sonderrechnungen zu führen sind,
2. die Einrichtung von Zahlstellen und Geldannahmestellen bei einzelnen Dienststellen der Kommune sowie die Gewährung von Handvorschüssen regeln,
3. die Anforderungen an das Haushaltssicherungskonzept und den Haushaltssicherungsbericht regeln und
4. die Wertgrenzen für Zuwendungen bestimmen und das Verfahren für Zuwendungen unterhalb der Wertgrenzen abweichend von § 111 Abs. 7 Sätze 2 bis 4 regeln.

(3) Die Kommunen sind verpflichtet, Muster zu verwenden, die das für Inneres zuständige Ministerium aus Gründen der Vergleichbarkeit der Haushalte für verbindlich erklärt hat, insbesondere für die Haushaltssatzung und die Nachtragshaushaltssatzung.

(4) [1]Die Landesstatistikbehörde stellt einen Kontenrahmen und einen Produktrahmen auf und benennt die dazu erforderlichen Zuordnungskriterien. [2]Die Kommunen sind zur Verwendung der Buchführungshilfen nach Satz 1 verpflichtet.

§ 179 Haushaltswirtschaftliche Übergangsregelungen

(1) Die Kommune kann durch Beschluss der Vertretung davon absehen,
1. für die Haushaltsjahre bis einschließlich 2020 nach § 128 Abs. 4 einen konsolidierten Gesamtabschluss aufzustellen und
2. für die Haushaltsjahre bis einschließlich 2021 nach § 128 Abs. 6 Satz 3 dem Konsolidierungsbericht eine Kapitalflussrechnung beizufügen.

(2) [1]Hat eine Kommune für die Verwaltung von Treuhandvermögen (§ 131 Abs. 1 Satz 1) gemäß Artikel 6 Abs. 2 Satz 1 des Gesetzes vom 15. November 2005 (Nds. GVBl. S. 342) die bis zum 31. Dezember 2005 geltenden Vorschriften der Niedersächsischen Gemeindeordnung angewendet, so kann sie diese Vorschriften bis zum Haushaltsjahr 2017 anwenden. [2]Hat das Treuhandvermögen für die Vermögens-, Ertrags- und Finanzlage der Kommune nur untergeordnete Bedeutung, so kann sie die Anwendung dieser Vorschriften unbefristet fortsetzen.

§ 180 Sonstige Übergangsregelungen

(1) Ein Bürgerbegehren nach § 22b Abs. 11 der Niedersächsischen Gemeindeordnung, § 17b Abs. 11 der Niedersächsischen Landkreisordnung oder § 24 Abs. 11 des Gesetzes über die Region Hannover, das die Missbilligung einer Maßnahme der Kommune zum Gegenstand hat und vor dem 1. November 2011 angezeigt worden ist, wird durch die Aufhebung der genannten Vorschriften nicht unzulässig; die §§ 32 und 33 sind entsprechend anzuwenden.

(2) Bei Inkrafttreten dieses Gesetzes nicht durch Hauptsatzung eingerichtete Stadtbezirke gelten als durch Hauptsatzung eingerichtet; die Hauptsatzung ist vor Ablauf des 31. Oktober 2012 dem § 90 Abs. 2 anzupassen.

(3) Hat der Rat vor dem 1. November 2011 beschlossen, einen Bauleitplan aufzustellen, so ist § 94 Abs. 2 für das Verfahren zur Aufstellung dieses Bauleitplans auf Ortsräte nicht anzuwenden.

(4) Wird die Region Hannover als Gewährträger für Verbindlichkeiten der Sparkasse Hannover nach § 32 Abs. 1 des Niedersächsischen Sparkassengesetzes in Anspruch genommen, so ist bei der Festsetzung der Regionsumlage sicherzustellen, dass die Belastungen von der Landeshauptstadt Hannover und den anderen regionsangehörigen Gemeinden je zur Hälfte getragen werden.

(5) § 81 Abs. 5 Satz 1 gilt für Hauptverwaltungsbeamtinnen und Hauptverwaltungsbeamte, die am 1. November 2016 bereits im Amt sind, mit der Maßgabe, dass die Mitteilung bis zum 31. Januar 2018 zu machen ist.

(6) Für Tätigkeiten einer Hauptverwaltungsbeamtin oder eines Hauptverwaltungsbeamten sowie von anderen Beschäftigten der Kommune als Mitglied in einem Aufsichtsrat und in anderen, in § 138 Abs. 1 Satz 1 nicht genannten Organen und Gremien von Unternehmen und Einrichtungen, deren Grund- oder Stammkapital sich nicht überwiegend in öffentlicher Hand befindet und die nicht überwiegend fortlaufend aus öffentlicher Hand unterhalten werden, ist § 138 Abs. 9 erst ab dem 1. Januar 2017 anzuwenden.

(7) [1]Ein Verstoß gegen § 11 Abs. 2 Satz 1 ist für eine vor dem 19. April 2018 verkündete Satzung unbeachtlich, wenn diese spätestens zum Zeitpunkt ihrer fehlerhaften Verkündung auf einer Internetseite der Kommune bereitgestellt worden ist und dort dauerhaft bereitgestellt wird; bei Mitgliedsgemeinden von Samtgemeinden genügt die Bereitstellung auf einer Internetseite der Samtgemeinde. [2]§ 11 Abs. 3 Sätze 5 und 6 Halbsatz 2 gilt entsprechend. [3]Die Sätze 1 und 2 gelten entsprechend für Verordnungen und öffentliche Bekanntmachungen der Kommunen nach diesem Gesetz sowie für die Erteilung von Genehmigungen für den Flächennutzungsplan.

§ 181 Experimentierklausel

(1) Im Interesse der Erhaltung oder Verbesserung der Leistungsfähigkeit einer Kommune kann das für Inneres zuständige Ministerium für die Erprobung neuer Möglichkeiten der Aufnahme und Bewirtschaftung von Krediten im Einzelfall auf Antrag Ausnahmen von den §§ 120 und 122 zulassen.

(2) In dem Antrag hat die Kommune darzulegen, zu welchem Zweck die Erprobung im Einzelnen dienen soll, von welchen Vorschriften Ausnahmen beantragt werden und welche Wirkungen erwartet werden.

(3) [1]Ausnahmen nach Absatz 1 können nur für dauernd leistungsfähige oder für Kommunen zugelassen werden, deren Leistungsfähigkeit sich durch die Ausnahme voraussichtlich dauernd verbessert. [2]Die Ausnahme wird für längstens fünf Jahre zugelassen. [3]Sie kann jederzeit widerrufen werden. [4]Die Kommune hat das Vorhaben unter Beachtung der Bestimmungen in der Ausnahme durchzuführen, zu dokumentieren und auszuwerten.

(4) [1]Die Kommune hat dem für Inneres zuständigen Ministerium zu einem in der Ausnahme festzulegenden Zeitpunkt über deren Auswirkungen zu berichten. [2]Im Jahr 2019 legt die Landesregierung dem Landtag einen Erfahrungsbericht vor.

§ 182 Sonderregelungen für epidemische Lagen

(1) Solange eine epidemische Lage von nationaler Tragweite nach § 5 Abs. 1 Satz 1 des Infektionsschutzgesetzes oder eine epidemische Lage von landesweiter Tragweite nach § 3 a Abs. 1 Satz 1 des Niedersächsischen Gesetzes über den öffentlichen Gesundheitsdienst festgestellt ist, gelten die Absätze 2 bis 4.

(2) [1]Zur Bewältigung einer epidemischen Lage nach Absatz 1
1. kann die Vertretung auf Vorschlag der Hauptverwaltungsbeamtin oder des Hauptverwaltungsbeamten über bestimmte Angelegenheiten im Umlaufverfahren beschließen, wenn sich vier Fünftel der Mitglieder der Vertretung damit einverstanden erklärt haben; dies gilt für Sitzungen des Hauptausschusses und der Ausschüsse entsprechend,
2. kann die Vertretung beschließen, dass der Hauptausschuss längstens für die Dauer der festgestellten epidemischen Lage über bestimmte Angelegenheiten anstelle der Vertretung beschließt,
3. kann die Hauptverwaltungsbeamtin oder der Hauptverwaltungsbeamte im Benehmen mit der oder dem Vorsitzenden der Vertretung in der Ladung anordnen, dass alle oder einzelne Abgeordnete per Videokonferenztechnik an der Sitzung der Vertretung teilnehmen können, soweit dies technisch möglich ist; dies gilt für Sitzungen des Hauptausschusses und der Ausschüsse entsprechend,
4. kann die Entscheidung nach § 46 Abs. 4 Satz 1 abweichend von § 46 Abs. 4 Satz 2 bis spätestens 12 Monate vor dem Ende der laufenden Wahlperiode getroffen werden,
5. kann die Hauptverwaltungsbeamtin oder der Hauptverwaltungsbeamte bei der Vorbereitung von Beschlüssen des Hauptausschusses

auf die Beteiligung der beratenden Ausschüsse verzichten, wenn der Hauptausschuss nichts anderes bestimmt,
6. ist die Hauptverwaltungsbeamtin oder der Hauptverwaltungsbeamte nicht verpflichtet, einem Verlangen auf Einberufung der Vertretung nach § 59 Abs. 2 Satz 4 Nr. 2 zu entsprechen,
7. kann in den von § 94 erfassten Angelegenheiten anstelle des Ortsrates die Ortsbürgermeisterin oder der Ortsbürgermeister und anstelle des Stadtbezirksrats die Bezirksbürgermeisterin oder der Bezirksbürgermeister angehört werden.

[2]Die Beschlüsse, die im Umlaufverfahren gemäß Satz 1 Nr. 1 oder aufgrund einer Übertragung der Zuständigkeit nach Satz 1 Nr. 2 vom Hauptausschuss anstelle der Vertretung gefasst wurden, sind unverzüglich zu veröffentlichen, soweit nicht im Einzelfall aus Gründen des öffentlichen Wohls oder zur Wahrung berechtigter Interessen Einzelner etwas anderes beschlossen wird. [3]Ergeht für eine öffentliche Sitzung eine Anordnung nach Satz 1 Nr. 3, so kann das jeweilige Gremium unbeschadet von § 64 Abs. 2 Satz 2 durch Beschluss zulassen, dass auch die Öffentlichkeit per Videokonferenztechnik an dieser Sitzung teilnehmen kann. [4]§ 64 Abs. 2 Satz 3 findet Anwendung, soweit dies technisch möglich ist. [5]Soweit die Öffentlichkeit an einer gemäß Satz 1 Nr. 3 durchgeführten Sitzung der Vertretung nicht teilnehmen konnte, ist das Protokoll (§ 68) zu veröffentlichen.

(3) [1]Der Hauptausschuss verlängert auf Antrag der Vertreterinnen und Vertreter eines Bürgerbegehrens durch Beschluss die Fristen nach § 32 Abs. 6 Sätze 1 und 4 und Abs. 7 Satz 4. [2]Die Verlängerung erfolgt für die Dauer der festgestellten epidemischen Lage, höchstens jedoch für sechs Monate.

(4) [1]Zur Bewältigung der Folgen einer epidemischen Lage nach Absatz 1 für die kommunale Haushaltswirtschaft
1. muss die Kommune Fehlbeträge des ordentlichen und außerordentlichen Ergebnisses aus dem betreffenden Haushaltsjahr oder den betreffenden Haushaltsjahren und dem Folgejahr in ihrer Bilanz auf der Passivseite gesondert ausweisen,
2. darf sich die Kommune abweichend von § 110 Abs. 7 Satz 1 über den Wert ihres Vermögens hinaus verschulden, wenn die Verschuldung auf der festgestellten epidemischen Lage beruht,
3. kann die Vertretung beschließen, dass in dem betreffenden Haushaltsjahr oder den betreffenden Haushaltsjahren und in den beiden Folgejahren ein Haushaltssicherungskonzept nach § 110 Abs. 8 nicht aufgestellt wird, soweit wegen der festgestellten epidemischen Lage der

Haushaltsausgleich nicht erreicht, eine Überschuldung nicht abgebaut oder eine drohende Überschuldung nicht abgewendet werden kann,

4. dürfen Liquiditätskredite nach § 122 Abs. 1 Satz 1 abweichend von § 112 Abs. 3 Satz 1 bereits ab dem Tag nach der Verkündung der Haushaltssatzung aufgenommen werden, jedoch frühestens mit Beginn des Haushaltsjahres,
5. dürfen abweichend von § 114 Abs. 2 Satz 2 Haushaltssatzungen ohne genehmigungsbedürftige Teile bereits zwei Wochen nach Vorlage an die Kommunalaufsichtsbehörde verkündet werden,
6. muss für unmittelbar aus der festgestellten epidemischen Lage resultierende über- oder außerplanmäßige Aufwendungen und Auszahlungen abweichend von § 117 Abs. 1 Satz 1 eine Deckung nicht gewährleistet sein,
7. kann die Kommune abweichend von § 122 Abs. 1 Satz 1 Liquiditätskredite für Unternehmen und Einrichtungen in der Rechtsform des privaten Rechts, bei denen sie über die Mehrheit der Anteile verfügt, sowie für ihre kommunalen Anstalten im Rahmen des in der Haushaltssatzung festgesetzten Höchstbetrages aufnehmen und an diese Rechtsträger weiterreichen, soweit diesen aufgrund der festgestellten epidemischen Lage für rechtzeitige Auszahlungen andere Mittel nicht zur Verfügung stehen,
8. gilt abweichend von § 122 Abs. 2 der von der Vertretung für die Aufnahme von Liquiditätskrediten festgesetzte Höchstbetrag als von der Kommunalaufsichtsbehörde genehmigt, wenn der Höchstbetrag ein Drittel der im Finanzhaushalt veranschlagten Einzahlungen aus laufender Verwaltungstätigkeit nicht übersteigt.

[2]Fehlbeträge nach Satz 1 Nr. 1 sollen in einem Zeitraum von bis zu 30 Jahren gedeckt werden. [3]Die Möglichkeit nach Satz 1 Nr. 7 lässt die Erteilung einer Zulassung nach § 181 unberührt. [4]Gilt der festgesetzte Höchstbetrag gemäß Satz 1 Nr. 8 als genehmigt, so ist der zugrundeliegende Beschluss der Vertretung der Kommunalaufsichtsbehörde unverzüglich mitzuteilen.

Verordnung über die Aufstellung und Ausführung des Haushaltsplans sowie die Abwicklung der Kassengeschäfte der Kommunen (Kommunalhaushalts- und -kassenverordnung – KomHKVO –)

Vom 18. April 2017 (Nds. GVBl. S. 130) zuletzt geändert durch Verordnung vom 11. Mai 2021 (Nds. GVBl. S. 284)

Inhaltsübersicht

Erster Abschnitt: Aufstellung des Haushaltsplans, Planungsgrundsätze

§ 1 Bestandteile des Haushaltsplans, Anlagen

(1) Der Haushaltsplan besteht aus
1. dem Ergebnishaushalt (§ 2),
2. dem Finanzhaushalt (§ 3),
3. den Teilhaushalten (§ 4) und
4. dem Stellenplan (§ 5).

(2) [1]Zum Haushaltsplan gehören als Anlagen

1. eine Übersicht über die ordentlichen und außerordentlichen Erträge und Aufwendungen mit den jeweiligen Gesamtsummen der Teilhaushalte des Ergebnishaushalts (Übersicht Ergebnishaushalt),
2. eine Übersicht über die Einzahlungen, Auszahlungen und Verpflichtungsermächtigungen mit den jeweiligen Gesamtsummen der Teilhaushalte des Finanzhaushalts (Übersicht Finanzhaushalt),
3. der Vorbericht (§ 6),
4. das Haushaltssicherungskonzept, wenn ein solches erstellt werden muss,
5. eine Übersicht über die aus Verpflichtungsermächtigungen in den einzelnen Jahren voraussichtlich fällig werdenden Auszahlungen, wobei für Auszahlungen, die in den Jahren fällig werden, auf die sich die mittelfristige Ergebnis- und Finanzplanung noch nicht erstreckt, die voraussichtliche Deckung des Zahlungsmittelbedarfs dieser Jahre besonders dargestellt wird,
6. eine Übersicht über den voraussichtlichen Stand der Schulden zu Beginn des Haushaltsjahres,
7. die letzte Bilanz sowie der letzte konsolidierte Gesamtabschluss,
8. die zuletzt aufgestellten Haushalts- oder Wirtschaftspläne und die neuesten Jahresabschlüsse der Sondervermögen, für die Sonderrechnungen geführt werden,
9. die zuletzt aufgestellten Haushalts- oder Wirtschaftspläne und die neuesten Jahresabschlüsse der kommunalen Anstalten der Kommune sowie der Unternehmen und Einrichtungen mit eigener Rechtspersönlichkeit, an denen die Kommune mit mehr als 50 Prozent beteiligt ist,
10. der Beteiligungsbericht (§ 151 des Niedersächsischen Kommunalverfassungsgesetzes – NKomVG –), wenn er nicht bereits anderweitig veröffentlicht ist,
11. eine Übersicht über die Produktgruppen und
12. eine Übersicht über die gebildeten Budgets (§ 4 Abs. 3).

[2]Der Beteiligungsbericht (Satz 1 Nr. 10) kann die Anlage nach Satz 1 Nr. 9 ersetzen, wenn er dem Haushaltsplan beigefügt wird und die wesentlichen Aussagen der Haushalts- oder Wirtschaftspläne und Jahresabschlüsse zur Wirtschaftslage und zur voraussichtlichen Entwicklung der kommunalen Anstalten, Unternehmen und Einrichtungen enthält.

(3) In den Ansatzspalten werden ausgewiesen

1. das Rechnungsergebnis des dem Vorjahr vorangehenden Jahres,
2. die Ansätze des Vorjahres, ausgenommen die Verpflichtungsermächtigungen,

3. die Ansätze des Haushaltsjahres, für das der Haushaltsplan aufgestellt wird, bei einem Haushaltsplan für zwei Jahre die Ansätze nach Jahren getrennt, und
4. die Ansätze der drei dem Haushaltsjahr nach Nummer 3 folgenden Jahre der mittelfristigen Ergebnis- und Finanzplanung, gegliedert nach Jahren.

(4) Als planmäßige Haushaltsansätze gelten die Ansätze nach Absatz 3 Nr. 3 in den Teilhaushalten.

§ 2 Ergebnishaushalt

(1) Im Ergebnishaushalt werden die ordentlichen und die außerordentlichen Erträge sowie die ordentlichen und die außerordentlichen Aufwendungen nachgewiesen.

(2) In den Ergebnishaushalt werden die ordentlichen Erträge wie folgt aufgenommen und gegliedert

1. Steuern und ähnliche Abgaben,
2. Zuwendungen und allgemeine Umlagen, außer für Investitionstätigkeit,
3. Auflösungserträge aus Sonderposten,
4. sonstige Transfererträge,
5. öffentlich-rechtliche Entgelte, außer Beiträge und ähnliche Entgelte für Investitionstätigkeit,
6. privatrechtliche Entgelte,
7. Kostenerstattungen und Kostenumlagen,
8. Zinsen und ähnliche Finanzerträge,
9. aktivierungsfähige Eigenleistungen,
10. Bestandsveränderungen und
11. sonstige ordentliche Erträge.

(3) In den Ergebnishaushalt werden die ordentlichen Aufwendungen wie folgt aufgenommen und gegliedert

1. Personalaufwendungen,
2. Versorgungsaufwendungen,
3. Aufwendungen für Sach- und Dienstleistungen,
4. Abschreibungen,
5. Zinsen und ähnliche Aufwendungen,
6. Transferaufwendungen und
7. sonstige ordentliche Aufwendungen.

(4) Der Ergebnishaushalt umfasst zudem

1. die außerordentlichen Erträge sowie

2. die außerordentlichen Aufwendungen.

(5) Im Ergebnishaushalt werden für jedes Haushaltsjahr zusätzlich ausgewiesen

1. der Saldo aus der Summe der ordentlichen Erträge und der Summe der ordentlichen Aufwendungen als ordentliches Ergebnis,
2. der Saldo aus den außerordentlichen Erträgen und den außerordentlichen Aufwendungen, als außerordentliches Ergebnis und
3. der Saldo aus dem ordentlichen Ergebnis und dem außerordentlichen Ergebnis als Jahresergebnis.

(6) Sind nach § 24 Abs. 2 und 3 Satz 3 Jahresfehlbeträge aus Vorjahren zu decken, so wird unter dem geplanten Jahresergebnis nach Absatz 5 Nr. 3 zusätzlich die Summe der noch zu deckenden Jahresfehlbeträge angegeben.

§ 3 Finanzhaushalt

In den Finanzhaushalt werden mit folgender Gliederung aufgenommen

1. als Einzahlungen aus laufender Verwaltungstätigkeit
   a) Steuern und ähnliche Abgaben,
   b) Zuwendungen und allgemeine Umlagen, außer für Investitionstätigkeit,
   c) sonstige Transfereinzahlungen,
   d) öffentlich-rechtliche Entgelte, außer Beiträgen und ähnlichen Entgelten für Investitionstätigkeit,
   e) privatrechtliche Entgelte, außer für Investitionstätigkeit,
   f) Kostenerstattungen und Kostenumlagen, außer für Investitionstätigkeit,
   g) Zinsen und ähnliche Einzahlungen und
   h) sonstige haushaltswirksame Einzahlungen,
2. als Auszahlungen aus laufender Verwaltungstätigkeit
   a) Personalauszahlungen,
   b) Versorgungsauszahlungen,
   c) Auszahlungen für Sach- und Dienstleistungen und für den Erwerb geringwertiger Vermögensgegenstände,
   d) Zinsen und ähnliche Auszahlungen,
   e) Transferauszahlungen, außer für Investitionstätigkeit, und
   f) sonstige haushaltswirksame Auszahlungen,
3. der Saldo der Einzahlungen und Auszahlungen aus laufender Verwaltungstätigkeit,
4. als Einzahlungen für Investitionstätigkeit

   a) Einzahlungen aus Zuwendungen für Investitionstätigkeit,
   b) Einzahlungen aus Beiträgen und ähnlichen Entgelten für Investitionstätigkeit,
   c) Einzahlungen aus der Veräußerung von Sachvermögen,
   d) Einzahlungen aus der Veräußerung von Finanzvermögensanlagen und
   e) Einzahlungen für sonstige Investitionstätigkeit,
5. als Auszahlungen für Investitionstätigkeit
   a) Auszahlungen für den Erwerb von Grundstücken und Gebäuden,
   b) Auszahlungen für Baumaßnahmen,
   c) Auszahlungen für den Erwerb von beweglichem Sachvermögen,
   d) Auszahlungen für den Erwerb von Finanzvermögensanlagen,
   e) Auszahlungen für aktivierbare Zuwendungen und
   f) Auszahlungen für sonstige Investitionstätigkeit,
6. der Saldo aus Einzahlungen und Auszahlungen für Investitionstätigkeit,
7. die Summe der Salden nach den Nummern 3 und 6 als Finanzmittelüberschuss oder Finanzmittelfehlbetrag,
8. als Einzahlungen aus Finanzierungstätigkeit
   a) Einzahlungen aus der Aufnahme von Krediten und
   b) Einzahlungen aus der Aufnahme innerer Darlehen,
9. als Auszahlungen aus Finanzierungstätigkeit
   a) Auszahlungen für die Tilgung von Krediten und
   b) Auszahlungen für die Rückzahlung innerer Darlehen,
10. der Saldo aus Einzahlungen und Auszahlungen aus Finanzierungstätigkeit und
11. die Summe der Salden aus den Nummern 7 und 10 als Finanzmittelveränderung.

§ 4 Teilhaushalte, Budgets

(1) [1]Der Haushalt wird nach den Bedürfnissen der Kommune in Teilhaushalte gegliedert. [2]Die Gliederung entspricht der jeweiligen Verwaltungsgliederung oder bildet den Produktplan der Kommune ab. [3]In den Teilhaushalten werden die ihnen zugeordneten Produkte abgebildet. [4]Mehrere Produktbereiche können zu einem Teilhaushalt zusammengefasst oder ein Produktbereich nach Produktgruppen auf mehrere Teilhaushalte aufgeteilt werden. [5]Notwendige Überleitungen zum verbindlichen Produktrahmen (Absatz 2) werden in der Übersicht nach § 1 Abs. 2 Satz 1 Nr. 11 dargestellt. [6]Die Teilhaushalte werden in einen Ergebnishaushalt und in einen

Finanzhaushalt gegliedert. [7]Die Verantwortung für einen Teilhaushalt soll der fachlich zuständigen Organisationseinheit entsprechend der Verwaltungsgliederung zugeordnet werden.

(2) Die Landesstatistikbehörde legt den Kontenrahmen und den Produktrahmen sowie die dazu erforderlichen Zuordnungsvorschriften verbindlich fest und veröffentlicht die Regelungen im Niedersächsischen Ministerialblatt.

(3) [1]Teilhaushalte, Produktbereiche, Produktgruppen oder Produkte können ganz oder teilweise durch Haushaltsvermerk zu einer Bewirtschaftungseinheit erklärt werden (Budget), jedoch nicht die durch einen Haushaltsvermerk zur Zweckbindung nach § 18 Abs. 1 Satz 2 gebundenen Haushaltsmittel. [2]Die Verantwortung für ein Budget wird der fachlich zuständigen Organisationseinheit entsprechend der Verwaltungsgliederung zugeordnet.

(4) [1]Die Teilergebnishaushalte werden nach § 2 Abs. 1 bis 4 aufgestellt. [2]Für jeden Teilergebnishaushalt wird ein Jahresergebnis nach § 2 Abs. 5 dargestellt. [3]Soweit Erträge und Aufwendungen aus internen Leistungsbeziehungen erfasst werden, werden entsprechende Ansätze in den jeweiligen Teilhaushalt aufgenommen.

(5) [1]Die Teilfinanzhaushalte werden nach § 3 aufgestellt. [2]Die Einzahlungen und Auszahlungen aus laufender Verwaltungstätigkeit können jeweils in einer Summe angegeben werden.

(6) [1]In den Teilfinanzhaushalten werden Investitionen und Investitionsförderungsmaßnahmen, die sich über mehrere Jahre erstrecken, und Investitionen und Investitionsförderungsmaßnahmen oberhalb einer von der Kommune festgelegten Wertgrenze einzeln dargestellt. [2]Dabei werden die bisher bereitgestellten Haushaltsmittel und die Gesamtinvestitionssumme sowie die Verpflichtungsermächtigungen für die Folgejahre angegeben. [3]Unbedeutende Investitionen und Investitionsförderungsmaßnahmen können in einem Ansatz zusammengefasst werden.

(7) In jedem Teilhaushalt werden die wesentlichen Produkte mit den dazugehörenden Leistungen beschrieben und sollen die zu erreichenden Ziele mit den dazu geplanten Maßnahmen sowie Kennzahlen zur Zielerreichung bestimmt werden.

(8) Werden für einzelne Positionen der Teilergebnishaushalte oder der Teilfinanzhaushalte in den Ansatzspalten nach § 1 Abs. 3 keine Beträge ausgewiesen, so können sie in der Darstellung insgesamt entfallen.

§ 5 Stellenplan

(1) [1]Der Stellenplan weist die erforderlichen Stellen der Beamtinnen und Beamten (Planstellen) und der weiteren nicht nur vorübergehend Beschäftigten (andere Stellen) aus; die Stellen der Beamtinnen und Beamten im Vorbereitungsdienst sowie der Beschäftigten im Ausbildungsverhältnis sind im Anhang zum Stellenplan nachrichtlich auszuweisen. [2]Soweit erforderlich, werden im Stellenplan die Amtsbezeichnungen für Beamtinnen und Beamte festgesetzt. [3]Stellen, die Einrichtungen zugeordnet sind, für die Sonderrechnungen geführt werden, werden gesondert ausgewiesen. [4]In einer Übersicht zum Stellenplan wird die Aufteilung der Stellen auf die Teilhaushalte dargestellt.

(2) [1]Im Stellenplan wird ferner für die einzelnen Besoldungs- und Entgeltgruppen die Gesamtzahl der Stellen für das Vorjahr sowie jeweils die Gesamtzahl der am 30. Juni des Vorjahres besetzten Stellen angegeben. [2]Wesentliche Abweichungen gegenüber dem Stellenplan des Vorjahres werden erläutert.

(3) Soweit ein dienstliches Bedürfnis besteht, dürfen im Stellenplan ausgewiesene

1. Planstellen mit Beamtinnen und Beamten einer niedrigeren Besoldungsgruppe derselben Laufbahn besetzt werden;
2. freigewordene Planstellen des ersten Einstiegsamtes der Laufbahngruppe 2 mit Beamtinnen und Beamten der Laufbahngruppe 1 besetzt werden, deren Aufstieg in die Laufbahngruppe 2 im folgenden Haushaltsjahr laufbahnrechtlich möglich und vom Dienstherrn beabsichtigt ist;
3. freigewordene Planstellen mit Personen besetzt werden, die nicht in einem Beamtenverhältnis stehen, längstens jedoch für die Dauer von fünf Jahren.

(4) [1]Planstellen und andere Stellen werden als „künftig wegfallend“ dargestellt, soweit sie in den folgenden Haushaltsjahren voraussichtlich nicht mehr benötigt werden. [2]Sie werden als „künftig umzuwandeln“ dargestellt, soweit sie in den folgenden Haushaltsjahren voraussichtlich in Planstellen oder andere Stellen einer niedrigeren Besoldungs- oder Entgeltgruppe oder Planstellen in andere Stellen umgewandelt werden sollen.

§ 6 Vorbericht

[1]Der Vorbericht hat einen Überblick über die Entwicklung und den Stand der Haushaltswirtschaft zu geben. [2]Er enthält eine wertende Analyse der

finanziellen Lage und ihrer voraussichtlichen Entwicklung. [3]Insbesondere sollen dargestellt werden

1. die Entwicklung
   a) der Erträge aus den einzelnen Steuerarten und ähnlichen Abgaben,
   b) der Erträge aus Zuwendungen und allgemeinen Umlagen,
   c) der Aufwendungen aus einzelnen Steuerbeteiligungen und allgemeinen Umlagen,
   d) der weiteren wichtigen Erträge, Aufwendungen, Einzahlungen und Auszahlungen,
   e) des Vermögens, der Schulden einschließlich der Liquiditätskredite und des Bestandes an liquiden Mitteln,
   f) des Gesamtergebnisses unter Berücksichtigung der Fehlbetragsabdeckung aus Vorjahren sowie
   g) der Nettoposition

   in den beiden dem Haushaltsjahr vorangehenden Jahren sowie die voraussichtliche Entwicklung im Haushaltsjahr und in den drei folgenden Jahren,
2. die Finanzierung der im Haushaltsjahr geplanten Investitionen und Investitionsförderungsmaßnahmen mit den vorgesehenen Kreditaufnahmen und den nach § 17 Abs. 3 zur Finanzierung von Investitionstätigkeit verwendbaren Zahlungsüberschüssen aus laufender Verwaltungstätigkeit des Finanzhaushalts sowie die finanziellen Auswirkungen der Maßnahmen auf die folgenden Jahre,
3. die wesentlichen Abweichungen des Haushaltsplans von der mittelfristigen Ergebnis- und Finanzplanung und den Zielvorgaben des Vorjahres,
4. im Fall der Notwendigkeit eines Haushaltssicherungskonzeptes die Verwirklichung der dazu vorgesehenen Maßnahmen im Haushaltsplan und
5. der Anpassungsbedarf bei den Einrichtungen der Kommune aufgrund der auch aus der Bevölkerungsstatistik zu schließenden zukünftigen Entwicklung der Kommune.

§ 7 Haushaltsplan für zwei Jahre

Werden in der Haushaltssatzung Festsetzungen für zwei Haushaltsjahre getroffen, so werden im Haushaltsplan die Erträge und Aufwendungen, die Einzahlungen und Auszahlungen und die Verpflichtungsermächtigungen für jedes der beiden Haushaltsjahre getrennt veranschlagt.

§ 8 Nachtragshaushaltsplan

(1) [1]Der Nachtragshaushaltsplan enthält alle erheblichen Änderungen der Ansätze für Erträge, Aufwendungen, Einzahlungen und Auszahlungen, die im Zeitpunkt seiner Aufstellung übersehbar sind, sowie die damit in Zusammenhang stehenden wesentlichen Änderungen der Ziele und Kennzahlen. [2]Bereits geleistete oder angeordnete über- und außerplanmäßige Aufwendungen und Auszahlungen brauchen nicht veranschlagt zu werden.

(2) Werden im Nachtragshaushaltsplan Mehrerträge und Mehreinzahlungen veranschlagt oder Kürzungen bei Aufwendungen und Auszahlungen vorgenommen, die der Deckung von über- und außerplanmäßigen Aufwendungen und Auszahlungen dienen, so werden diese Veränderungen der Aufwendungen oder Auszahlungen abweichend von Absatz 1 Satz 2 in den Nachtragshaushaltsplan aufgenommen.

(3) [1]Für Verpflichtungsermächtigungen gelten die Absätze 1 und 2 entsprechend. [2]Die Auswirkungen auf die mittelfristige Ergebnis- und Finanzplanung werden angegeben; die Übersicht nach § 1 Abs. 2 Satz 1 Nr. 5 wird ergänzt.

§ 9 Mittelfristige Ergebnis- und Finanzplanung

(1) Die mittelfristige Ergebnis- und Finanzplanung umfasst die in § 1 Abs. 3 Nrn. 2 bis 4 genannten Ansätze und wird in den Haushaltsplan einbezogen.

(2) [1]Die mittelfristige Ergebnis- und Finanzplanung schließt das Investitionsprogramm ein. [2]Das Investitionsprogramm besteht aus den in § 1 Abs. 3 Nrn. 2 bis 4 genannten Ansätzen und Erläuterungen der Auszahlungen für Investitionstätigkeit in den Teilfinanzhaushalten mit den im Planungszeitraum vorgesehenen Investitionen und Investitionsförderungsmaßnahmen nach dem jeweiligen Jahresbedarf. [3]Das Investitionsprogramm soll im Hinblick auf § 58 Abs. 1 Nr. 9 NKomVG gesondert darstellbar sein.

(3) Bei der Aufstellung und Fortschreibung der mittelfristigen Ergebnis- und Finanzplanung sollen die zum Zeitpunkt der Haushaltsplanaufstellung vorliegenden, vom für Inneres zuständigen Ministerium bekannt gegebenen Orientierungsdaten berücksichtigt werden.

(4) Die mittelfristige Ergebnis- und Finanzplanung soll für die einzelnen Jahre in Erträgen und Aufwendungen ausgeglichen sein.

(5) Die Kommunen sind für ihre Sondervermögen und Treuhandvermögen von der Pflicht zur mittelfristigen Ergebnis- und Finanzplanung freigestellt.

§ 10 Veranschlagung, Ansatzermittlung

(1) Die Erträge, Aufwendungen, Einzahlungen und Auszahlungen werden in voller Höhe und getrennt voneinander veranschlagt, soweit in dieser Verordnung nichts anderes bestimmt ist.

(2) [1]Die Erträge und Aufwendungen werden in ihrer voraussichtlichen Höhe in dem Haushaltsjahr veranschlagt, dem sie wirtschaftlich zuzurechnen sind. [2]Die Einzahlungen und Auszahlungen werden in Höhe der im Haushaltsjahr voraussichtlich eingehenden oder zu leistenden Beträge veranschlagt. [3]Die Höhe eines Ansatzes wird sorgfältig geschätzt, soweit der Betrag nicht errechenbar ist.

(3) [1]Für denselben Zweck sollen Erträge und Aufwendungen sowie Ein- und Auszahlungen nicht an verschiedenen Stellen veranschlagt werden. [2]Wird ausnahmsweise anders verfahren, so wird in Erläuterungen auf die Ansätze gegenseitig verwiesen.

§ 11 Verpflichtungsermächtigungen

[1]Die Verpflichtungsermächtigungen werden in den Teilhaushalten maßnahmenbezogen veranschlagt. [2]Dabei wird angegeben, wie sich die Belastungen voraussichtlich auf die künftigen Jahre verteilen.

§ 12 Investitionen

(1) [1]Bevor Investitionen von erheblicher finanzieller Bedeutung oberhalb einer von der Kommune festgelegten Wertgrenze beschlossen werden, soll durch einen Wirtschaftlichkeitsvergleich unter mehreren in Betracht kommenden Möglichkeiten die für die Kommune wirtschaftlichste Lösung ermittelt werden. [2]Vor Beginn einer Investition mit unerheblicher finanzieller Bedeutung bis zu der nach Satz 1 festgelegten Wertgrenze muss eine Folgekostenberechnung vorgenommen werden.

(2) [1]Auszahlungen und Verpflichtungsermächtigungen für Baumaßnahmen dürfen erst veranschlagt werden, wenn Pläne, Berechnungen und Erläuterungen vorliegen, aus denen die Art der Ausführung, die gesamten Auszahlungen für die Baumaßnahme, der Grunderwerb und die Einrichtung

sowie der voraussichtliche Jahresbedarf unter Angabe der finanziellen Beteiligung Dritter und ein Bauzeitplan im Einzelnen ersichtlich sind. [2]Den Unterlagen wird eine Berechnung der nach Fertigstellung der Maßnahme entstehenden jährlichen Haushaltsbelastungen beigefügt.

(3) [1]Ausnahmen von Absatz 2 sind für finanzwirtschaftlich unerhebliche Vorhaben und für dringende Instandsetzungen zulässig. [2]Die Notwendigkeit einer Ausnahme wird in den Erläuterungen begründet.

§ 13 Verfügungsmittel, Deckungsreserve

(1) Aufwendungen und entsprechende Auszahlungen der ehrenamtlichen Bürgermeisterin oder des ehrenamtlichen Bürgermeisters und der Hauptverwaltungsbeamtin oder des Hauptverwaltungsbeamten, die aus dienstlichem Anlass entstehen und für die nicht an anderer Stelle Mittel veranschlagt sind, können in angemessener Höhe als Verfügungsmittel veranschlagt werden.

(2) Mittel zur Deckung über- und außerplanmäßiger Aufwendungen und entsprechender Auszahlungen können in angemessener Höhe als Deckungsreserve veranschlagt werden.

(3) Die Ansätze nach den Absätzen 1 und 2 dürfen nicht überschritten werden; sie sind nicht mit anderen Aufwendungen und Auszahlungen deckungsfähig und dürfen nicht zeitlich übertragen werden.

§ 14 Haushaltsunwirksame Einzahlungen und Auszahlungen

Im Haushaltsplan werden nicht veranschlagt

1. durchlaufende Zahlungen,
2. Zahlungen, die die Kommune aufgrund rechtlicher Vorschriften unmittelbar in den Haushalt eines anderen öffentlichen Aufgabenträgers zu buchen hat einschließlich der ihr zur Selbstbewirtschaftung zugewiesenen Zahlungsmittel,
3. Zahlungen, die die Kasse des endgültigen Trägers der Zahlungsverpflichtung oder eine andere Kasse, die unmittelbar mit dem endgültigen Träger der Zahlungsverpflichtung abrechnet, anstelle der Kommunalkasse annimmt oder auszahlt, und
4. die Einzahlungen und Rückzahlungen aus der Aufnahme von Liquiditätskrediten.

§ 15 Weitere Vorschriften für die Veranschlagung

(1) Die Veranschlagung von Personalaufwendungen und -auszahlungen richtet sich nach den im Haushaltsjahr voraussichtlich besetzten Stellen.

(2) Die Versorgungs- und Beihilfeaufwendungen und die entsprechenden Auszahlungen werden auf die Teilhaushalte im Verhältnis der dort veranschlagten Personalaufwendungen und -auszahlungen aufgeteilt.

(3) [1]Interne Leistungen zwischen den Organisationseinheiten einer Kommune sollen in angemessenem Umfang in den Teilergebnishaushalten veranschlagt und verrechnet werden (Innere Verrechnungen). [2]Die sich aus Inneren Verrechnungen ergebenden Erträge und Aufwendungen müssen sich insgesamt ausgleichen.

(4) Aktivierungsfähige Eigenleistungen werden veranschlagt.

§ 16 Erläuterungen

Im Vorbericht oder im Haushaltsplan werden mindestens erläutert

1. die wesentlichen Erträge, Aufwendungen, Einzahlungen und Auszahlungen, soweit sie von den Ansätzen des Vorjahres erheblich abweichen,
2. neue Investitions- und Investitionsförderungsmaßnahmen,
3. bei Investitions- und Investitionsförderungsmaßnahmen, die sich über mehrere Jahre erstrecken, in jedem folgenden Haushaltsplan die bisherige Abwicklung,
4. Ansätze für Aufwendungen und Auszahlungen zur Erfüllung von Verträgen, die die Kommune über ein Jahr hinaus zu erheblichen Zahlungen verpflichten, und
5. die wesentlichen zweckgebundenen Erträge und Einzahlungen.

Zweiter Abschnitt: **Deckungsregeln**

§ 17 Gesamtdeckung

(1) Soweit in dieser Verordnung nichts anderes bestimmt ist, dienen

1. die ordentlichen Erträge des Ergebnishaushalts insgesamt zur Deckung der ordentlichen Aufwendungen des Ergebnishaushalts und die außerordentlichen Erträge des Ergebnishaushalts insgesamt zur De-

ckung der außerordentlichen Aufwendungen des Ergebnishaushalts und
2. die Einzahlungen für laufende Verwaltungstätigkeit des Finanzhaushalts insgesamt zur Deckung der Auszahlungen für laufende Verwaltungstätigkeit sowie für die Auszahlungen zur ordentlichen Tilgung von Investitionskrediten und zur Rückzahlung innerer Darlehen.

(2) [1]Übersteigen die Einzahlungen aus laufender Verwaltungstätigkeit die Auszahlungen aus laufender Verwaltungstätigkeit einschließlich der Auszahlungen für die ordentliche Tilgung von Investitionskrediten und die ordentliche Rückzahlung innerer Darlehen, so wird der übersteigende Betrag zur Tilgung von Liquiditätskrediten eingesetzt. [2]Davon ausgenommen ist der dauerhafte Bestand von Verbindlichkeiten aus Liquiditätskrediten, der im Zeitraum der mittelfristigen Ergebnis- und Finanzplanung oder darüber hinaus erforderlich ist, soweit die Liquiditätskredite mit einer Laufzeit von mehr als einem Jahr aufgenommen wurden.

(3) [1]Ein nach Anwendung des Absatzes 2 verbleibender übersteigender Betrag sowie Einzahlungen für Investitionstätigkeit und Einzahlungen aus der Aufnahme von Krediten und inneren Darlehen dienen insgesamt zur Deckung der Auszahlungen für die Investitionstätigkeit. [2]Die Einzahlungen aus der Aufnahme von Investitionskrediten und inneren Darlehen dürfen für die Deckung der Auszahlungen für die ordentliche Tilgung und die Rückzahlung von inneren Darlehen nicht verwendet werden.

§ 18 Zweckbindung

(1) [1]Erträge sind auf die Verwendung für bestimmte Aufwendungen beschränkt, soweit dafür eine rechtliche Verpflichtung besteht. [2]Wenn eine Beschränkung wegen des sachlichen Zusammenhangs geboten ist, darf eine Zweckbindung auch über Satz 1 hinaus durch Haushaltsvermerk vorgenommen werden. [3]Zweckgebundene Mehrerträge dürfen für entsprechende Mehraufwendungen verwendet werden, wenn entsprechende Einzahlungen vorhanden oder rechtsverbindlich zugesagt worden sind. [4]Es kann durch Haushaltsvermerk bestimmt werden, dass Mindererträge bei einzelnen Haushaltsansätzen zur Verringerung von Aufwendungen bei bestimmten Haushaltsansätzen führen müssen. [5]Mehraufwendungen nach Satz 3 gelten nicht als über- oder außerplanmäßig.

(2) Absatz 1 gilt für Zweckbindungen bei Einzahlungen und Auszahlungen entsprechend.

§ 19 Deckungsfähigkeit

(1) Ansätze für Aufwendungen einschließlich der Haushaltsreste innerhalb eines Budgets sind gegenseitig deckungsfähig, wenn im Haushaltsplan nichts anderes bestimmt wird.

(2) Ansätze für Aufwendungen einschließlich der Haushaltsreste, die nicht nach Absatz 1 deckungsfähig sind, können für einseitig oder gegenseitig deckungsfähig erklärt werden, wenn sie in einem sachlichen Zusammenhang stehen.

(3) [1]Die Absätze 1 und 2 gelten für die Auszahlungsansätze im Finanzhaushalt einschließlich der Haushaltsreste und für Verpflichtungsermächtigungen entsprechend. [2]Die gegenseitige Deckungsfähigkeit ist nicht zulässig zwischen Auszahlungen aus laufender Verwaltungstätigkeit und Auszahlungen für Investitionstätigkeit oder für Finanzierungstätigkeit.

(4) [1]Ansätze für zahlungswirksame Aufwendungen aus laufender Verwaltungstätigkeit in einem Budget können zugunsten von unerheblichen Auszahlungen für Investitions- oder Finanzierungstätigkeit innerhalb des Budgets als einseitig deckungsfähig erklärt werden. [2]Mit der Inanspruchnahme wird zugleich der den Auszahlungen nach Satz 1 entsprechende Aufwandsansatz in Höhe der Auszahlung gesperrt. [3]Es kann bei Ertragsansätzen in einem Budget durch Haushaltsvermerk zusätzlich bestimmt werden, dass zahlungswirksame Mehrerträge oder nicht verwendete zweckgebundene zahlungswirksame Erträge aus laufender Verwaltungstätigkeit für unerhebliche Auszahlungen innerhalb des Budgets für Investitions- oder Finanzierungstätigkeit verwendet werden dürfen. [4]Es wird durch die Haushaltsüberwachung sichergestellt, dass die Mehrerträge oder die nicht verwendeten zweckgebundenen Erträge nach Satz 3 für weitere Deckungszwecke nicht mehr herangezogen werden können.

(5) [1]Bei Deckungsfähigkeit nach den Absätzen 1 bis 3 können die deckungsberechtigten Ansätze für Aufwendungen, die Ansätze für die damit verbundenen Auszahlungen und die Ansätze für Verpflichtungsermächtigungen zulasten der deckungspflichtigen Ansätze erhöht werden. [2]Bei Haushaltsresten kann entsprechend verfahren werden.

(6) Die Planabweichungen nach den Absätzen 1 bis 4 gelten nicht als überplanmäßig.

§ 20 Übertragbarkeit

(1) [1]Die Ermächtigung für Auszahlungen für eine Investition oder Investitionsförderungsmaßnahme bleibt bis zur Abwicklung der letzten Zahlung für ihren Zweck verfügbar, wenn mit der Investition oder Investitionsförderungsmaßnahme vor Ablauf des übernächsten Haushaltsjahres begonnen wird. [2]Dies gilt auch für über- und außerplanmäßig bewilligte Ermächtigungen.

(2) [1]Ermächtigungen für Aufwendungen und die damit verbundenen Auszahlungen innerhalb eines Budgets sind übertragbar, wenn im Haushaltsplan nichts anderes bestimmt wird. [2]Außerhalb eines Budgets können Ansätze für Aufwendungen und die damit verbundenen Auszahlungen ganz oder teilweise für übertragbar erklärt werden. [3]Die übertragenen Ermächtigungen bleiben bis längstens ein Jahr nach Schluss des Haushaltsjahres verfügbar.

(3) [1]Ermächtigungen zu überplanmäßigen oder außerplanmäßigen Aufwendungen und den damit verbundenen Auszahlungen bleiben bis zum Ende des auf das Haushaltsjahr folgenden Jahres verfügbar. [2]Das Gleiche gilt für Ermächtigungen für Aufwendungen und Auszahlungen, die nicht für übertragbar erklärt worden sind, soweit sie in unmittelbarem Zusammenhang mit Ermächtigungen zu überplanmäßigen Aufwendungen und Auszahlungen nach Satz 1 in Anspruch genommen worden sind.

(4) Bei zweckgebundenen Erträgen und Einzahlungen nach § 18 bleiben die Ermächtigungen für die entsprechenden Aufwendungen und Auszahlungen bis zur Abwicklung der letzten Zahlung für ihren Zweck verfügbar.

(5) [1]Die Ermächtigungen für Aufwendungen und Auszahlungen dürfen nur in der erforderlichen Höhe übertragen werden. [2]Die Gründe für die Übertragung sind im Rechenschaftsbericht darzulegen; die für die Haushaltswirtschaft der Kommune unwesentlichen Beträge können zusammengefasst dargestellt und begründet werden. [3]§ 45 bleibt unberührt.

Dritter Abschnitt: **Haushaltswirtschaftliche Instrumente**

§ 21 Steuerung

(1) Zur Unterstützung der Verwaltungssteuerung und für die Beurteilung ihrer Wirtschaftlichkeit und Leistungsfähigkeit bei der Aufgabenerfüllung setzt die Kommune nach betriebswirtschaftlichen Grundsätzen und nach

den örtlichen Bedürfnissen insbesondere die Kosten- und Leistungsrechnung und das Controlling mit einem unterjährigen Berichtswesen ein.

(2) Ziele und Kennzahlen sollen zur Grundlage von Planung, Steuerung und Erfolgskontrolle des Haushalts gemacht werden.

§ 22 Liquiditätsplanung

Die Kommune steuert ihre Zahlungsfähigkeit durch eine Liquiditätsplanung.

Vierter Abschnitt: **Dauernde Leistungsfähigkeit, Deckung von Fehlbeträgen**

§ 23 Dauernde Leistungsfähigkeit

[1]Die dauernde Leistungsfähigkeit der Kommune wird in der Regel nur anzunehmen sein, wenn

1. der Haushaltsausgleich des Haushaltsjahres erreicht ist,
2. die mittelfristige Ergebnis- und Finanzplanung ausgeglichen ist,
3. Verbindlichkeiten aus Verlustübernahmen für Einrichtungen und Eigenbetriebe sowie für kommunale Anstalten und Eigen- sowie Beteiligungsgesellschaften entweder im Haushalt oder in der mittelfristigen Ergebnis- und Finanzplanung oder aus den Rücklagen gedeckt werden können,
4. die Einlösbarkeit von Vorbelastungen künftiger Haushaltsjahre und die Deckung von Fehlbeträgen, soweit sie nicht bereits im Haushalt oder in der mittelfristigen Ergebnis- und Finanzplanung veranschlagt sind, als nicht von vornherein unrealistisch anzusehen ist und
5. in der Bilanz eine positive Nettoposition ausgewiesen ist und voraussichtlich ausgewiesen bleibt.

[2]Im Rahmen der Prüfung der dauernden Leistungsfähigkeit kann der konsolidierte Gesamtabschluss berücksichtigt werden.

§ 24 Deckung von Fehlbeträgen

(1) [1]Ein Fehlbetrag des ordentlichen Ergebnisses wird aus der mit Überschüssen des ordentlichen Ergebnisses gebildeten Rücklage gedeckt. [2]Soweit dies nicht möglich ist, wird ein Fehlbetrag mit einem Überschuss

des außerordentlichen Ergebnisses oder aus der mit Überschüssen des außerordentlichen Ergebnisses gebildeten Rücklage gedeckt.

(2) [1]Kann ein Fehlbetrag nicht nach Absatz 1 gedeckt werden, so wird er in der Bilanz vorgetragen. [2]Die Deckung ist zum nächstmöglichen Zeitpunkt vorzunehmen; sie soll jedoch spätestens im sechsten Jahr nach der Feststellung des Fehlbetrages im Jahresabschluss erreicht werden.

(3) [1]Ein Fehlbetrag des außerordentlichen Ergebnisses wird aus der mit Überschüssen des außerordentlichen Ergebnisses gebildeten Rücklage gedeckt. [2]Soweit dies nicht möglich ist, wird ein Fehlbetrag mit einem Überschuss des ordentlichen Ergebnisses oder aus der mit Überschüssen des ordentlichen Ergebnisses gebildeten Rücklage gedeckt, soweit diese nicht zum Ausgleich des ordentlichen Ergebnisses benötigt wird. [3]Ist der Fehlbetrag so nicht auszugleichen, findet Absatz 2 entsprechende Anwendung.

(4) Die Verrechnung von Überschüssen mit Sollfehlbeträgen aus dem letzten kameralen Abschluss geht einer Deckung von Fehlbeträgen nach Absatz 2 Satz 2 und Absatz 3 Satz 2 vor.

Fünfter Abschnitt: **Weitere Vorschriften für die Haushaltswirtschaft**

§ 25 Bewirtschaftung der Erträge und Einzahlungen

(1) [1]Die Erträge und Einzahlungen sind rechtzeitig und vollständig zu erfassen. [2]Forderungen sind geltend zu machen und einzuziehen. [3]Der Eingang ist zu überwachen.

(2) Haushaltsreste werden zu ihrer Bewirtschaftung in den Haushaltsüberwachungslisten für das Folgejahr vorgetragen.

§ 26 Annahme und Vermittlung von Zuwendungen

(1) [1]Abweichend von § 111 Abs. 7 Satz 3 NKomVG entscheidet die Hauptverwaltungsbeamtin oder der Hauptverwaltungsbeamte über die Annahme oder Vermittlung von Zuwendungen mit einem Wert von bis zu 100 Euro. [2]Zuwendungen nach Satz 1 müssen in dem Bericht nach § 111 Abs. 7 Satz 4 NKomVG nicht angegeben werden. [3]Zuwendungen nach

Satz 1 in Geld sind unter Angabe der Geberinnen und Geber, der Höhe und der Zwecke zu dokumentieren.

(2) Die Vertretung kann dem Hauptausschuss die Entscheidung über die Annahme oder Vermittlung von Zuwendungen mit einem Wert von über 100 Euro bis zu höchstens 2 000 Euro übertragen.

(3) Leistet eine Geberin oder ein Geber in einem Haushaltsjahr mehrere Zuwendungen, deren Gesamtwert die Wertgrenze nach Absatz 1 oder 2 überschreitet, so entscheidet vom Zeitpunkt der Überschreitung der Wertgrenze an das unter Zugrundelegung der Höhe des Gesamtwerts der Zuwendungen zuständige Organ über die Annahme oder Vermittlung der Zuwendungen.

(4) Die Vertretung kann sich die Entscheidung nach den Absätzen 2 und 3 für bestimmte Gruppen von Zuwendungen und im Einzelfall vorbehalten.

§ 27 Bewirtschaftung der Aufwendungen, Auszahlungen und Verpflichtungsermächtigungen

(1) [1]Die Haushaltsansätze werden so bewirtschaftet, dass sie für die im Haushaltsjahr anfallenden Aufwendungen und Auszahlungen ausreichen. [2]Sie dürfen erst dann in Anspruch genommen werden, wenn die Erfüllung der Aufgaben es erfordert.

(2) [1]Ermächtigungen zu Auszahlungen für Investitionen und Investitionsförderungsmaßnahmen dürfen nur in Anspruch genommen werden, soweit Deckungsmittel rechtzeitig bereitgestellt werden können. [2]Dadurch darf die Finanzierung anderer, bereits begonnener Maßnahmen nicht beeinträchtigt werden. [3]Vor Beginn einer Maßnahme nach § 12 Abs. 3 Satz 1 müssen die Unterlagen nach § 12 Abs. 2 vorliegen.

(3) [1]Die Inanspruchnahme der haushaltsrechtlichen Ermächtigungen wird überwacht. [2]Die bei den einzelnen Teilhaushalten noch zur Verfügung stehenden Mittel müssen stets erkennbar sein.

(4) Für Haushaltsreste gilt § 25 Abs. 2 entsprechend.

§ 28 Vergabe öffentlicher Aufträge

(1) Dem Abschluss von Verträgen über Lieferungen und Leistungen muss eine Öffentliche Ausschreibung oder eine Beschränkte Ausschreibung mit Teilnahmewettbewerb vorausgehen, wenn nicht die Natur des Geschäfts oder besondere Umstände eine Ausnahme rechtfertigen.

(2) [1]Der Abschluss von Verträgen über Lieferungen und Leistungen erfolgt nach einheitlichen Richtlinien über das bei der Vergabe einzuhaltende Verfahren, soweit die Vergabe nicht durch Bundes- oder Landesrecht geregelt ist. [2]Den Richtlinien legt die Kommune die Grundsätze der Vergabe und die den Verfahrensablauf bestimmenden Regelungen zugrunde, die für die in den Anwendungsbereich des Niedersächsischen Tariftreue- und Vergabegesetzes fallenden Vergaben öffentlicher Aufträge gelten.

§ 29 Rückzahlungen

(1) Die Rückzahlung zu viel eingegangener Erträge und Einzahlungen wird bei den entsprechenden Buchungsstellen abgesetzt.

(2) [1]Die Rückzahlung zu viel geleisteter Aufwendungen und Auszahlungen wird bei den entsprechenden Buchungsstellen abgesetzt. [2]Entsprechendes gilt bei der Rückzahlung von Investitionszuwendungen.

(3) Bei der Veranschlagung sind zu erwartende Rückzahlungen entsprechend den Absätzen 1 und 2 zu berücksichtigen.

§ 30 Geldanlagen

[1]Liquide Mittel, die nach der Liquiditätsplanung nicht sofort benötigt werden, sollen sicher und ertragsorientiert angelegt werden. [2]Die Kommune soll die Sicherheitsanforderungen und Ertragsgrundsätze regeln. [3]Die Mittel müssen für ihre Zweckbestimmung rechtzeitig verfügbar sein. [4]Die Sätze 1 bis 3 gelten für Anlagen des Finanzvermögens entsprechend.

§ 31 Berichtspflicht

Die Hauptverwaltungsbeamtin oder der Hauptverwaltungsbeamte berichtet unverzüglich dem zuständigen Organ der Kommune, wenn sich abzeichnet, dass sich

1. das Ergebnis des Ergebnishaushalts oder des Finanzhaushalts wesentlich verschlechtern wird oder
2. die Gesamtauszahlungen für eine Maßnahme des Finanzhaushalts wesentlich erhöhen werden.

Anhang 1

§ 32 Haushaltswirtschaftliche Sperre

[1]Wenn die Entwicklung der Erträge und Einzahlungen oder Aufwendungen und Auszahlungen oder die Erhaltung der Liquidität es erfordern, kann die Hauptverwaltungsbeamtin oder der Hauptverwaltungsbeamte die Inanspruchnahme der Haushaltsermächtigungen ganz oder teilweise sperren. [2]Eine haushaltswirtschaftliche Sperre darf nur nach einer Verbesserung der Entwicklung aufgehoben werden. [3]Die Vertretung wird über eine haushaltswirtschaftliche Sperre und deren Aufhebung unterrichtet.

§ 33 Vorläufige Rechnungsvorgänge

(1) [1]Eine Auszahlung darf nur dann als vorläufiger Rechnungsvorgang behandelt werden, wenn die Verpflichtung zur Leistung feststeht und die Zuordnung zu haushaltswirksamen Konten nicht oder noch nicht möglich ist. [2]Die Deckung ist zu gewährleisten.

(2) Eine Einzahlung darf nur dann als vorläufiger Rechnungsvorgang behandelt werden, wenn eine Zuordnung zu haushaltswirksamen Konten nicht oder noch nicht möglich ist.

§ 34 Stundung, Niederschlagung und Erlass

(1) [1]Ansprüche dürfen ganz oder teilweise gestundet werden, wenn ihre Einziehung bei Fälligkeit eine erhebliche Härte für die Schuldnerin oder den Schuldner bedeuten würde und der Anspruch durch die Stundung nicht gefährdet erscheint. [2]Die Stundung darf in der Regel nur gegen angemessene Verzinsung gewährt werden.

(2) [1]Ansprüche dürfen befristet oder unbefristet niedergeschlagen werden, wenn

1. feststeht, dass die Einziehung keinen Erfolg haben wird, oder
2. die Kosten der Einziehung außer Verhältnis zur Höhe des Anspruchs stehen.

[2]Niedergeschlagene Ansprüche sind bis zu ihrer Ausbuchung im Rechnungswesen nachzuweisen. Unbefristet niedergeschlagene Ansprüche sollen spätestens fünf Jahre nach einer Wertberichtigung ausgebucht werden.

(3) [1]Ansprüche dürfen ganz oder teilweise erlassen werden, wenn ihre Einziehung nach Lage des einzelnen Falles für die Schuldnerin oder den Schuldner eine besondere Härte bedeuten würde. [2]Unter den gleichen Vo-

raussetzungen können bereits entrichtete Beträge zurückgezahlt oder angerechnet werden.

(4) Andere Rechtsvorschriften über Stundung, Niederschlagung und Erlass von Ansprüchen der Kommune bleiben unberührt.

§ 35 Kleinbeträge

Die Kommune kann davon absehen, Ansprüche in geringer Höhe (Kleinbeträge) geltend zu machen, wenn feststeht, dass die Einziehung keinen Erfolg haben wird, oder wenn die Kosten der Einziehung einschließlich der Festsetzung außer Verhältnis zu dem Betrag stehen.

Sechster Abschnitt: **Buchführung und Inventar**

§ 36 Aufgaben der Buchführung

(1) Die Buchführung dient
1. der Dokumentation der einzelnen Finanzvorfälle,
2. der Aufstellung des Jahresabschlusses und der Durchführung des Plan-Ist-Vergleichs (§ 54),
3. der Überprüfung des Umgangs mit öffentlichen Mitteln unter den Gesichtspunkten der Rechtmäßigkeit, der Wirtschaftlichkeit und der Sparsamkeit und
4. der Bereitstellung von Informationen über den Haushaltsvollzug und für die künftige Haushaltsplanung.

(2) Die Kommune führt zur Erfüllung der in Absatz 1 genannten Zwecke Bücher nach den Grundsätzen ordnungsmäßiger Buchführung, in denen
1. der Stand ihres Vermögens und ihrer Schulden,
2. alle Vorgänge, die zu einer Änderung der Höhe oder der Zusammensetzung des Vermögens und der Schulden führen,
3. Aufwendungen und Erträge, Einzahlungen und Auszahlungen sowie
4. die sonstigen, nicht das Vermögen der Kommune berührenden wirtschaftlichen Vorgänge, insbesondere durchlaufende Zahlungen,

(3) Rechtsvorschriften über weitergehende Buchführungspflichten bleiben unberührt.

Anhang 1

§ 37 Anforderungen an die Buchführung

(1) [1]Die Buchführung muss so beschaffen sein, dass sie einer oder einem sachverständigen Dritten innerhalb angemessener Zeit einen Überblick über die Finanzvorfälle und über die wirtschaftliche Lage der Kommune vermittelt. [2]Die Finanzvorfälle müssen sich in ihrer Entstehung und Abwicklung verfolgen lassen.

(2) [1]Die Aufzeichnungen müssen vollständig, richtig, zeitgerecht, geordnet und nachprüfbar vorgenommen werden. [2]Die dabei verwendeten Zeichen müssen eindeutig festgelegt sein.

(3) [1]Eine Aufzeichnung darf nicht so verändert werden, dass der ursprüngliche Inhalt nicht mehr feststellbar ist. [2]Veränderungen muss zu entnehmen sein, wann sie vorgenommen worden sind.

(4) Für die eingerichteten Konten wird ein Kontenplan aufgestellt.

(5) Erfolgt die Buchführung mittels elektronischer Datenverarbeitung, so muss sichergestellt werden, dass

1. nur Programme verwendet werden, die mit dem geltenden Recht übereinstimmen, die für die Kommune zugänglich dokumentiert und die durch sie zur Anwendung freigegeben sind,
2. in das elektronische Verfahren nicht unbefugt eingegriffen werden kann,
3. die gespeicherten Daten nicht verloren gehen und nicht unbefugt verändert werden können,
4. die Buchungen bis zum Ablauf der Aufbewahrungsfristen der Aufzeichnungen jederzeit in angemessener Frist ausgedruckt werden können, wobei § 41 Abs. 3 unberührt bleibt,
5. die Unterlagen, die für den Nachweis der ordnungsgemäßen elektronischen Abwicklung der Buchungsvorgänge erforderlich sind, einschließlich der Dokumentation der verwendeten Programme und eines Verzeichnisses über den Aufbau der Datensätze, bis zum Ablauf der Aufbewahrungsfrist der Aufzeichnungen verfügbar sind und jederzeit in angemessener Frist lesbar gemacht werden können und
6. Berichtigungen der Bücher protokolliert und die Protokolle wie Belege aufbewahrt werden.

(6) Die Bilanz, die Ergebnisrechnung und die Finanzrechnung werden in einem geschlossenen System geführt; die Finanzrechnung wird dabei direkt bebucht.

(7) Die Kommune sorgt für die Sicherung des Buchungsverfahrens.

§ 38 Bücher, Belege

(1) [1]Die Buchungen werden in zeitlicher Ordnung und in sachlicher Ordnung nach dem Stand der Technik vorgenommen, dieses kann in einem Grundbuch und in einem Hauptbuch geschehen. [2]Die Buchführung kann durch das Führen von Vor- und Nebenbüchern ergänzt werden. [3]Die Ergebnisse der Vorbücher werden mindestens vierteljährlich in die Buchführung übernommen. [4]Für die Anlagenbuchhaltung wird ein Nebenbuch geführt.

(2) Die Buchung in zeitlicher Ordnung umfasst mindestens
1. eine eindeutige Belegnummer,
2. den Buchungstag,
3. einen Hinweis, der die Verbindung mit der Buchung in sachlicher Ordnung herstellt, und
4. den Betrag.

(3) Die Buchung in sachlicher Ordnung wird auf den für die Aufstellung der Ergebnisrechnung, der Finanzrechnung und der Bilanz erforderlichen Sachkonten vorgenommen.

(4) [1]Buchungen müssen durch begründende Unterlagen belegt sein. [2]Die Buchungsbelege müssen Hinweise enthalten, die eine Verbindung zu den Eintragungen in den Büchern nach Absatz 1 ermöglichen. [3]Wird für die Erfassung und Bearbeitung der begründenden Unterlagen ein elektronisches Verfahren angewendet, so ist sicherzustellen, dass die Finanzvorfälle vollständig erfasst und übermittelt werden. [4]Die elektronischen Aufzeichnungen sind so zu sichern, dass sie vor Löschung oder Veränderung geschützt sind. [5]§ 37 Abs. 2 und 3 gilt entsprechend.

(5) Grundbuch, Hauptbuch, Vorbücher und weitere Bücher können nach dem Stand der Technik im Verbund oder auch als ein Buch geführt werden, wenn die zeitliche sowie sachliche Ordnung der Buchungen mit den erforderlichen Daten übersichtlich dargestellt werden kann.

§ 39 Inventur, Inventar

(1) [1]Zum Schluss eines jeden Haushaltsjahres nimmt die Kommune
1. in sinngemäßer Anwendung des § 39 der Abgabenordnung die in ihrem wirtschaftlichen Eigentum stehenden Vermögensgegenstände und
2. ihre Schulden und Rückstellungen

unter Beachtung der Grundsätze ordnungsmäßiger Inventur vollständig auf und gibt dabei auch den Wert der einzelnen Vermögensgegenstände, Schulden und Rückstellungen an. [2]Die Vermögensgegenstände werden, wenn nicht nach § 40 Abs. 1 verfahren wird, in der Regel durch eine körperliche Bestandsaufnahme aufgenommen.

(2) Forderungen und Schulden werden voneinander getrennt durch eine Buchinventur (§ 40 Abs. 1 Satz 1) aufgenommen.

(3) Soweit Vorratsbestände bereits aus Lagern abgegeben worden sind, gelten sie als verbraucht.

(4) Die Ergebnisse der Inventur werden in einem Inventar dokumentiert.

§ 40 Inventurvereinfachungen

(1) [1]Auf eine körperliche Bestandsaufnahme zum Abschlusstag kann, außer bei Vorräten, verzichtet werden, wenn anhand vorhandener Verzeichnisse der Bestand an Vermögensgegenständen nach Art, Menge und Wert festgestellt werden kann (Buchinventur) und gesichert ist, dass das Inventar die tatsächlichen Verhältnisse zutreffend darstellt. [2]Auf eine körperliche Bestandsaufnahme zum Abschlusstag kann außerdem verzichtet werden, wenn durch ein Fortschreibungsverfahren gesichert ist, dass der Bestand zum Abschlusstag auch ohne körperliche Bestandsaufnahme festgestellt werden kann (permanente Inventur). [3]Die Feststellung des Bestandes erfolgt in diesem Fall zu einem beliebigen Zeitpunkt zwischen dem vorangehenden und dem neuen Abschlusstag. [4]Die körperliche Bestandsaufnahme kann sich aus sachlichen Gründen über mehrere Tage um den Abschlusstag herum erstrecken; in diesem Fall sind die Bestandsgrößen auf den Abschlusstag vor- oder zurückzurechnen.

(2) [1]Bei der Aufstellung des Inventars darf der Bestand an Vermögensgegenständen nach Art, Menge und Wert auch mithilfe mathematisch-statistischer Methoden aufgrund von Stichproben oder durch andere geeignete Verfahren ermittelt werden. [2]Der Aussagewert dieser Ermittlung muss der tatsächlichen Bestandsaufnahme gleichwertig sein und das Verfahren muss den Grundsätzen ordnungsmäßiger Buchführung entsprechen.

(3) Abnutzbare bewegliche Vermögensgegenstände, die für höchstens 1 000 Euro ohne Umsatzsteuer angeschafft oder hergestellt wurden, brauchen nicht aufgenommen zu werden.

§ 41 Aufbewahrung von Unterlagen

(1) [1]Die Kommune bewahrt die Bücher, die Unterlagen über die Inventur, die Jahresabschlüsse, die konsolidierten Gesamtabschlüsse, die zur Führung oder Aufstellung ergangenen Anweisungen und Organisationsregelungen, die Buchungsbelege und die begründenden Unterlagen sowie die Unterlagen über den Zahlungsverkehr geordnet und sicher auf. [2]Soweit begründende Unterlagen nicht den Kassenanordnungen beigefügt sind, obliegt ihre Aufbewahrung den anordnenden Stellen.

(2) [1]Der Jahresabschluss und der konsolidierte Gesamtabschluss werden in ausgedruckter Form dauernd aufbewahrt. [2]Bücher, Inventare, Belege sowie sonstige Unterlagen werden zehn Jahre lang aufbewahrt. [3]Die Frist beginnt am 1. Januar des Jahres, das der Beschlussfassung der Vertretung über den Jahresabschluss oder über den konsolidierten Gesamtabschluss folgt.

(3) [1]Die Bücher, die Unterlagen über die Inventur, die Kassenanordnungen, die Buchungsbelege, die Unterlagen über den Zahlungsverkehr sowie die sonstigen Unterlagen mit Ausnahme der in Absatz 2 Satz 1 genannten können in digitaler Form aufbewahrt werden. [2]Dabei und bei der Sicherung der Bücher und der sonst erforderlichen Aufzeichnungen auf Datenträger oder Bildträger muss sichergestellt sein, dass der Inhalt der Daten- oder Bildträger mit den Originalen übereinstimmt, während der Dauer der Aufbewahrungsfrist verfügbar ist und jederzeit innerhalb einer angemessenen Frist lesbar gemacht werden kann. [3]Werden elektronische Verfahren, die zur Speicherung von Büchern und Belegen genutzt werden, geändert oder abgelöst, so muss die Auswertung der gespeicherten Daten innerhalb der Aufbewahrungsfristen durchgängig gewährleistet bleiben. [4]Andere Rechtsvorschriften über die Aufbewahrung von Büchern und Unterlagen bleiben unberührt.

(4) Die Unterlagen nach Absatz 2 oder die zu ihrer Sicherung verwendeten Daten- oder Bildträger sind sicher aufzubewahren und die Verantwortlichkeiten dafür sind schriftlich festzulegen.

Siebenter Abschnitt: **Zahlungsvorgänge, Sicherheitsstandards**

§ 42 Zahlungsanweisung, Zahlungsabwicklung

(1) Zum Vorgang der Zahlungsanweisung gehören die Erstellung und die Erteilung der Kassenanordnungen und deren Dokumentation.

(2) [1]Zur Zahlungsabwicklung gehören
1. die Annahme von Einzahlungen und die Leistung von Auszahlungen,
2. die Verwaltung der Zahlungsmittel und
3. das Mahnwesen.

[2]Jeder Zahlungsvorgang wird erfasst und in den Büchern dokumentiert. [3]Die haushaltsunwirksamen Zahlungsmittel werden gesondert erfasst.

(3) [1]Jeder Zahlungsanspruch und jede Zahlungsverpflichtung werden zu ihrer sachlichen und rechnerischen Feststellung auf ihren Grund und ihre Höhe geprüft und festgestellt. [2]Die Befugnis zur Feststellung sowie deren Inhalt und Umfang werden schriftlich in einer Dienstanweisung geregelt.

(4) [1]Die Befugnis, Kassenanordnungen zu erteilen, wird schriftlich geregelt und im Einzelnen dokumentiert. [2]Wer die sachliche und rechnerische Richtigkeit feststellt, soll nicht auch die Kassenanordnung erteilen.

(5) [1]Zahlungsanweisung und Zahlungsabwicklung dürfen nicht von denselben Beschäftigten ausgeführt werden. [2]Beschäftigten, denen die Abwicklung von Zahlungen obliegt, darf die Befugnis zur Feststellung der sachlichen und rechnerischen Richtigkeit übertragen werden, wenn und soweit der zahlungsbegründende Sachverhalt nur von ihnen beurteilt werden kann. [3]Die Auszahlung wird dann von zwei Beschäftigten vorgenommen.

(6) [1]Die Zahlungsmittelkonten werden an jedem Buchungstag mit den Bankkonten abgeglichen. [2]Am Ende des Haushaltsjahres werden sie für die Aufstellung des Jahresabschlusses abgeschlossen und es wird der Bestand an Zahlungsmitteln festgestellt.

(7) [1]Die Zahlungsabwicklung wird mindestens einmal jährlich unvermutet geprüft. [2]Wird die Zahlungsabwicklung ständig durch ein Rechnungsprüfungsamt überwacht, so kann von einer unvermuteten Prüfung abgesehen werden.

§ 43 Sicherheitsstandards

(1) Zur Sicherstellung der ordnungsgemäßen Erledigung der Aufgaben der Zahlungsanweisung, der Buchführung und der Zahlungsabwicklung, ins-

besondere dem Umgang mit Zahlungsmitteln, erlässt die Kommune eine Dienstanweisung.

(2) Die Dienstanweisung nach Absatz 1 enthält mindestens Bestimmungen über

1. die Aufbau- und die Ablauforganisation mit Festlegungen über
   a) Verantwortlichkeiten,
   b) Unterschriftsbefugnisse oder Befugnisse zur Verwendung elektronischer Signaturen,
   c) eine zentrale oder dezentrale Erledigung der Zahlungsabwicklung,
   d) die Buchungsverfahren mit und ohne Zahlungsabwicklung und
   e) das Mahn- und Vollstreckungsverfahren,
2. den Einsatz von elektronischer Datenverarbeitung mit Festlegungen über
   a) die Freigabe von Verfahren und
   b) Berechtigungen im Verfahren,
3. die Verwaltung der Zahlungsmittel mit Festlegungen über
   a) die Einrichtung von Bankkonten,
   b) die notwendigen Unterschriften im Bankverkehr,
   c) die Aufbewahrung, Beförderung und Entgegennahme von Zahlungsmitteln,
   d) die Anlage nicht benötigter Zahlungsmittel,
   e) die Aufnahme und Rückzahlung von Liquiditätskrediten,
   f) den Einsatz von Geldkarte, Debitkarte und Kreditkarte und
   g) den Einsatz von elektronischen Bezahlsystemen

und

4. innere und äußere Sicherheitsvorkehrungen, insbesondere
   a) Verbote, bestimmte Tätigkeiten in Personalunion auszuüben,
   b) Sicherheitseinrichtungen,
   c) die Ausgestaltung der Aufsicht über Buchhaltung und Zahlungsabwicklung,
   d) regelmäßige und unvermutete Prüfungen,
   e) die Beteiligung des Rechnungsprüfungsamtes und der Kassenaufsicht an der Festlegung der Sicherheitsstandards und
   f) die sichere Verwahrung und Verwaltung von Wertgegenständen.

Anhang 1

Achter Abschnitt: **Nachweis und Bewertung des Vermögens und der Schulden**

§ 44 Vollständigkeit des Nachweises, Verrechnungs- und Bilanzierungsverbote

(1) In der Bilanz werden das Vermögen, die Nettoposition, die Schulden, die Rückstellungen sowie die Rechnungsabgrenzungsposten vollständig nachgewiesen.

(2) [1]Posten der Aktivseite dürfen nicht mit Posten der Passivseite, Aufwendungen nicht mit Erträgen, Einzahlungen nicht mit Auszahlungen, Grundstücksrechte nicht mit Grundstückslasten verrechnet werden. [2]Soweit ein unentgeltlicher Vermögensübergang gesetzlich oder durch Vertrag bestimmt ist, sind abweichend von Satz 1 die Vermögensabgänge gegen das Basisreinvermögen und soweit erforderlich gegen die entsprechenden Passivposten der Bilanz zu verrechnen.

(3) Soweit nicht durch Gesetz anders geregelt, darf für immaterielle Vermögensgegenstände, die nicht entgeltlich erworben wurden, kein Aktivposten nachgewiesen werden.

(4) [1]Von der Kommune mit einer mehrjährigen Zweckbindung oder mit einer vereinbarten Gegenleistungsverpflichtung geleistete Investitionszuwendungen werden als immaterielle Vermögensgegenstände aktiviert. [2]Sie werden planmäßig über die Dauer der Zweckbindung oder über den Zeitraum, in dem die Gegenleistungsverpflichtung besteht, abgeschrieben.

(5) [1]Empfangene Investitionszuwendungen für abnutzbare Vermögensgegenstände werden als Sonderposten nachgewiesen; diese Sonderposten werden entsprechend der Nutzungsdauer des Vermögensgegenstandes aufgelöst. [2]Empfangene Investitionszuwendungen für nicht abnutzbare Vermögensgegenstände werden auf der Passivseite in einer Rücklage nachgewiesen; liegt eine Zweckbindung nicht vor, so werden sie direkt im Reinvermögen nachgewiesen. [3]Die nach Satz 2 Halbsatz 1 nachgewiesene Rücklage ist durch Umwandlung in Basisreinvermögen aufzulösen, wenn die Zweckbindung entfällt. [4]Für Beiträge und beitragsähnliche Entgelte für Investitionen gelten die Sätze 1 bis 3 entsprechend. [5]Bis zum Zeitpunkt der Anschaffung oder Fertigstellung des Vermögensgegenstandes sind empfangene Investitionszuwendungen sowie empfangene Beiträge und beitragsähnliche Entgelte für abnutzbare Vermögensgegenstände auf der Passivseite als erhaltene Anzahlungen auf Sonderposten nachzuweisen. [6]Investitionszuwendungen nach Satz 2 können als außer-

ordentlicher Ertrag ausgewiesen werden, wenn sonst ein Abbau von Fehlbeträgen trotz Ausschöpfung aller Ertrags- und Sparmöglichkeiten nicht möglich ist.

(6) [1]Ein unentgeltlicher Vermögenszugang ist, soweit erforderlich, in entsprechender Anwendung von § 47 Abs. 2 und 3 mit dem rückindizierten Anschaffungs- oder Herstellungswert zu bewerten und zu aktivieren. [2]Der Bodenwertanteil für Grundstücke kann höchstens mit einem Zeitwert nachgewiesen werden, der sich an dem für das Vorjahr des unentgeltlichen Vermögenszugangs geltenden Bodenrichtwert orientiert. [3]Korrespondierend zum Aktivposten wird für abnutzbare Vermögensgegenstände auf der Passivseite ein Sonderposten nachgewiesen und entsprechend der Restnutzungsdauer des Vermögensgegenstandes aufgelöst. [4]Für nicht abnutzbare Vermögensgegenstände gilt Absatz 5 Satz 2 entsprechend.

§ 45 Rückstellungen

(1) Zu den Verpflichtungen, für die nach § 123 Abs. 2 NKomVG Rückstellungen gebildet werden, zählen insbesondere

1. die Verpflichtungen zur Versorgung von Beamtinnen und Beamten und ihrer Hinterbliebenen sowie weitere Versorgungsverpflichtungen für andere Personen (Pensionsrückstellungen),
2. die Beihilfeverpflichtungen gegenüber Versorgungsempfängerinnen und Versorgungsempfängern sowie gegenüber Beamtinnen und Beamten für die Zeit nach dem Ausscheiden aus dem aktiven Dienst,
3. die Lohn- und Gehaltszahlung für Zeiten der Freistellung von der Arbeit im Rahmen von Altersteilzeitarbeit und ähnlichen Maßnahmen,
4. im Haushaltsjahr unterlassene Aufwendungen für Instandhaltung, die in den folgenden drei Haushaltsjahren nachgeholt werden,
5. die Rekultivierung und Nachsorge von Abfalldeponien,
6. die Sanierung von Altlasten, soweit ein Sanierungsbedarf bekannt ist,
7. die in der Höhe unbestimmten Aufwendungen in künftigen Haushaltsjahren bei Umlagen nach dem Niedersächsischen Gesetz über den Finanzausgleich aufgrund von ungewöhnlich hohen Steuereinzahlungen des Haushaltsjahres,
8. ungewisse Verbindlichkeiten im Rahmen von Steuerschuldverhältnissen,
9. Bürgschafts- und Gewährleistungsverpflichtungen und diesen wirtschaftlich gleichkommende Verpflichtungen sowie Verpflichtungen aus anhängigen Gerichtsverfahren, soweit eine Inanspruchnahme der Kommune zu erwarten ist, und

10. drohende Verluste aus schwebenden Geschäften.

(2) [1]Rückstellungen werden in Höhe des Betrages angesetzt, der zur Erfüllung der Leistungsverpflichtung voraussichtlich benötigt wird. [2]Rückstellungen dürfen nur insoweit abgezinst werden, als die ihnen zugrunde liegenden Verpflichtungen einen Zinsanteil enthalten. [3]Rückstellungen nach Absatz 1 Nr. 7 für Regions-, Kreis- und Samtgemeindeumlagen sind auf Grundlage der Steuermehreinzahlungen des Berechnungszeitraums im Vergleich zu den Werten des vorangegangenen Berechnungszeitraums und des Umlagesatzes zu bilden.

(3) [1]Pensionsverpflichtungen nach den beamtenrechtlichen Bestimmungen werden mit ihrem im Teilwertverfahren zu ermittelnden Barwert als Rückstellung angesetzt; der Berechnung ist ein Zinssatz von fünf Prozent zugrunde zu legen. [2]Änderungen der Pensionsrückstellungen aufgrund von Besoldungsanpassungen sind zu dem im Landesgesetz für die Besoldungsanpassung bestimmten Zeitpunkt vorzunehmen.

(4) Rückstellungen für im Haushaltsjahr unterlassene Aufwendungen für Instandhaltung sind nur zulässig, wenn die vorgesehenen Maßnahmen zum Abschlusstag einzeln bestimmt und wertmäßig beziffert sind.

(5) [1]Rückstellungen werden aufgelöst, wenn der Grund für ihre Bildung entfallen ist. [2]Sie werden herabgesetzt, wenn der angesetzte Betrag in seiner Höhe zur Erfüllung der Leistungsverpflichtung nicht mehr erforderlich ist.

§ 46 Bewertungsregeln

(1) Für die Bewertung der Vermögensgegenstände, der Schulden und der Rückstellungen im Jahresabschluss gelten die Absätze 2 bis 5.

(2) Die Wertansätze in der Eröffnungsbilanz des Haushaltsjahres müssen mit denen der Schlussbilanz des Vorjahres übereinstimmen.

(3) Die Vermögensgegenstände, Schulden und Rückstellungen werden zum Abschlusstag einzeln bewertet.

(4) [1]Es wird vorsichtig bewertet. [2]Vorhersehbare Risiken und Wertminderungen, einschließlich der aus unterlassener Instandhaltung, soweit dafür nicht Rückstellungen gebildet werden, die bis zum Abschlusstag entstanden sind, werden berücksichtigt, selbst wenn diese erst nach dem Abschlusstag bis zum Tag der Aufstellung des Jahresabschlusses bekannt werden. [3]Risiken und Wertminderungen, für deren Verwirklichung im Hinblick auf die besonderen Verhältnisse der öffentlichen Haushaltswirtschaft

nur eine geringe Wahrscheinlichkeit spricht, bleiben außer Betracht. [4]Wertgewinne werden nur berücksichtigt, wenn sie am Abschlusstag realisiert sind.

(5) Die auf den vorhergehenden Jahresabschluss angewandten Bewertungsmethoden sollen beibehalten werden.

§ 47 Wertansätze für Vermögensgegenstände und Schulden

(1) Die Wertansätze nach § 124 Abs. 4 NKomVG für Vermögensgegenstände und Schulden werden nach Maßgabe der Absätze 2 bis 7 gebildet.

(2) [1]Anschaffungswerte sind die Geldbeträge oder geldwerten Leistungen, die aufgewendet werden, um einen Vermögensgegenstand zu erwerben und ihn in einen betriebsbereiten Zustand zu versetzen, soweit die Geldbeträge oder geldwerten Leistungen dem Vermögensgegenstand einzeln zugeordnet werden können. [2]Zu den Anschaffungswerten gehören auch die Nebenkosten und die nachträglichen Anschaffungswerte. [3]Minderungen des Anschaffungspreises werden abgesetzt.

(3) [1]Herstellungswerte sind die Aufwendungen, die durch den Verbrauch von Gütern und die Inanspruchnahme von Diensten für die Herstellung eines Vermögensgegenstandes, seine Erweiterung oder für eine über seinen ursprünglichen Zustand hinausgehende wesentliche Verbesserung entstehen. [2]Dazu gehören die Materialkosten, die Fertigungskosten und die Sonderkosten der Fertigung. [3]Bei der Berechnung der Herstellungswerte sollen auch angemessene Teile der notwendigen Materialgemeinkosten, der notwendigen Fertigungsgemeinkosten und des Werteverzehrs des Vermögens, soweit er durch die Fertigung veranlasst ist, eingerechnet werden. [4]Herstellungswerte sind auch Aufwendungen für Maßnahmen der Sanierung, Modernisierung oder Erneuerung am kommunalen Vermögen, für welche die Kommune eine Zuwendung oder einen zinsvergünstigten Kredit von der Europäischen Union, dem Bund, dem Land, einer anderen Kommune oder einer Förderbank als Investitionshilfe erhält. [5]Werden bei der Herstellung, Erweiterung oder Verbesserung eines Vermögensgegenstandes Eigenleistungen in Form von ehrenamtlicher Tätigkeit erbracht, so dürfen sie als Herstellungswerte angesetzt werden. [6]Für die Höhe des Ansatzes gilt § 124 Abs. 4 Satz 3 NKomVG entsprechend. [7]In der gleichen Höhe wird ein Sonderposten ausgewiesen; § 44 Abs. 5 Satz 1 Halbsatz 2 und Satz 5 gilt entsprechend.

(4) [1]Zinsen für Fremdkapital, das zur Finanzierung der Herstellung eines Vermögensgegenstandes verwendet wird, dürfen als Herstellungswerte

angesetzt werden, soweit sie auf den Zeitraum der Herstellung entfallen. [2]Im Übrigen gehören Zinsen für Fremdkapital nicht zu den Herstellungswerten.

(5) [1]Bewegliche Vermögensgegenstände, deren Anschaffungs- oder Herstellungswerte den Einzelwert von 1 000 Euro ohne Umsatzsteuer nicht überschreiten und die selbständig genutzt werden können und einer Abnutzung unterliegen, werden als geringwertige Vermögensgegenstände unmittelbar als Aufwand berücksichtigt. [2]Für den Nachweis von beweglichen Vermögensgegenständen in von der Kommune geführten Betrieben gewerblicher Art sind die steuerrechtlichen Regelungen über den Vermögensnachweis vorrangig zu beachten.

(6) [1]Bewegliche Vermögensgegenstände können als ein Vermögensgegenstand aktiviert werden, wenn es sich um technisch oder wirtschaftlich zusammengehörige Gegenstände handelt, die in ihrer Gesamtheit zusammen genutzt werden, und wenn der Gesamtbetrag der Anschaffungs- oder Herstellungswerte 1 000 Euro ohne Umsatzsteuer übersteigt. [2]Dabei ist nicht nach Erst-, Ersatz- oder Ergänzungsbeschaffung zu unterscheiden. [3]Die Sätze 1 und 2 gelten nicht bei der Anwendung des Festwertverfahrens (§ 48 Abs. 1).

(7) Schulden sind zu ihrem Rückzahlungsbetrag anzusetzen (§ 124 Abs. 4 Satz 6 NKomVG).

§ 48 Bewertungsvereinfachungen

(1) [1]Für Vermögensgegenstände des Sachvermögens, die regelmäßig ersetzt werden und deren Gesamtwert von nachrangiger Bedeutung ist, können Festwerte ausgewiesen werden, wenn der Bestand in seiner Größe, seinem Wert und seiner Zusammensetzung nur geringen Schwankungen unterliegt. [2]Es wird in der Regel innerhalb von fünf Jahren nach dem Ausweisen des Festwertes in der Bilanz eine körperliche Bestandsaufnahme durchgeführt.

(2) Gleichartige Vermögensgegenstände des Vorratsvermögens, andere gleichartige oder annähernd gleichwertige bewegliche Vermögensgegenstände können jeweils zu einer Gruppe zusammengefasst und mit dem gewogenen Durchschnittswert angesetzt werden.

(3) Für den Wertansatz gleichartiger Vermögensgegenstände des Vorratsvermögens kann unterstellt werden, dass die zuerst oder dass die zuletzt angeschafften oder hergestellten Vermögensgegenstände zuerst oder in einer sonstigen bestimmten Folge verbraucht oder veräußert worden sind.

Anhang 1

§ 49 Abschreibungen

(1) [1]Bei Vermögensgegenständen des immateriellen Vermögens und des Sachvermögens, deren Nutzung zeitlich begrenzt ist, werden die Anschaffungs- oder Herstellungswerte um planmäßige Abschreibungen vermindert. [2]Satz 1 gilt nicht für Vorräte. [3]Die planmäßige Abschreibung erfolgt grundsätzlich in gleichen Jahresraten über die Dauer, in der der Vermögensgegenstand voraussichtlich genutzt werden kann (lineare Abschreibung). [4]Soweit Rechtsvorschriften es vorsehen, ist eine planmäßige Abschreibung mit fallenden Beträgen (degressive Abschreibung) oder nach Maßgabe der Leistungsabgabe (Leistungsabschreibung) zulässig. [5]Maßgeblich ist die betriebsgewöhnliche Nutzungsdauer.

(2) [1]Für die Bestimmung der betriebsgewöhnlichen Nutzungsdauer von abnutzbaren Vermögensgegenständen gibt das für Inneres zuständige Ministerium eine Abschreibungstabelle vor. [2]Von dieser kann mit einer Begründung, die im Anhang zum Jahresabschluss dokumentiert wird, abgewichen werden. [3]Wird durch eine aktivierungspflichtige Instandsetzung des Vermögensgegenstandes eine Verlängerung der Nutzungsdauer erreicht, so wird die Restnutzungsdauer aufgrund einer Schätzung neu bestimmt; entsprechend wird verfahren, wenn infolge einer voraussichtlich dauernden Wertminderung eine Verkürzung der Nutzungsdauer eintritt.

(3) [1]Der Abschreibungszeitraum beginnt in dem Monat, in dem der Vermögensgegenstand angeschafft oder hergestellt wurde. [2]Bei der planmäßigen Abschreibung werden nur volle Monate berücksichtigt.

(4) [1]Tritt bei einem in Absatz 1 Satz 1 bezeichneten Vermögensgegenstand eine voraussichtlich andauernde Wertminderung ein, so wird der Vermögensgegenstand mit dem tatsächlichen Wert angesetzt, der ihm am Abschlusstag zukommt, und es wird in Höhe der Wertminderung eine außerplanmäßige Abschreibung vorgenommen. [2]Satz 1 gilt auch für einen Vermögensgegenstand, dessen Nutzung nicht zeitlich begrenzt ist. [3]Bei Vermögensgegenständen nach Absatz 1 Satz 1, deren Nutzung zeitlich begrenzt ist, werden die planmäßigen Abschreibungen auf der Basis des verminderten Wertes fortgeführt. [4]Stellt sich in einem späteren Jahr heraus, dass die Gründe für die höhere Abschreibung nicht mehr bestehen, so wird der nicht mehr gerechtfertigte höhere Abschreibungsbetrag wieder zugeschrieben.

(5) [1]Bei Vermögensgegenständen, die nicht unter Absatz 1 Satz 1 fallen, werden Abschreibungen bis auf den Wert eines Börsen- oder Marktpreises am Abschlusstag vorgenommen. [2]Ist für einen Vermögensgegenstand ein Börsen- oder Marktpreis nicht festzustellen und übersteigt dessen An-

schaffungs- oder Herstellungswert den Wert, der dem Vermögensgegenstand am Abschlusstag beizulegen ist, so wird auf den niedrigeren Wert abgeschrieben. [3]Bei Vermögensgegenständen des Finanzvermögens, die dauerhaft der Aufgabenerfüllung der Kommune dienen, ist abweichend von den Sätzen 1 und 2 spätestens dann eine außerplanmäßige Abschreibung auf den zum Abschlusstag beizulegenden Wert vorzunehmen, wenn an zwei nacheinander folgenden Abschlusstagen eine Minderung von mehr als 25 Prozent zum fortgeführten Anschaffungs- oder Herstellungswert festgestellt wurde. [4]Absatz 4 Satz 4 gilt entsprechend.

(6) Für Abschreibungen im Rahmen der Gebührenkalkulation gelten die abgabenrechtlichen Vorschriften.

Neunter Abschnitt: **Jahresabschluss, konsolidierter Gesamtabschluss**

§ 50 Grundsätze für die Gliederung

(1) [1]Der Jahresabschluss und der konsolidierte Gesamtabschluss sollen in ihrem Aufbau, insbesondere hinsichtlich der Gliederung der aufeinander folgenden Ergebnisrechnungen, Finanzrechnungen und Bilanzen, dem Jahresabschluss und dem Gesamtabschluss des Vorjahres entsprechen, soweit nicht wegen besonderer Umstände Abweichungen erforderlich sind. [2]Abweichungen werden im Anhang angegeben und erläutert.

(2) [1]In der Ergebnisrechnung, der Finanzrechnung und der Bilanz wird zu jedem Posten der entsprechende Betrag des vorhergehenden Haushaltsjahres in einer besonderen Spalte angegeben. [2]Sind die Beträge dem Grunde nach nicht vergleichbar, so wird dies im Anhang angegeben und erläutert. [3]Wird der Vorjahresbetrag angepasst, so wird dies im Anhang angegeben und erläutert.

(3) Fällt ein Vermögensgegenstand oder eine Schuldenposition unter mehrere Posten der Bilanz, so wird die Mitzugehörigkeit zu anderen Posten bei dem Posten, unter dem der Ausweis erfolgt ist, vermerkt oder im Anhang angegeben, wenn dies zur Aufstellung eines klaren und übersichtlichen Jahresabschlusses erforderlich ist.

(4) [1]Eine weitere Untergliederung der Posten im Rahmen der vorgeschriebenen Gliederung ist zulässig. [2]Neue Posten dürfen hinzugefügt werden, wenn ihr Inhalt nicht von einem vorgeschriebenen Posten abgedeckt wird. [3]Die Ergänzung wird im Anhang angegeben und erläutert.

(5) Ein vorgegebener Posten der Bilanz, der Ergebnisrechnung oder der Finanzrechnung, der keinen Betrag ausweist, braucht nicht aufgeführt zu werden, es sei denn, dass im vorhergehenden Haushaltsjahr bei diesem Posten ein Betrag ausgewiesen wird.

§ 51 Rechnungsabgrenzungsposten

(1) [1]Soweit Ausgaben, die vor dem Abschlusstag geleistet wurden, Aufwand für eine bestimmte Zeit nach diesem Tag darstellen, werden sie auf der Aktivseite der Bilanz als Rechnungsabgrenzungsposten ausgewiesen. [2]Ferner wird die als Aufwand berücksichtigte Umsatzsteuer auf am Abschlusstag auszuweisende oder von den Vorräten offen abgesetzte Anzahlungen als aktiver Rechnungsabgrenzungsposten ausgewiesen.

(2) [1]Ist der Rückzahlungsbetrag einer Verbindlichkeit höher als der Ausgabebetrag, so wird der Unterschiedsbetrag auf der Aktivseite der Bilanz als Rechnungsabgrenzungsposten ausgewiesen. [2]Der Unterschiedsbetrag wird durch planmäßige jährliche Abschreibungen getilgt, die auf den gesamten Zinsbindungszeitraum dieser Verbindlichkeit verteilt werden.

(3) Soweit Einnahmen, die vor dem Abschlusstag eingegangen sind, Ertrag für eine bestimmte Zeit nach diesem Tag darstellen, werden sie auf der Passivseite der Bilanz als Rechnungsabgrenzungsposten ausgewiesen.

(4) Nicht im Haushaltsjahr verwendete zweckgebundene Erträge werden auf der Passivseite der Bilanz als Rechnungsabgrenzungsposten ausgewiesen, soweit sie Ertrag für eine bestimmte Zeit nach diesem Tag darstellen.

§ 52 Ergebnisrechnung

(1) [1]In der Ergebnisrechnung werden die dem Haushaltsjahr zuzurechnenden Erträge und Aufwendungen gegenübergestellt. [2]Erträge und Aufwendungen dürfen nicht miteinander verrechnet werden. [3]Rückzahlungen nach § 29 Abs. 1 und 2 bleiben unberührt.

(2) [1]Die Ergebnisrechnung wird in Staffelform aufgestellt. [2]Für die Gliederung gilt § 2 entsprechend.

(3) [1]Für die Teilergebnishaushalte (§ 4 Abs. 4) werden Teilergebnisrechnungen entsprechend den Absätzen 1 und 2 aufgestellt. [2]Die Teilergebnisrechnungen werden jeweils um Ist-Zahlen zu den in den Teilplänen ausgewiesenen Leistungs- und Kennzahlenangaben ergänzt.

§ 53 Finanzrechnung

(1) In der Finanzrechnung werden die im Haushaltsjahr eingegangenen Einzahlungen und geleisteten Auszahlungen wie folgt ausgewiesen:
1. die Einzahlungen und Auszahlungen in der nach § 3 Nrn. 1 bis 10 vorgegebenen Gliederung und
2. die Finanzmittelveränderung als Saldo aus dem Finanzmittelüberschuss oder dem Finanzmittelfehlbetrag und dem Saldo aus Finanzierungstätigkeit.

(2) Die Finanzrechnung wird in Staffelform aufgestellt.

(3) Für die Teilfinanzhaushalte nach § 4 werden Finanzrechnungen in entsprechender Anwendung der Absätze 1 und 2 aufgestellt.

§ 54 Plan-Ist-Vergleich

Im Jahresabschluss werden die Erträge und Aufwendungen sowie die Einzahlungen und Auszahlungen nach der Gliederung ausgewiesen, die in den §§ 52 und 53 vorgegeben ist, und den Haushaltsansätzen gegenübergestellt.

§ 55 Bilanz

(1) [1]Die Bilanz wird in Kontoform aufgestellt. [2]In der Bilanz werden die in den Absätzen 2 bis 4 bezeichneten Posten in der angegebenen Reihenfolge gesondert ausgewiesen. [3]Für die Veröffentlichung kann die Bilanz nach einem von dem für Inneres zuständigen Ministerium vorgegebenen Muster zusammengefasst werden.

(2) Die Aktivseite wird wie folgt gegliedert:
1. Immaterielles Vermögen
   - 1.1 Konzessionen
   - 1.2 Lizenzen
   - 1.3 Ähnliche Rechte
   - 1.4 Geleistete Investitionszuweisungen und -zuschüsse
   - 1.5 Aktivierter Umstellungsaufwand
   - 1.6 Sonstiges immaterielles Vermögen
2. Sachvermögen
   - 2.1 Unbebaute Grundstücke und grundstücksgleiche Rechte an unbebauten Grundstücken

2.2 Bebaute Grundstücke und grundstücksgleiche Rechte an bebauten Grundstücken
2.3 Infrastrukturvermögen
2.4 Bauten auf fremden Grundstücken
2.5 Kunstgegenstände, Kulturdenkmäler
2.6 Maschinen und technische Anlagen; Fahrzeuge
2.7 Betriebs- und Geschäftsausstattung, Pflanzen und Tiere
2.8 Vorräte
2.9 Geleistete Anzahlungen, Anlagen im Bau
3. Finanzvermögen
3.1 Anteile an verbundenen Unternehmen
3.2 Beteiligungen
3.3 Sondervermögen mit Sonderrechnung
3.4 Ausleihungen
3.5 Wertpapiere
3.6 Öffentlich-rechtliche Forderungen
3.7 Forderungen aus Transferleistungen
3.8 Privatrechtliche Forderungen
3.9 Durchlaufende Posten und sonstige Vermögensgegenstände
4. Liquide Mittel
5. Aktive Rechnungsabgrenzung.

(3) Die Passivseite wird wie folgt gegliedert:
1. Nettoposition
1.1 Basisreinvermögen
1.1.1 Reinvermögen
1.1.2 Sollfehlbetrag aus kameralem Abschluss als Minusbetrag
1.2 Rücklagen
1.2.1 Rücklagen aus Überschüssen des ordentlichen Ergebnisses
1.2.2 Rücklagen aus Überschüssen des außerordentlichen Ergebnisses
1.2.3 Rücklagen aus Investitionszuwendungen für nicht abnutzbare Vermögensgegenstände
1.2.4 Zweckgebundene Rücklagen
1.2.5 Sonstige Rücklagen
1.3 Jahresergebnis
1.3.1 Fehlbeträge aus Vorjahren
1.3.1.1 Fehlbeträge aus Vorjahren mit einer epidemischen Lage (§ 182 Abs. 4 Satz 1 Nr. 1 NKomVG)
1.3.1.2 Fehlbeträge aus anderen Vorjahren

1.3.2 Jahresüberschuss oder Jahresfehlbetrag mit Angabe des Betrages der Vorbelastung aus Haushaltsresten für Aufwendungen
1.4 Sonderposten
1.4.1 Investitionszuweisungen und -zuschüsse
1.4.2 Beiträge und ähnliche Entgelte
1.4.3 Gebührenausgleich
1.4.4 Bewertungsausgleich
1.4.5 Erhaltene Anzahlungen auf Sonderposten
1.4.6 Sonstige Sonderposten
2. Schulden
2.1 Geldschulden
2.1.1 Anleihen
2.1.2 Verbindlichkeiten aus Krediten für Investitionen
2.1.3 Liquiditätskredite
2.1.4 Sonstige Geldschulden
2.2 Verbindlichkeiten aus kreditähnlichen Rechtsgeschäften
2.3 Verbindlichkeiten aus Lieferungen und Leistungen
2.4 Transferverbindlichkeiten
2.4.1 Finanzausgleichverbindlichkeiten
2.4.2 Verbindlichkeiten aus Zuweisungen und Zuschüssen für laufende Zwecke
2.4.3 Verbindlichkeiten aus Schuldendiensthilfen
2.4.4 Soziale Leistungsverbindlichkeiten
2.4.5 Verbindlichkeiten aus Zuweisungen und Zuschüssen für Investitionen
2.4.6 Steuerverbindlichkeiten
2.4.7 Andere Transferverbindlichkeiten
2.5 Sonstige Verbindlichkeiten
2.5.1 Durchlaufende Posten
2.5.1.1 Verrechnete Mehrwertsteuer
2.5.1.2 Abzuführende Lohn- und Kirchensteuer
2.5.1.3 Sonstige durchlaufende Posten
2.5.2 Abzuführende Gewerbesteuer
2.5.3 Empfangene Anzahlungen
2.5.4 Andere sonstige Verbindlichkeiten
3. Rückstellungen
3.1 Pensionsrückstellungen und ähnliche Verpflichtungen
3.2 Rückstellungen für Altersteilzeitarbeit und ähnliche Maßnahmen
3.3 Rückstellungen für unterlassene Instandhaltung

3.4 Rückstellungen für die Rekultivierung und Nachsorge geschlossener Abfalldeponien
3.5 Rückstellungen für die Sanierung von Altlasten
3.6 Rückstellungen im Rahmen des Finanzausgleichs und von Steuerschuldverhältnissen
3.7 Rückstellungen für drohende Verpflichtungen aus Bürgschaften, Gewährleistungen und anhängigen Gerichtsverfahren
3.8 Andere Rückstellungen

4. Passive Rechnungsabgrenzung.

(4) [1]Unter der Bilanz werden, soweit sie nicht auf der Passivseite auszuweisen sind, die Vorbelastungen künftiger Haushaltsjahre vermerkt, insbesondere Haushaltsreste, Bürgschaften, Gewährleistungsverträge, in Anspruch genommene Verpflichtungsermächtigungen und Verpflichtungen aus kreditähnlichen Rechtsgeschäften. [2]Ferner sind die über das Haushaltsjahr hinaus gestundeten Beträge auszuweisen. [3]Jede Art der Vorbelastung darf in einem Betrag zusammengefasst angegeben werden.

§ 56 Anhang

(1) [1]In den Anhang des Jahresabschlusses werden diejenigen Angaben aufgenommen, die zu den einzelnen Posten der Ergebnisrechnung, der Finanzrechnung und der Bilanz zum Verständnis sachverständiger Dritter notwendig oder vorgeschrieben sind. [2]Dabei werden die wichtigsten Ergebnisse des Jahresabschlusses und erhebliche Abweichungen der Jahresergebnisse von den Haushaltsansätzen erläutert.

(2) [1]Im Anhang werden insbesondere angegeben und erläutert:

1. die auf die Posten der Ergebnisrechnung und der Bilanz angewandten Bilanzierungs- und Bewertungsmethoden,
2. Abweichungen von den bisher angewandten Bilanzierungs- und Bewertungsmethoden,
3. Art und Höhe der wesentlichen außerordentlichen Erträge und Aufwendungen,
4. Angaben über die Einbeziehung von Zinsen für Fremdkapital in die Herstellungswerte,
5. Haftungsverhältnisse, auch wenn ihnen gleichwertige Rückgriffsforderungen gegenüberstehen,
6. Sachverhalte, aus denen sich finanzielle Verpflichtungen ergeben können,
7. Art und Höhe der wesentlichen unentgeltlichen Vermögensübertragungen, und

8. noch nicht abgedeckte Fehlbeträge, getrennt nach den einzelnen Jahren.

[2]In der Erläuterung ist der Einfluss der Abweichungen nach Satz 1 Nr. 2 auf die Vermögens-, Ertrags- und Finanzlage gesondert darzustellen.

§ 57 Rechenschaftsbericht, Angaben im Anhang

(1) [1]Im Rechenschaftsbericht werden, den tatsächlichen Verhältnissen entsprechend, der Verlauf der Haushaltswirtschaft und die finanzwirtschaftliche Lage der Kommune dargestellt. [2]Dabei wird eine Bewertung der Jahresabschlussrechnungen vorgenommen. [3]Der Rechenschaftsbericht soll auch
1. Vorgänge von besonderer Bedeutung, die nach dem Schluss des Haushaltsjahres eingetreten sind, und
2. zu erwartende mögliche finanzwirtschaftliche Risiken für die Aufgabenerfüllung von besonderer Bedeutung

darstellen.

(2) [1]In der Anlagenübersicht werden
1. der Stand
   a) des immateriellen Vermögens,
   b) des Sachvermögens ohne Vorräte und ohne geringwertige Vermögensgegenstände sowie
   c) des Finanzvermögens ohne Forderungen

jeweils zu Beginn und zum Ende des Haushaltsjahres,
2. die Zu- und Abgänge sowie
3. die Zuschreibungen und Abschreibungen

dargestellt. [2]Die Gliederung der Anlagenübersicht richtet sich nach der Bilanz.

(3) [1]In der Schuldenübersicht werden die Schulden der Kommune dargestellt. [2]Es werden der Gesamtbetrag zu Beginn und am Ende des Haushaltsjahres, gegliedert in Betragsangaben mit Restlaufzeiten bis zu einem Jahr, von über einem bis fünf Jahren und von mehr als fünf Jahren, angegeben. [3]Die Gliederung der Schuldenübersicht richtet sich nach der Bilanz.

(4) [1]In der Rückstellungsübersicht werden die Rückstellungen der Kommune dargestellt. [2]Es werden der Gesamtbetrag zu Beginn und am Ende des Haushaltsjahres sowie die Zuführungen, Inanspruchnahmen, Herabsetzungen und Auflösungen während des Haushaltsjahres angegeben. [3]Die Gliederung der Rückstellungsübersicht richtet sich nach der Bilanz.

(5) [1]In der Forderungsübersicht werden die Forderungen der Kommune dargestellt. [2]Es wird jeweils der Gesamtbetrag am Abschlusstag unter Angabe der Restlaufzeit, gegliedert in Betragsangaben für Forderungen mit Restlaufzeiten bis zu einem Jahr, von über einem bis fünf Jahren und von mehr als fünf Jahren sowie der Gesamtbetrag am vorherigen Abschlusstag angegeben. [3]Die Gliederung der Forderungsübersicht richtet sich nach der Bilanz.

§ 58 Abgabenrechtliche Nebenrechnungen

[1]Dem Anhang werden, soweit das abgabenrechtlich zur Berücksichtigung von Abschreibungserlösen bei der Ermittlung des beitragsfähigen Aufwandes erforderlich ist, Nebenrechnungen zur Ermittlung und Verwendung der aus speziellen Entgelten für die Inanspruchnahme leitungsgebundener Einrichtungen gedeckten Abschreibungen beigefügt. [2]Fallen in einem Teilhaushalt oder in einem Budget wegen der nach abgabenrechtlichen Vorschriften zulässigen Kalkulation von Abschreibungen auf der Basis von Wiederbeschaffungszeitwerten höhere Gebühreneinzahlungen an, als das nach der Kalkulation von Abschreibungen nach Anschaffungs- oder Herstellungswerten der Fall wäre, so werden die Unterschiedsbeträge in Nebenrechnungen dargestellt und diese dem Anhang beigefügt.

§ 59 Konsolidierungsbericht

(1) Der Konsolidierungsbericht umfasst

1. einen Gesamtüberblick, bestehend aus
   a) einer Darstellung der wirtschaftlichen und finanziellen Gesamtlage der Kommune und
   b) den Mindestangaben, die für den Beteiligungsbericht nach § 151 NKomVG vorgeschrieben sind, wenn nach § 128 Abs. 6 Satz 4 NKomVG der konsolidierte Gesamtabschluss den Beteiligungsbericht ersetzt;
2. Erläuterungen des konsolidierten Gesamtabschlusses, bestehend aus
   a) Informationen zur Abgrenzung des Konsolidierungskreises und zu den angewandten Konsolidierungsmethoden,
   b) Erläuterungen zu den einzelnen Positionen des konsolidierten Gesamtabschlusses und den Nebenrechnungen sowie
   c) Einzelangaben zur Zusammensetzung wesentlicher globaler Jahresabschlusspositionen;

3. einen Ausblick auf die künftige Entwicklung, insbesondere
   a) Angaben über Vorgänge von besonderer Bedeutung, die nach dem Schluss der Konsolidierungsperiode eingetreten sind, und
   b) Angaben über die erwartete Entwicklung wesentlicher Rahmenbedingungen, insbesondere über die finanziellen und wirtschaftlichen Perspektiven und Risiken.

(2) Für die ergänzenden Angaben zum nicht konsolidierten Beteiligungsbesitz gilt Absatz 1 Nr. 1 Buchst. b entsprechend.

(3) Soweit nach § 128 Abs. 4 Satz 4 NKomVG von der Aufstellung eines konsolidierten Gesamtabschlusses abgesehen wird, ist § 50 Abs. 1 nur hinsichtlich des Jahresabschlusses anzuwenden und findet § 59 keine Anwendung.

Zehnter Abschnitt: **Schlussvorschriften**

§ 60 Begriffsbestimmungen

Im Sinne dieser Verordnung sind

1. Abschreibungen:
   die buchmäßige Abbildung der Wertminderung von längerfristig dienenden abnutzbaren Vermögensgegenständen im Haushaltsjahr;
2. Aktiva:
   die Angaben zu Vermögensgegenständen in der Bilanz, die die Mittelverwendung abbilden;
3. aktivierungsfähige Eigenleistungen:
   die monetären Werte der von der Kommune selbst hergestellten Vermögensgegenstände für die eigene Aufgabenerledigung;
4. Aufwendungen:
   die in Geld bewerteten Werteverzehre durch Verbrauch oder Abnutzung von Gütern und die Inanspruchnahme von Dienstleistungen in einem Haushaltsjahr;
5. Ausgaben:
   Auszahlungen sowie das Entstehen von Schulden und Forderungsminderungen;
6. außerordentliche Aufwendungen und Erträge:
   Aufwendungen und Erträge, die auf unvorhersehbaren, seltenen oder ungewöhnlichen Vorgängen beruhen, insbesondere Erträge aus der Herabsetzung von Schulden und der Auflösung von Rückstellungen sowie Erträge und Aufwendungen aus Vermögensveräußerungen, je-

doch nicht außerplanmäßige Abschreibungen wegen unterlassener Instandhaltung und Erträge aus der Veräußerung von geringwertigen Vermögensgegenständen;

7. außerplanmäßige Aufwendungen oder Auszahlungen:
Aufwendungen oder Auszahlungen, für deren Zweck im Haushalt keine Ermächtigungen veranschlagt und keine aus Vorjahren übertragenen Ermächtigungen verfügbar sind;
8. Auszahlungen:
der Abfluss von Bar- und Buchgeld;
9. Barwert:
der durch Abzinsung errechnete gegenwärtige Wert einer für die Zukunft erwarteten einzelnen Zahlung oder Zahlungsreihe;
10. Baumaßnahme:
die Ausführung eines Neu-, Erweiterungs- oder Umbaus sowie die bauliche Instandsetzung, soweit sie nicht der Unterhaltung der baulichen Anlage dient;
11. Bestandsveränderungen:
die Berücksichtigung des Wertes von Mehr- oder Minderbeständen in der Bilanz sowie Mehr- oder Mindererträgen in der Ergebnisrechnung, wenn Herstellungs- und Absatzmenge bei Eigenerzeugnissen am Jahresschluss nicht übereinstimmen;
12. Controlling:
ein unterstützendes Instrument für Führungs- und Entscheidungsträgerinnen und -träger zur Steuerung und Kontrolle der Wirtschaftsführung, mit dem durch die Bereitstellung und Auswertung geeigneter Informationen, insbesondere aus dem Rechnungswesen, das Erreichen gesetzter Ziele gesichert werden soll;
13. durchlaufende Zahlungen: Beträge, die für einen Dritten lediglich angenommen oder ausgezahlt werden;
14. Einnahmen:
Einzahlungen sowie das Entstehen von Forderungen und Schuldenminderungen;
15. Einzahlungen:
der Zufluss von Bar- und Buchgeld;
16. Erträge:
in Geld bewertete Wertezuwächse für Güter und Dienstleistungen in einem Haushaltsjahr;
17. Forderungen:
in Geld bewertete Ansprüche;
18. Haftungsverhältnisse:
Verpflichtungen aus Bürgschaften und Gewährleistungsverträgen und

aus der Bestellung von Sicherheiten für fremde Verbindlichkeiten sowie aus ähnlichen Rechtsgeschäften;

19. Haushaltsreste:
Haushaltsermächtigungen, die in das folgende Haushaltsjahr übertragen werden;
20. Haushaltsvermerke:
einschränkende oder erweiternde Bestimmungen zu Ansätzen des Haushaltsplans;
21. Innere Darlehen:
die vorübergehende Inanspruchnahme von Mitteln der Sondervermögen ohne Sonderrechnung als Deckungsmittel für Investitionstätigkeit im Finanzhaushalt;
22. Investitionen:
die Verwendung von Finanzmitteln für die Veränderung des Bestandes längerfristig dienender Güter des immateriellen Vermögens und des Sach- und Finanzvermögens, wobei geringwertige Vermögensgegenstände unberücksichtigt bleiben;
23. Investitionsförderungsmaßnahmen:
die Gewährung von
    a) Investitionszuwendungen an Dritte und an Sondervermögen mit Sonderrechnung, wenn eine Aktivierung nach § 44 Abs. 4 Satz 1 erfolgt, und
    b) Darlehen für Investitionen Dritter und für Investitionen der Sondervermögen mit Sonderrechnung;
24. Investitionstätigkeit:
Investitionen und Investitionsförderungsmaßnahmen;
25. Kassenanordnungen:
förmliche Anordnungen der die Haushaltsansätze bewirtschaftenden Verwaltungsstellen gegenüber der Kommunalkasse im Rahmen der Zahlungsanweisung;
26. Kennzahlen:
steuerungsrelevante, in Vergleichszahlen ausgedrückte Indikatoren für die Wirtschaftlichkeit eines Produktes und zur Abbildung des Grades der Zielerreichung;
27. Konsolidierung:
die Zusammenfassung der Jahresabschlüsse der Kommune und der nach § 128 Abs. 4 NKomVG einzubeziehenden Aufgabenträger zu einem konsolidierten Gesamtabschluss;
28. Kosten:
der in Geld bewertete Werteverzehr durch Verbrauch oder Abnutzung

von Gütern und die Inanspruchnahme von Dienstleistungen zur Leistungserstellung in einer bestimmten Periode;

29. Kosten- und Leistungsrechnung:
ein Verfahren, in dem Kosten und Leistungen erfasst und nach Kostenarten verursachergerecht zum Zweck spezieller Auswertungen auf die Kostenstellen verteilt und Kostenträgern zugeordnet werden;
30. Kredit:
das unter der Verpflichtung zur Tilgung von Dritten oder von Sondervermögen mit Sonderrechnung aufgenommene Geldkapital als Deckungsmittel;
31. Leistungen:
bewertbare Arbeitsergebnisse einer Verwaltungseinheit, die zur Aufgabenerfüllung erzeugt werden;
32. liquide Mittel:
flüssige Mittel, bestehend aus dem Bargeld, den Guthaben auf laufenden Konten bei Kreditinstituten sowie Schecks und Geldanlagen aus dem Kassenbestand;
33. Liquidität:
die Fähigkeit der Kommune, zu jeder Zeit ihren Zahlungsverpflichtungen termingerecht und vollständig nachzukommen;
34. Liquiditätskredite:
Kredite zur Überbrückung des verzögerten Eingangs von Deckungsmitteln durch in der Regel kurzfristige Verbindlichkeiten, insbesondere Kontokorrentkredite, soweit keine anderen Mittel zur Verfügung stehen;
35. Niederschlagung:
befristete oder unbefristete Zurückstellung der Weiterverfolgung eines fälligen Anspruchs ohne Verzicht auf den Anspruch selbst;
36. Passiva:
die Angaben zu Finanzmitteln in der Bilanz, die die Mittelherkunft abbilden;
37. Produkt:
die Zusammenfassung von Leistungen nach sachlichen Gesichtspunkten, die von einer Verwaltungseinheit für andere Stellen erbracht werden und Ressourcenverbrauch verursachen;
38. Produktbereich:
die Zusammenfassung von Produktgruppen nach sachlichen Gesichtspunkten;
39. Produktgruppe:
die Zusammenfassung von Produkten nach sachlichen Gesichtspunkten;

40. Rücklagen:
aufgrund von gesetzlichen Vorgaben ausgewiesene, für bestimmte Zwecke separierte oder durch Überschüsse aus der Ergebnisrechnung gebildete Anteile der Nettoposition;
41. Teilwertverfahren:
die Ermittlung des Wertes für ein einzelnes Wirtschaftsgut, den eine Erwerberin oder ein Erwerber eines ganzen Betriebes bei dessen Fortführung im Rahmen des Gesamtkaufpreises ansetzen würde;
42. Tilgung:
    a) ordentliche Tilgung:
    die Leistung des im Haushaltsjahr zurückzuzahlenden Betrages bis zu der in den Rückzahlungsbedingungen festgelegten Mindesthöhe,
    b) außerordentliche Tilgung:
    die über die ordentliche Tilgung hinausgehende Tilgung einschließlich Umschuldung;
43. Transferaufwendungen:
Übertragungen von Ressourcen auf Dritte ohne Gegenleistungsverpflichtung;
44. Transferauszahlungen:
der Abfluss von Geld an Dritte ohne Gegenleistungsverpflichtung;
45. Transfereinzahlungen:
der Geldzufluss von Dritten ohne Gegenleistungsverpflichtung;
46. Transfererträge:
der Ersatz von Ressourcen durch Dritte;
47. überplanmäßige Aufwendungen oder Auszahlungen:
Aufwendungen oder Auszahlungen, die die Ermächtigungen im Haushaltsplan und die übertragenen Ermächtigungen aus Vorjahren übersteigen;
48. verbundene Unternehmen und Einrichtungen:
Unternehmen und Einrichtungen, die nach § 128 Abs. 4 NKomVG in den konsolidierten Gesamtabschluss einzubeziehen sind und unter beherrschendem Einfluss der Kommune stehen;
49. voraussichtlich andauernde Wertminderung:
eine Wertminderung, bei der der Wert eines Vermögensgegenstandes am Bilanzstichtag aufgrund wertmindernder Ereignisse oder Zustandsprüfungen bei abnutzbaren Vermögensgegenständen des Sachvermögens mindestens für die halbe Restnutzungsdauer mehr als 20 Prozent unter dem planmäßig fortgeführten Anschaffungs- oder Herstellungswert und bei nicht abnutzbaren Vermögensgegenständen

des Sachvermögens mehr als 20 Prozent unter dem Anschaffungs- oder Herstellungswert liegt;

50. wesentliche Produkte:
Produkte, die von finanzieller oder kommunalpolitischer Bedeutung sind;
51. Zahlungsmittel:
Bargeld, Schecks und Guthaben auf Konten von Kreditinstituten einschließlich nicht ausgeschöpfter Liquiditätskredite;
52. Ziele:
Zustände und Wirkungen, die in einem bestimmten Zeitraum erreicht werden sollen und durch Größenvorgaben beschrieben werden.

§ 61 Erste Eröffnungsbilanz

(1) Für die Eröffnungsbilanz zu Beginn des ersten Haushaltsjahres nach den Regeln der kommunalen Doppik gelten die Vorschriften zur Inventur, zum Inventar, zu Ansatz und Bewertung des Vermögens und der Schulden und zur Bilanz nach Maßgabe der Absätze 2 bis 6.

(2) Bei der Inventur kann auf die Erfassung von beweglichen Vermögensgegenständen, deren Anschaffungs- oder Herstellungswerte den Einzelwert von 5 000 Euro einschließlich Umsatzsteuer nicht überschreiten, verzichtet werden.

(3) Die Erfassung von abgeschriebenen beweglichen Vermögensgegenständen kann unterbleiben.

(4) Die Inventur darf abweichend von § 39 Abs. 1 vor dem Eröffnungsstichtag durchgeführt werden, wenn durch eine Fortschreibung gesichert ist, dass der Bestand zum Eröffnungsstichtag auch ohne weitere Inventur festgestellt werden kann.

(5) Auf eine Aktivierung geleisteter Investitionszuweisungen und -zuschüsse kann verzichtet werden.

(6) [1]Der Bodenwertanteil für Grundstücke, die vor dem Jahr 2000 entgeltlich erworben oder der Kommune unentgeltlich übertragen wurden, kann auch mit einem Zeitwert angesetzt werden, der sich an dem für das Jahr 2000 geltenden Bodenrichtwert orientiert, wenn die Ermittlung von Anschaffungswerten unvertretbar aufwändig wäre. [2]Satz 1 gilt für die ab dem Jahr 2000 unentgeltlich übertragenen Grundstücke entsprechend.

§ 62 Berichtigung der ersten Eröffnungsbilanz

(1) [1]Ergibt sich bei der Aufstellung späterer Jahresabschlüsse, dass in der ersten Eröffnungsbilanz eine Bilanzposition zu Unrecht nicht angesetzt oder mit einem unzutreffenden Wert versehen worden ist, so wird, wenn es sich um einen wesentlichen Betrag handelt, der unterlassene Ansatz in der späteren Bilanz nachgeholt oder der Wertansatz berichtigt. [2]Zwischenzeitliche Jahresabschlüsse werden nicht berichtigt.

(2) [1]Die Berichtigung wird entsprechend ihrer Auswirkung bei der Bilanzposition für die Nettoposition oder bei dem Sonderposten Bewertungsausgleich angebracht. [2]Die Eröffnungsbilanz gilt dann als geändert. [3]Die Berichtigung wird im Anhang der Bilanz erläutert, in der die Berichtigung vorgenommen wird. [4]Eine Berichtigung ist zur nachträglichen Ausübung von Wahlrechten oder Ermessensspielräumen nicht zulässig.

(3) [1]Eine Berichtigung kann letztmals im vierten der ersten Eröffnungsbilanz folgenden Jahresabschluss vorgenommen werden. [2]Soweit eine Korrekturnotwendigkeit für eine wesentliche Position der ersten Eröffnungsbilanz nach Fristablauf festgestellt und durch die Prüfung des Rechnungsprüfungsamtes bestätigt wird, ist eine Berichtigung des Wertansatzes bis zum zehnten auf die Eröffnungsbilanz folgenden Jahresabschluss zulässig.

(4) [1]Kommunen, die nach § 43 Abs. 3 der Gemeindehaushalts- und -kassenverordnung in der vor dem 1. Januar 2008 geltenden Fassung Pensionsrückstellungen in der ersten Eröffnungsbilanz gebildet haben, ändern in der späteren Bilanz den Wertansatz unter Zugrundelegung eines Zinssatzes von fünf Prozent. [2]Absatz 1 Satz 2 und Absatz 2 Sätze 1 bis 3 gelten entsprechend.

(5) [1]Rückstellungen für Umlagen nach dem Niedersächsischen Gesetz über den Finanzausgleich, die von der Bemessung nach § 45 Abs. 2 Satz 3 abweichen, sind von der Kommune zu berichtigen. [2]Berichtigungen in Höhe des in der ersten Eröffnungsbilanz ausgewiesenen Bestandes werden als Verrechnung mit dem Basisreinvermögen vorgenommen; Absatz 2 Sätze 1 bis 3 gilt entsprechend. [3]Darüber hinaus vorgenommene ergebniswirksame Zuführungen zu den Rückstellungen werden durch eine entsprechende Herabsetzung des Bestandes berichtigt.

§ 63 Übergangsvorschriften

(1) [1]Nach § 47 Abs. 2 Satz 1 der Gemeindehaushalts- und -kassenverordnung in der bis zum 31. Dezember 2016 geltenden Fassung gebildete

Sammelposten sind über die Restnutzungsdauer abzuschreiben. [2]Auf Beschluss der Vertretung bleiben § 45 Abs. 6 und § 47 Abs. 2 der Gemeindehaushalts- und -kassenverordnung in der bis zum 31. Dezember 2016 geltenden Fassung anwendbar, jedoch nicht für Haushaltsjahre, die nach dem 31. Dezember 2020 beginnen.

(2) Noch nicht abgedeckte Sollfehlbeträge aus kameralem Abschluss werden im Anhang zum Jahresabschluss nach Jahren getrennt angegeben und erläutert.

(3) [1]Für das Haushaltsjahr 2017 können die Vorschriften der Gemeindehaushalts- und -kassenverordnung vom 22. Dezember 2005 (Nds. GVBl. S. 458; 2006 S. 441), zuletzt geändert durch Verordnung vom 1. Februar 2011 (Nds. GVBl. S. 31), weiterhin, auch in Teilen, angewendet werden. [2]Wird eine Haushaltssatzung für die Haushaltsjahre 2017 und 2018 erlassen, so gilt Satz 1 für das Haushaltsjahr 2018 entsprechend.

Niedersächsisches Gesetz über die kommunale Zusammenarbeit (NKomZG)

in der Fassung vom 21. Dezember 2011 (Nds. GVBl. S. 493), zuletzt geändert durch Artikel 2 des Gesetzes vom 13. Oktober 2021 (Nds. GVBl. S. 700)

Inhaltsübersicht

Erster Teil: **Allgemeine Grundlagen**

§ 1 Formen kommunaler Zusammenarbeit

(1) [1]Zur gemeinsamen Erfüllung ihrer öffentlichen Aufgaben können Kommunen

1. ein gemeinsames Unternehmen in der Rechtsform einer rechtsfähigen Anstalt des öffentlichen Rechts (gemeinsame kommunale Anstalt) errichten,
2. sich an einer gemeinsamen kommunalen Anstalt als weitere Träger beteiligen,
3. eine Zweckvereinbarung abschließen,
4. einen Zweckverband errichten und
5. sich an einem Zweckverband als weiteres Verbandsmitglied beteiligen.

[2]Soweit die Zusammenarbeit nach Satz 1 ausschließlich dazu dienen soll, Aufgaben des eigenen Wirkungskreises sämtlicher Mitgliedsgemeinden einer Samtgemeinde gemeinsam zu erfüllen, geht § 98 Abs. 1 Satz 2 des Niedersächsischen Kommunalverfassungsgesetzes (NKomVG) der Zusammenarbeit nach Satz 1 vor.

(2) Besondere Rechtsvorschriften über die gemeinsame Aufgabenerfüllung und über eine die Landesgrenzen überschreitende Zusammenarbeit sowie die Befugnis zur privatrechtlich ausgestalteten gemeinsamen Erfüllung von Aufgaben bleiben unberührt.

(3) [1]Rechtshandlungen, die aus Anlass des Abschlusses einer Vereinbarung über eine gemeinsame kommunale Anstalt oder einer Zweckvereinbarung oder aus Anlass der Errichtung eines Zweckverbandes oder der Änderung oder Auflösung einer gemeinsamen kommunalen Anstalt, einer Zweckvereinbarung oder eines Zweckverbandes vorgenommen werden, sind frei von öffentlichen Abgaben, die auf Landesrecht beruhen. [2]Für Eintragungen in das Grundbuch und die sonstigen gerichtlichen Handlungen

aus einem Anlass nach Satz 1 werden keine Gebühren und Auslagen erhoben.

§ 2 Grundsätze kommunaler Zusammenarbeit

(1) [1]Im Rahmen der kommunalen Zusammenarbeit nach diesem Gesetz können Kommunen
1. öffentliche Aufgaben auf eine gemeinsame kommunale Anstalt, eine kommunale Anstalt, eine andere Kommune oder einen Zweckverband übertragen oder
2. eine gemeinsame kommunale Anstalt, eine kommunale Anstalt, eine andere Kommune oder einen Zweckverband mit der Durchführung von öffentlichen Aufgaben unter Beachtung der vergaberechtlichen Vorschriften beauftragen.

[2]Die Zusammenarbeit kann sich auf sachlich und örtlich begrenzte Teile der Aufgaben beschränken.

(2) [1]Eine Aufgabe kann nach Absatz 1 Satz 1 Nr. 1 auf eine andere Kommune nur übertragen werden, wenn sie den an dieser Zusammenarbeit Beteiligten obliegt. [2]Die Übertragung einer Aufgabe nach Absatz 1 Satz 1 Nr. 1 auf eine gemeinsame kommunale Anstalt oder einen Zweckverband ist nur zulässig, wenn sie entweder den an der gemeinsamen kommunalen Anstalt oder dem Zweckverband beteiligten Kommunen oder der gemeinsamen kommunalen Anstalt oder dem Zweckverband obliegt.

(3) Mit der Übertragung einer Aufgabe nach Absatz 1 Satz 1 Nr. 1 gehen alle mit der Erfüllung der Aufgabe verbundenen Rechte und Pflichten einschließlich der Befugnis, für die betreffende Aufgabe Satzungen und Verordnungen zu erlassen, über, soweit § 5 Abs. 4 und § 3 Abs. 2 in Verbindung mit § 143 Abs. 1 Satz 3 NKomVG nichts Abweichendes bestimmen; § 9 Abs. 3 bleibt unberührt.

(4) [1]Soweit Kommunen eine Aufgabe übertragen haben, sind sie von der Pflicht zur Aufgabenerfüllung frei. [2]Soweit sie einen anderen mit der Durchführung einer Aufgabe beauftragt haben, bleiben ihre Rechte und Pflichten in Bezug auf die Aufgabenerfüllung unberührt. [3]Für die Durchführung einer hoheitlichen Aufgabe kann der Beauftragende dem mit der Durchführung der Aufgabe Beauftragten fachliche Weisungen erteilen.

(5) [1]Vereinbarungen über eine kommunale Zusammenarbeit nach diesem Gesetz sind der Kommunalaufsichtsbehörde anzuzeigen. [2]Soweit sie die Übertragung einer Aufgabe betreffen, die durch Rechtsvorschrift zugewiesen oder übertragen worden ist, bedürfen sie der Genehmigung der Kom-

munalaufsichtsbehörde. [3]Betrifft die Übertragung Aufgaben des eigenen Wirkungskreises, so ist die Genehmigung zu erteilen, wenn die Vereinbarung nicht gegen Rechtsvorschriften verstößt; im Übrigen entscheidet die Kommunalaufsichtsbehörde nach pflichtgemäßem Ermessen. [4]Für Änderungen von Vereinbarungen nach Satz 1 gelten die Sätze 1 bis 3 entsprechend.

Zweiter Teil: **Gemeinsame kommunale Anstalt**

§ 3 Errichtung und Grundlagen gemeinsamer kommunaler Anstalten

(1) Kommunen können durch Vereinbarung
1. eine gemeinsame kommunale Anstalt errichten,
2. sich an einer bestehenden gemeinsamen kommunalen Anstalt als weitere Träger beteiligen und
3. im Wege der Gesamtrechtsnachfolge über eine Umwandlung
   a) bestehende Eigenbetriebe,
   b) Unternehmen und Einrichtungen, die nach § 136 Abs. 1 und 2 oder 4 NKomVG als Eigenbetriebe geführt werden können,
   c) Einrichtungen, die nach § 139 NKomVG wirtschaftlich selbständig geführt werden oder geführt werden dürfen,
   d) Unternehmen und Einrichtungen in privater Rechtsform, an denen alle Anteile die Kommunen halten, die Träger der gemeinsamen kommunalen Anstalt werden wollen,

in eine gemeinsame kommunale Anstalt einbringen.

(2) § 125 Abs. 4, § 141 Abs. 1 Sätze 2 bis 6 und Abs. 2 und 3, die §§ 142 und 143 Abs. 1 Sätze 1 bis 3 und 5 sowie Abs. 2, § 144, § 145 Abs. 1 bis 5, 7 und 8, die §§ 146 und 147 Abs. 1, die §§ 150, 151 und 152 Abs. 3 NKomVG sowie eine aufgrund des § 147 Abs. 2 NKomVG erlassene Verordnung gelten entsprechend, soweit sich aus den Absätzen 3 und 4 sowie § 4 nichts Abweichendes ergibt.

(3) [1]Im Rahmen der Vereinbarung nach Absatz 1 legen die Träger die Unternehmenssatzung für die gemeinsamen kommunalen Anstalt fest; die Unternehmenssatzung ist eine gemeinsame Satzung der Träger. [2]In der Unternehmenssatzung sind die Rechtsverhältnisse der gemeinsamen kommunalen Anstalt und das Verfahren zur Änderung der Unternehmenssatzung sowie die Verteilung des Anstaltsvermögens und des Anstaltsper-

sonals im Fall der Auflösung der Anstalt zu regeln. [3]Die Vereinbarung nach Absatz 1 enthält darüber hinaus mindestens Bestimmungen über

1. die Verteilung der Anteile am Stammkapital und an Unterstützungsleistungen (§ 144 Abs. 1 NKomVG) auf die Träger der gemeinsamen kommunalen Anstalt sowie über das Verfahren, in dem über Unterstützungsleistungen entschieden wird,
2. die Verteilung der Stimmen im Verwaltungsrat auf die Träger der gemeinsamen kommunalen Anstalt und die Bestimmung des vorsitzenden Mitglieds des Verwaltungsrates,
3. die für die Jahresabschlussprüfung zuständige Stelle und
4. ein Verfahren, das die gemeinschaftliche Entscheidung der Träger der gemeinsamen kommunalen Anstalt über die Wahrnehmung von Rechten und Pflichten sicherstellt, die nach den Bestimmungen des Niedersächsischen Kommunalverfassungsgesetzes die Kommune gegenüber einer von ihr getragenen kommunalen Anstalt hat, sowie ein Verfahren zur gemeinschaftlichen Bestätigung von Vertreterinnen und Vertretern der Beschäftigten nach § 110 Abs. 4 des Niedersächsischen Personalvertretungsgesetzes.

(4) [1]Dem Verwaltungsrat der gemeinsamen kommunalen Anstalt müssen die Hauptverwaltungsbeamtinnen oder Hauptverwaltungsbeamten ihrer Träger angehören. [2]§ 138 Abs. 2 Satz 2 NKomVG gilt entsprechend. [3]Für das nach den Sätzen 1 oder 2 entsandte Mitglied des Verwaltungsrats benennt die Vertretung des Trägers eine Stellvertreterin oder einen Stellvertreter, die Beschäftigte oder der Beschäftigter des Trägers ist. [4]Hat ein Träger mehrere Stimmen im Verwaltungsrat, so kann die Vereinbarung vorsehen, dass das Stimmrecht durch eine entsprechende Anzahl von weiteren Personen ausgeübt wird. [5]Die weiteren Personen müssen der Vertretung des Trägers angehören und von dieser bestimmt werden. [6]Die Stimmen der von einem Träger entsandten Mitglieder können nur einheitlich abgegeben werden. [7]Die von einem Träger entsandten Personen können sich in der Ausübung des Stimmrechts vertreten.

(5) [1]Die Aufgaben nach § 9 Abs. 2 Sätze 1 bis 3 NKomVG werden von der Gleichstellungsbeauftragten eines Trägers wahrgenommen. [2]§ 9 Abs. 2 Sätze 4 und 5 und Abs. 3 bis 7 NKomVG ist entsprechend anzuwenden. [3]Das Nähere bestimmt die Vereinbarung nach Absatz 1.

§ 4 Anzeige, Bekanntmachungen

(1) [1]Die Vereinbarung, durch die eine gemeinsame kommunale Anstalt zustande kommt, und die Vereinbarung über die Auflösung einer gemeinsa-

men kommunalen Anstalt sind der Kommunalaufsichtsbehörde mindestens sechs Wochen vor dem Wirksamwerden anzuzeigen. [2]Änderungen der Unternehmenssatzung sind der Kommunalaufsichtsbehörde anzuzeigen.

(2) [1]Die Träger haben die Unternehmenssatzung nach den für die Verkündung ihrer Satzungen geltenden Rechtsvorschriften zu verkünden. [2]Die gemeinsame kommunale Anstalt ist am Tag der letzten Verkündung der Unternehmenssatzung errichtet, wenn nicht ein späterer Zeitpunkt in der Unternehmenssatzung bestimmt ist.

(3) [1]Erlässt die gemeinsame kommunale Anstalt eine Satzung, so hat sie diese für das Gebiet jedes Trägers der Anstalt nach den Rechtsvorschriften zu verkünden, die für die Verkündung von Satzungen der Träger gelten. [2]Ein Wechsel der Aufgabenträgerschaft infolge der Bildung, der Änderung der Aufgabenstellung oder der Auflösung einer gemeinsamen kommunalen Anstalt ist von dieser öffentlich bekannt zu machen.

Dritter Teil: **Zweckvereinbarung**

§ 5 Inhalt und Zustandekommen der Zweckvereinbarung

(1) [1]Kommunen können durch öffentlich-rechtlichen Vertrag vereinbaren, dass eine der beteiligten Kommunen einzelne Aufgaben der anderen beteiligten Kommunen übernimmt oder für diese durchführt (Zweckvereinbarung). [2]Durch Zweckvereinbarung kann auch eine kommunale Anstalt, eine gemeinsame kommunale Anstalt oder ein Zweckverband eine Aufgabe, die der Anstalt oder dem Zweckverband satzungsmäßig obliegt, von einer Kommune übernehmen oder für diese durchführen.

(2) [1]Neben Kommunen können
1. über Absatz 1 Satz 2 hinaus andere juristische Personen des öffentlichen Rechts,
2. natürliche Personen oder
3. juristische Personen des Privatrechts

an einer Zweckvereinbarung beteiligt werden, wenn Rechtsvorschriften nicht entgegenstehen und wenn die Kommunen, wenn sie die Aufgabe selbst erfüllten, solche Personen beteiligen dürften. [2]Durch Zweckvereinbarung dürfen keine öffentlichen Aufgaben an Personen des Privatrechts übertragen werden.

(3) Die Zweckvereinbarung kann befristet oder unbefristet geschlossen werden.

(4) [1]Den eine Aufgabe übertragenden Kommunen können in der Zweckvereinbarung einzelne Mitwirkungsrechte eingeräumt werden. [2]Abweichend von § 2 Abs. 3 geht die Befugnis, in Bezug auf die übernommene Aufgabe Satzungen und Verordnungen zu erlassen, auf die übernehmende Kommune oder Anstalt oder den übernehmenden Zweckverband nur über, wenn die Zweckvereinbarung dies bestimmt. [3]Von einer übernommenen Rechtsetzungsbefugnis darf die übernehmende Kommune oder Anstalt nur mit einer in jedem Einzelfall zu erteilenden Zustimmung der Kommunen Gebrauch machen, die sie übertragen haben.

(5) [1]Die Zweckvereinbarung stellt sicher, dass der die Aufgabe übernehmende Beteiligte seine durch die Erfüllung der Aufgabe entstehenden Kosten decken kann. [2]In der Kostenregelung sind die Maßstäbe zu bestimmen, nach denen die Kosten ermittelt und bemessen werden.

(6) [1]Die beteiligten Kommunen haben die Zweckvereinbarung nach den für ihre Satzungen geltenden Vorschriften öffentlich bekannt zu machen. [2]Die Zweckvereinbarung wird am Tag nach der letzten Bekanntmachung wirksam, wenn nicht ein anderer Zeitpunkt vereinbart ist.

(7) Die die Aufgabe übernehmende Kommune, kommunale Anstalt oder gemeinsame kommunale Anstalt hat die Satzungen und Verordnungen, die sie zur Erfüllung dieser Aufgabe erlässt, nach den Rechtsvorschriften zu verkünden, die für die Verkündung von Rechtsvorschriften der Kommunen gelten, die die Aufgaben übertragen haben.

§ 6 Änderung, Auflösung und Kündigung der Zweckvereinbarung

(1) Die Änderung der Zweckvereinbarung bedarf nur dann der öffentlichen Bekanntmachung nach § 5 Abs. 6, wenn der Kreis der Beteiligten oder der Bestand der von der Zweckvereinbarung erfassten Aufgaben geändert wird.

(2) [1]In der Zweckvereinbarung sind die Voraussetzungen und die Folgen einer Auflösung durch alle Beteiligten oder einer Kündigung durch einen einzelnen Beteiligten zu regeln. [2]Sind nach einer Auflösung oder einer Kündigung ergänzende Regelungen erforderlich und einigen sich die Beteiligten insoweit nicht, so trifft die Kommunalaufsichtsbehörde die erforderlichen Bestimmungen.

(3) Für die Auflösung der Zweckvereinbarung gilt § 5 Abs. 6 entsprechend.

Anhang 2

Vierter Teil: **Zweckverband**

§ 7 Voraussetzungen, Verbandsmitglieder

(1) [1]Kommunen können sich zu einem Zweckverband zusammenschließen, der bestimmte Aufgaben der Beteiligten übernimmt oder für diese durchführt. [2]Der Zweckverband kann daneben auch Aufgaben für einzelne Verbandsmitglieder erfüllen. [3]Eine Kommune kann einem Zweckverband auch nur für eine bestimmte Zeit beitreten.

(2) [1]Ein Zweckverband darf auch errichtet und geführt werden, um einer juristischen Person des öffentlichen oder privaten Rechts, die eine jedem Verbandsmitglied obliegende Aufgabe erfüllen soll, einen einheitlichen Träger zu geben. [2]Satz 1 gilt in Bezug auf die Trägerschaft für juristische Personen des privaten Rechts jedoch nur, soweit alle Verbandsmitglieder nach den Vorschriften des Niedersächsischen Kommunalverfassungsgesetzes berechtigt wären, die für die juristische Person des privaten Rechts vorgesehene Aufgabe auch durch eigene Unternehmen oder Einrichtungen in dieser Rechtsform zu erfüllen.

(3) Neben Kommunen können natürliche Personen, andere juristische Personen des öffentlichen Rechts und juristische Personen des Privatrechts Mitglieder eines Zweckverbandes sein, wenn

1. die Kommunen die Mehrheit der Verbandsmitglieder stellen und die Mehrheit der Stimmen in den Kollegialorganen des Zweckverbandes haben,
2. die Erfüllung der Verbandsaufgaben dadurch gefördert wird,
3. Gründe des öffentlichen Wohls nicht entgegenstehen und
4. bei einer Aufgabenerfüllung durch die Verbandsmitglieder selbst eine Beteiligung solcher Personen zulässig wäre.

(4) Mitglieder eines Zweckverbandes können nicht sein

1. eine gemeinsame kommunale Anstalt,
2. ein Zweckverband,
3. eine Kommune, solange diese durch eine Zweckvereinbarung eine Aufgabe übernommen hat, die auf den Zweckverband übergehen soll.

(5) [1]Vor Errichtung eines Zweckverbandes haben die interessierten Kommunen und kommunalen Anstalten zu prüfen, ob die gemeinsame Aufgabenerfüllung wirtschaftlicher im Wege einer Zweckvereinbarung erfolgen kann. [2]Vor Errichtung eines Zweckverbandes im Sinne des Absatzes 2 Satz 1 haben sie ferner zu prüfen, ob es zulässig und wirtschaftlicher wäre, wenn sie die juristische Person unmittelbar trügen.

(6) [1]Ein Zweckverband im Sinne von § 2 Abs. 1 Satz 1 Nr. 2, dessen Hauptzweck es ist, sich wirtschaftlich zu betätigen, darf nur unter den Voraussetzungen des § 136 Abs. 1 Satz 2 NKomVG errichtet und geführt werden. [2]Satz 1 gilt nicht, wenn der Zweckverband Aufgaben nach § 136 Abs. 3 NKomVG erfüllt.

§ 8 Rechtsstellung

(1) [1]Der Zweckverband ist eine Körperschaft des öffentlichen Rechts. [2]Er besitzt Dienstherrnfähigkeit im Sinne des § 2 des Beamtenstatusgesetzes, wenn die Verbandsordnung dies vorsieht.

(2) Der Zweckverband ist berechtigt, nach Maßgabe des Niedersächsischen Kommunalabgabengesetzes Gebühren und Beiträge zu erheben und Kostenerstattungen zu verlangen.

§ 9 Errichtung, Verbandsordnung

(1) Zur Errichtung des Zweckverbandes vereinbaren die Beteiligten durch öffentlich-rechtlichen Vertrag eine Verbandsordnung, die für den Zweckverband als Satzung gilt.

(2) Die Verbandsordnung muss bestimmen:
1. die Verbandsmitglieder,
2. den Namen und den Sitz des Zweckverbandes,
3. die Aufgaben des Zweckverbandes,
4. das Stimmrecht in der Verbandsversammlung,
5. die Form der öffentlichen Bekanntmachungen des Zweckverbandes,
6. die Grundlagen für die Bemessung der Verbandsumlage,
7. das für die örtliche Prüfung zuständige Rechnungsprüfungsamt,
8. die Voraussetzungen für die Auflösung des Zweckverbandes und dessen Abwicklung sowie
9. bei Zweckverbänden mit mehr als zwei Mitgliedern die Voraussetzungen der Kündigung eines einzelnen Mitglieds und die Grundlagen der darauf folgenden Auseinandersetzung mit dem ausscheidenden Mitglied.

(3) Werden nach § 7 Abs. 1 Satz 2 Aufgaben nur für einzelne Verbandsmitglieder erfüllt oder wird die Erfüllung der Aufgaben für einzelne Verbandsmitglieder begrenzt, so soll die Verbandsordnung dies bei der Ausgestaltung der Regelungen über die Willensbildung des Verbandes angemessen berücksichtigen.

(4) [1]Die Verbandsordnung kann weitere Bestimmungen über die Rechtsverhältnisse des Zweckverbandes enthalten, soweit gesetzlich nichts anderes bestimmt ist. [2]Sie kann den Beitritt eines neuen Mitglieds oder die Kündigung der Mitgliedschaft ohne Änderung der Verbandsordnung zulassen.

(5) [1]Die Aufgaben nach § 9 Abs. 2 Sätze 1 bis 3 NKomVG werden von der Gleichstellungsbeauftragten einer beteiligten Kommune oder einer vom Zweckverband in entsprechender Anwendung des § 8 Abs. 2 NKomVG bestellten hauptberuflichen Gleichstellungsbeauftragten wahrgenommen. [2]§ 9 Abs. 2 Sätze 4 und 5 und Abs. 3 bis 7 NKomVG ist entsprechend anzuwenden. [3]Das Nähere bestimmt die Verbandsordnung.

(6) [1]Die Kommunen haben die erstmalige öffentliche Bekanntmachung der Verbandsordnung nach den für die Verkündung ihrer Satzungen geltenden Rechtsvorschriften vorzunehmen. [2]Der Zweckverband ist am Tag der letzten Bekanntmachung errichtet, wenn nicht ein späterer Zeitpunkt bestimmt ist.

§ 10 Organe

[1]Organe des Zweckverbandes sind die Verbandsversammlung und die Verbandsgeschäftsführerin oder der Verbandsgeschäftsführer. [2]Die Verbandsordnung kann als weiteres Organ einen Verbandsausschuss vorsehen; in diesem Fall regelt sie seine Rechtsstellung, seine Zusammensetzung und seine Aufgaben.

§ 11 Zusammensetzung der Verbandsversammlung

(1) [1]Hat nach der Verbandsordnung jedes Verbandsmitglied nur eine Stimme in der Verbandsversammlung, so werden die kommunalen Verbandsmitglieder von ihrer Hauptverwaltungsbeamtin oder ihrem Hauptverwaltungsbeamten vertreten, andere Verbandsmitglieder entsenden je eine Vertreterin oder einen Vertreter in die Verbandsversammlung. [2]Die Vertretung eines kommunalen Verbandsmitglieds kann auf Vorschlag der Hauptverwaltungsbeamtin oder des Hauptverwaltungsbeamten abweichend von Satz 1 eine andere Beschäftigte oder einen anderen Beschäftigten des Verbandsmitglieds in die Verbandsversammlung entsenden. [3]Ist die Hauptverwaltungsbeamtin oder der Hauptverwaltungsbeamte eines kommunalen Verbandsmitglieds ehrenamtliche Geschäftsführerin oder ehrenamtlicher Geschäftsführer des Zweckverbandes, so entsendet die Vertretung des

Verbandsmitglieds ein anderes ihrer Mitglieder in die Verbandsversammlung. 4Für das von einer Kommune nach Satz 1 oder 2 entsandte Mitglied der Verbandsversammlung benennt die Vertretung eine Stellvertreterin oder einen Stellvertreter, die oder der bei ihr beschäftigt ist. 5Für ein nach Satz 3 entsandtes Mitglied benennt die Vertretung des Verbandsmitglieds ein anderes ihrer Mitglieder zur Stellvertreterin oder zum Stellvertreter.

(2) 1Hat ein Verbandsmitglied nach der Verbandsordnung mehrere Stimmen, so kann die Verbandsordnung vorsehen, dass das Stimmrecht durch eine entsprechende Anzahl von Vertreterinnen oder Vertretern ausgeübt wird. 2Vertreterinnen und Vertreter der kommunalen Verbandsmitglieder sind neben den Personen nach Absatz 1 die von der jeweiligen Vertretung dieser Mitglieder bestimmten Personen. 3Diese müssen für die Vertretung der Kommune wählbar sein.

(3) 1Die Stimmen eines Verbandsmitglieds können nur einheitlich abgegeben werden. 2Wird das Stimmrecht durch mehrere Personen ausgeübt, so können sich die Vertreterinnen oder Vertreter desselben Verbandsmitglieds, die nicht Hauptverwaltungsbeamtin oder Hauptverwaltungsbeamter oder entsandte Vertreterinnen oder Vertreter nach Absatz 1 Satz 2 sind, in der Ausübung des Stimmrechts vertreten. 3Sie können hierbei auch durch andere, durch das Verbandsmitglied benannte Ersatzpersonen vertreten werden. 4Für Ersatzpersonen, die von kommunalen Verbandsmitgliedern benannt werden, gilt Absatz 2 Satz 3 entsprechend.

§ 12 Rechtsstellung der Mitglieder der Verbandsversammlung

(1) 1Die Vertreterinnen und Vertreter der kommunalen Verbandsmitglieder, die nicht kraft Amtes der Verbandsversammlung angehören, werden für die Dauer der allgemeinen Wahlperiode (§ 47 Abs. 2 NKomVG) entsandt; § 71 Abs. 9 Sätze 2 bis 4 NKomVG bleibt unberührt. 2Nach Ablauf der allgemeinen Wahlperiode führen die Vertreterinnen und Vertreter im Sinne des Satzes 1 ihre Tätigkeit bis zum Amtsantritt ihrer Nachfolgerinnen oder Nachfolger fort.

(2) Für Mitglieder der Verbandsversammlung, die Kommunen kraft Amtes oder nach § 11 Abs. 1 Satz 2 bis 5, Abs. 2 Satz 2 oder Abs. 3 Satz 3 vertreten, gilt § 138 Abs. 1 Satz 2 NKomVG entsprechend.

(3) Die Mitgliedschaft in der Verbandsversammlung erlischt, wenn die Voraussetzung der Entsendung nicht mehr besteht.

§ 13 Aufgaben der Verbandsversammlung

[1]Die Verbandsversammlung beschließt über

1. Änderungen der Verbandsordnung,
2. die Auflösung oder Umwandlung des Zweckverbandes in eine Kapitalgesellschaft,
3. die Wahl ihrer oder ihres Vorsitzenden,
4. die Wahl der Verbandsgeschäftsführerin oder des Verbandsgeschäftsführers und die Regelung der Stellvertretung,
5. die Bestimmung einer anderen Person im Sinne des § 15 Abs. 2 Satz 3,
6. Angelegenheiten, über die nach den Vorschriften des Niedersächsischen Kommunalverfassungsgesetzes die Vertretung oder der Hauptausschuss beschließt.

[2]Die Verbandsordnung kann die Beschlussfassung über einzelne der in Satz 1 Nr. 6 genannten Angelegenheiten einem anderen Organ zuweisen; dies gilt nicht für Rechtssetzungsbefugnisse.

§ 14 Sitzungen der Verbandsversammlung, Vorsitz in der Verbandsversammlung

(1) [1]Die Verbandsversammlung ist beschlussfähig, wenn die anwesenden Vertreterinnen und Vertreter von Kommunen mehr als die Hälfte der gesamten Stimmenzahl der Versammlung erreichen. [2]Die Verbandsordnung kann weitere Voraussetzungen der Beschlussfähigkeit bestimmen.

(2) [1]In der ersten Sitzung nach Beginn der allgemeinen Wahlperiode (§ 47 Abs. 2 NKomVG) wählt die Verbandsversammlung unter der Leitung des ältesten anwesenden, hierzu bereiten Mitglieds aus ihrer Mitte eine Vertreterin oder einen Vertreter einer Kommune für die restliche Dauer der allgemeinen Wahlperiode zur Vorsitzenden oder zum Vorsitzenden der Verbandsversammlung. [2]Nach Ablauf der allgemeinen Wahlperiode führt die oder der Vorsitzende der Verbandsversammlung ihre oder seine Tätigkeit bis zur Wahl einer Nachfolgerin oder eines Nachfolgers fort.

(3) [1]Die oder der Vorsitzende der Verbandsversammlung lädt die Mitglieder der Verbandsversammlung schriftlich unter Mitteilung der Tagesordnung zu den Sitzungen der Verbandsversammlung ein. [2]Die Ladungsfrist beträgt eine Woche. [3]Die oder der Vorsitzende stellt im Benehmen mit der Verbandsgeschäftsführerin oder dem Verbandsgeschäftsführer die Tagesordnung auf; die Verbandsgeschäftsführerin oder der Verbandsgeschäftsführer kann die Aufnahme bestimmter Beratungsgegenstände verlangen.

[4]Zeit, Ort und Tagesordnung der öffentlichen Sitzungen sind bekannt zu machen.

(4) Der oder dem Vorsitzenden der Verbandsversammlung obliegt die repräsentative Vertretung des Zweckverbandes.

(5) [1]Zur ersten Sitzung der Verbandsversammlung nach Errichtung des Zweckverbandes lädt die Hauptverwaltungsbeamtin oder der Hauptverwaltungsbeamte des einwohnerreichsten kommunalen Verbandsmitglieds ein. [2]In dieser Sitzung wählt die Verbandsversammlung nach Maßgabe des Absatzes 2 die Vorsitzende oder den Vorsitzenden der Verbandsversammlung.

§ 15 Verbandsgeschäftsführung

(1) [1]Die Verbandsgeschäftsführerin oder der Verbandsgeschäftsführer wird von der Verbandsversammlung gewählt. [2]Die Verbandsordnung bestimmt, ob sie oder er ehrenamtlich oder in einem Beamten- oder Arbeitnehmerverhältnis tätig ist. [3]Ist die Verbandsgeschäftsführerin oder der Verbandsgeschäftsführer im Beamtenverhältnis tätig und der Dienstposten mindestens in die Besoldungsgruppe A 16 einzustufen, so kann die Verbandsordnung ihre oder seine Berufung in das Beamtenverhältnis auf Zeit vorsehen. [4]Eine ehrenamtliche Verbandsgeschäftsführerin oder ein ehrenamtlicher Verbandsgeschäftsführer soll aus dem Kreis der Hauptverwaltungsbeamtinnen oder Hauptverwaltungsbeamten der kommunalen Verbandsmitglieder gewählt werden. [5]Die Verbandsversammlung regelt die Stellvertretung.

(2) [1]Die Verbandsgeschäftsführerin oder der Verbandsgeschäftsführer vertreten den Zweckverband in Rechts- und Verwaltungsgeschäften sowie in gerichtlichen Verfahren. [2]Erklärungen, durch die der Zweckverband verpflichtet werden soll, bedürfen der Schriftform. [3]Sie sind, sofern sie nicht gerichtlich oder notariell beurkundet werden, nur rechtsverbindlich, wenn sie von der Verbandsgeschäftsführerin oder dem Verbandsgeschäftsführer und von der oder dem Vorsitzenden der Verbandsversammlung oder einer anderen von der Verbandsversammlung bestimmten Person handschriftlich unterzeichnet wurden oder von ihr oder ihm in elektronischer Form mit der dauerhaft überprüfbaren qualifizierten elektronischen Signatur versehen sind. [4]Die Verbandsordnung kann bestimmen, dass die Unterzeichnung durch eine Person genügt. [5]Die Sätze 2 und 3 gelten nicht für Geschäfte der laufenden Verwaltung.

(3) Die Verbandsgeschäftsführerin oder der Verbandsgeschäftsführer darf der Verbandsversammlung nicht angehören.

Anhang 2

§ 16 Haushalts- und Wirtschaftsführung

(1) [1]Der Zweckverband erhebt von den Verbandsmitgliedern eine Umlage, soweit seine sonstigen Erträge die entstehenden Aufwendungen nicht decken. [2]Die Höhe der Umlage und deren Verteilung auf die Verbandsmitglieder sind in der Haushaltssatzung festzusetzen. [3]Dabei ist eine unterschiedliche Inanspruchnahme des Zweckverbandes durch die Verbandsmitglieder zu berücksichtigen.

(2) Auf die Wirtschafts- und Haushaltsführung des Zweckverbandes sind die für die Kommunen geltenden Rechtsvorschriften über die Kommunalwirtschaft entsprechend anzuwenden.

(3) [1]Ist der Hauptzweck eines Zweckverbandes der Betrieb eines Unternehmens oder einer Einrichtung nach § 136 Abs. 4 NKomVG, so kann die Verbandsordnung bestimmen, dass auf die Wirtschaftsführung, das Rechnungswesen und die Prüfung des Zweckverbandes die Rechtsvorschriften über die Wirtschaftsführung, das Rechnungswesen und die Prüfung der Eigenbetriebe sowie die Vorschriften über die Aufstellung des konsolidierten Gesamtabschlusses für Kommunen entsprechend anzuwenden sind. [2]In diesem Fall ist durch die Haushaltssatzung der Wirtschaftsplan anstelle des Haushaltsplans festzusetzen.

§ 17 Änderung der Verbandsordnung, Auflösung und Umwandlung des Zweckverbandes, Bekanntmachungen

(1) [1]Die Verbandsordnung kann bestimmen, dass der Beschluss über ihre Änderung oder die Auflösung des Zweckverbandes einer qualifizierten Mehrheit der Verbandsversammlung bedarf. [2]Die Verbandsordnung kann die Wirksamkeit von Beschlüssen nach Satz 1 von der Zustimmung aller oder einer qualifizierten Mehrheit der Verbandsmitglieder abhängig machen.

(2) Änderungen der Verbandsordnung sind der Kommunalaufsichtsbehörde anzuzeigen.

(3) [1]Änderungen der Verbandsordnung, die Satzungen und Verordnungen des Zweckverbandes sowie dessen Auflösung sind vom Zweckverband nach den Rechtsvorschriften zu verkünden, die für die Verkündung von Rechtsvorschriften der Kommunen gelten; das für Inneres zuständige Ministerium kann durch Verordnung Abweichendes regeln. [2]Der Beitritt einer Kommune oder einer kommunalen Anstalt zum Zweckverband oder die Kündigung der Mitgliedschaft durch ein solches Verbandsmitglied ohne

eine gleichzeitige Änderung der Verbandsordnung ist von diesem Verbandsmitglied öffentlich bekannt zu machen.

(4) Der Zweckverband gilt nach seiner Auflösung als fortbestehend, soweit der Zweck der Abwicklung es erfordert.

(5) [1]Die Umwandlung eines Zweckverbandes in eine Kapitalgesellschaft ist zulässig, wenn die Verbandsaufgaben nach den Vorschriften des Niedersächsischen Kommunalverfassungsgesetzes von den Kommunen in dieser Rechtsform erfüllt werden könnten. [2]Der Umwandlungsbeschluss ist mit der für eine Auflösung des Zweckverbandes erforderlichen Mehrheit der Verbandsversammlung zu fassen und bedarf der Zustimmung aller Verbandsmitglieder. [3]Der Umwandlungsbeschluss darf nur gefasst werden, wenn der Zweckverband die Absicht der Umwandlung unter Darlegung der zur Erfüllung der gesetzlichen Voraussetzungen erforderlichen Tatsachen mindestens sechs Wochen vor dem Umwandlungsbeschluss der Kommunalaufsichtsbehörde angezeigt hat; die Kommunalaufsichtsbehörde kann aus besonderem Grund die Verschiebung der Beschlussfassung verlangen. [4]Als Nachweis der Einhaltung der Erfordernisse des Satzes 2 gegenüber dem Registergericht reichen bei Kommunen beglaubigte Beschlussniederschriften aus. [5]Die Umwandlung ist nach Absatz 3 öffentlich bekannt zu machen. [6]Im Übrigen sind auf den Formwechsel von den Vorschriften des Umwandlungsgesetzes § 192 Abs. 1 und 2, § 193 Abs. 3 bezüglich der Zustimmungserklärungen nicht kommunaler Verbandsmitglieder, § 194, § 198 Abs. 2 und 3, die §§ 199, 201, 202, 204 bis 206, 230 Abs. 1 und § 243 Abs. 1 in Verbindung mit § 218 Abs. 1 entsprechend anzuwenden; ferner ist § 197 des Umwandlungsgesetzes sinngemäß mit der Maßgabe anzuwenden, dass alle Zweckverbandsmitglieder den Gründern gleichstehen. [7]Die weiteren Vorschriften des Ersten Teils des Fünften Buchs des Umwandlungsgesetzes finden keine Anwendung.

§ 18 Geltung von Vorschriften

(1) [1]Soweit durch Landesrecht nichts anderes bestimmt ist, gelten für Zweckverbände die Vorschriften des Niedersächsischen Kommunalverfassungsgesetzes entsprechend. [2]Dabei entsprechen
1. der Zweckverband der Gemeinde,
2. die Verbandsversammlung dem Rat,
3. die Mitglieder der Verbandsversammlung den Ratsfrauen und Ratsherren,
4. die Verbandsgeschäftsführerin oder der Verbandsgeschäftsführer der Bürgermeisterin oder dem Bürgermeister und

5. der Verbandsausschuss dem Verwaltungsausschuss.

(2) [1]Auf die Rechtsstellung der Verbandsgeschäftsführerin oder des Verbandsgeschäftsführers finden die §§ 80 bis 84 NKomVG keine Anwendung. [2]Das Gleiche gilt für § 109 NKomVG, wenn eine Berufung in das Beamtenverhältnis auf Zeit nach § 15 Abs. 1 Satz 3 nicht erfolgt ist.

§ 19 Bezirksverband Oldenburg

[1]Auf den Bezirksverband Oldenburg finden die für Zweckverbände geltenden Vorschriften des Landes Anwendung. [2]Zu seinen eigenen Aufgaben gehört auch die ihm vor Inkrafttreten dieses Gesetzes durch Gesetz oder Beschluss der Landesregierung übertragene Verwaltung von Körperschaften, Anstalten und Stiftungen.

Fünfter Teil: **Aufsicht; Übergangs- und Schlussvorschriften**

§ 20 Durchführung der Aufsicht

(1) Die §§ 170 und 172 bis 176 NKomVG gelten entsprechend.

(2) Kommunalaufsichtsbehörden sind
1. der Landkreis, wenn die kommunalen Beteiligten an der Zusammenarbeit seiner Aufsicht unterstehen,
2. das für Inneres zuständige Ministerium, wenn
   a) wenigstens einer der kommunalen Beteiligten an der Zusammenarbeit seiner unmittelbaren Aufsicht untersteht oder
   b) kommunale Beteiligte zusammenarbeiten, die der Aufsicht verschiedener Landkreise unterstehen; das für Inneres zuständige Ministerium kann die Aufsicht einem der beteiligten Landkreise mit seinem Einverständnis übertragen,
3. die von dem für die Kommunalaufsicht zuständigen Ministerium bestimmte Behörde in allen Fällen der Beteiligung des Bundes oder des Landes und in den übrigen Fällen.

(3) [1]Vorbehaltlich besonderer gesetzlicher Regelungen über Zuständigkeiten für die Fachaufsicht gilt Absatz 2 für die Fachaufsicht über gemeinsame kommunale Anstalten und Zweckverbände entsprechend. [2]In den

Fällen des Absatzes 2 Nr. 3 bestimmt das jeweilige Fachministerium die unmittelbare Fachaufsichtsbehörde.

§ 21 Übergangsregelungen

(1) [1]Bestehende Zweckvereinbarungen, Satzungen von Zweckverbänden und Satzungen des Bezirksverbandes Oldenburg bleiben wirksam. [2]Sie sind innerhalb von zwei Jahren nach Inkrafttreten dieses Gesetzes an die neue Rechtslage anzupassen; dabei kann bestimmt werden, dass vorhandene Kollegialorgane von Zweckverbänden in ihrer bisherigen Zusammensetzung, Besetzung und Aufgabenstellung bis zur Neubildung der künftigen Organe nach der am 1. November 2006 beginnenden allgemeinen Wahlperiode der kommunalen Vertretungen fortgeführt werden. [3]§ 2 Abs. 5 gilt entsprechend. [4]In den Satzungen der von dem Bezirksverband Oldenburg verwalteten rechtsfähigen Körperschaften, Anstalten und Stiftungen sind innerhalb der in Satz 2 Halbsatz 1 bestimmten Frist die Regelungen über die Vertretung durch den Bezirksverband dessen künftiger Verbandsordnung anzupassen; hierfür gilt Satz 2 Halbsatz 2 entsprechend.

(2) [1]Bestehende Zweckvereinbarungen, die nach Inkrafttreten dieses Gesetzes nicht seinem sachlichen Anwendungsbereich unterfallen, gelten vorbehaltlich anderer Entscheidungen der Beteiligten fort. [2]Änderungen oder die Beendigung von Zweckvereinbarungen nach Satz 1 bedürfen in dem vor Inkrafttreten dieses Gesetzes maßgeblichen Umfang weiterhin der Genehmigung der bisher zuständigen Aufsichtsbehörde.

(3) Die vor dem 1. Juni 2009 in Kraft getretenen Zweckvereinbarungen, Verbandsordnungen von Zweckverbänden und Unternehmenssatzungen von gemeinsamen kommunalen Anstalten sind nicht deshalb unwirksam, weil sie die gemeinsame Durchführung von Aufgaben zum Gegenstand haben.

§ 22 *(aufgehoben)*

§ 23 *(aufgehoben)*

§ 24 *(aufgehoben)*

§ 25 *(aufgehoben)*

Anhang 2

§ 26 Inkrafttreten[1]

(1) Dieses Gesetz tritt 14 Tage nach seiner Verkündung in Kraft.

(2) Gleichzeitig treten außer Kraft:

1. das Zweckverbandsgesetz vom 7. Juni 1939 (Nds. GVBl. Sb. II S. 109), zuletzt geändert durch Artikel 2 des Gesetzes vom 27. Januar 2003 (Nds. GVBl. S. 36),
2. das Gesetz betreffend die Vereinfachung und Verbilligung der öffentlichen Verwaltung vom 27. April 1933 (Nds. GVBl. Sb. II S. 29), zuletzt geändert durch Artikel 3 des Gesetzes vom 28. November 2002 (Nds. GVBl. S. 756),
3. das Gesetz für das Land Oldenburg, betreffend die Übertragung von Aufgaben auf den Landesfürsorgeverband Oldenburg vom 30. Juli 1937 (Nds. GVBl. Sb. II S. 336), geändert durch § 2 Abs. 3 des Gesetzes vom 20. Februar 1974 (Nds. GVBl. S. 110),
4. das Gesetz, betreffend Änderung des Gesetzes für den Landesteil Oldenburg, betreffend die Landessparkasse zu Oldenburg, vom 3. Juli 1933 (OGBl. S. 431), vom 10. August 1937 (Nds. GVBl. Sb. II S. 150).

---

1 Die Vorschrift betrifft das Inkrafttreten des Gesetzes in der ursprünglichen Fassung vom 19. Februar 2004 (Nds. GVBl. S. 63). Der Zeitpunkt des Inkrafttretens der späteren Änderungen ergibt sich aus den in der vorangestellten Bekanntmachung näher bezeichneten Gesetzen (Art. 9 d. Ges. v. 5.11.2004, GVBl. S. 394, Art. 5 d. Ges. v. 16.12.2004, GVBl. S. 634, Art. 5 d. Ges. v. 16.12.2004, GVBl. S. 638, Art. 8 d. Ges. v. 22.4.2005, GVBl. S. 110, Art. 4 d. Ges. v. 15.11.2005, GVBl. S. 342, Art. 4 d. Ges. v. 15.11.2005, GVBl. S. 352, Art. 4 d. Ges. v. 18.5.2006, GVBl. S. 203, Art. 11 d. Ges. v. 25.3.2009, GVBl. S. 72, Art. 5 d. Ges. v. 13.5.2009, GVBl. S. 191, Art. 1 d. Ges. v. 13.11.2011, GVBl. S. 353).

Niedersächsische Kommunalbesoldungsverordnung (NKBesVO)

Vom 29. November 2013 (Nds. GVBl. S. 267), zuletzt geändert durch Verordnung vom 8. Oktober 2020 (Nds. GVBl. S. 356)

§ 1 Zuordnung der Ämter auf Zeit, Amtszulagen

(1) [1]Die Ämter der Beamtinnen und Beamten auf Zeit der Gemeinden und Samtgemeinden werden den Besoldungsgruppen der Besoldungsordnungen A und B wie folgt zugeordnet:

Einwohnerzahl der Gemeinde oder Samtgemeinde	Hauptverwaltungsbeamtin oder Hauptverwaltungsbeamter	Allgemeine Stellvertreterin oder allgemeiner Stellvertreter	Weitere Ämter auf Zeit
bis 10 000	B 1	–	–
10 001 bis 15 000	B 2	A 15	–
15 001 bis 20 000	B 3	A 16	–
20 001 bis 30 000	B 4	B 2	A 16
30 001 bis 40 000	B 5	B 3	B 2
40 001 bis 60 000	B 6	B 4	B 3
60 001 bis 100 000	B 7	B 5	B 4
100 001 bis 200 000	B 8	B 6	B 5
200 001 bis 400 000	B 9	B 7	B 6
über 400 000	B 9	B 8	B 7.

[2]Die Hauptverwaltungsbeamtin oder der Hauptverwaltungsbeamte einer Gemeinde oder Samtgemeinde mit einer Einwohnerzahl bis 10 000 erhält eine Amtszulage in Höhe von 27 Prozent des Unterschiedsbetrages zwischen dem Grundgehalt der Besoldungsgruppe B 1 und dem Grundgehalt der Besoldungsgruppe B 2. [3]Die Hauptverwaltungsbeamtin oder der Hauptverwaltungsbeamte einer Gemeinde oder Samtgemeinde mit einer Einwohnerzahl über 400 000 erhält eine Amtszulage in Höhe von 27 Prozent des Unterschiedsbetrages zwischen dem Grundgehalt der Besoldungsgruppe B 9 und dem Grundgehalt der Besoldungsgruppe B 10.

(2) [1]Die Ämter der Beamtinnen und Beamten auf Zeit der Landkreise und der Region Hannover werden den Besoldungsgruppen der Besoldungsordnung B wie folgt zugeordnet:

Anhang 3

	Einwohnerzahl	Hauptverwaltungsbeamtin oder Hauptverwaltungsbeamter	Allgemeine Stellvertreterin oder allgemeiner Stellvertreter	Weitere Ämter auf Zeit
Landkreis	bis 75 000	B 5	B 3	B 2
	75 001 bis 150 000	B 6	B 4	B 3
	150 001 bis 300 000	B 7	B 5	B 4
	über 300 000	B 8	B 6	B 5
Region Hannover		B 9	B 8	B 7.

[2]Die Regionspräsidentin oder der Regionspräsident erhält eine Amtszulage in Höhe von 27 Prozent des Unterschiedsbetrages zwischen dem Grundgehalt der Besoldungsgruppe B 9 und dem Grundgehalt der Besoldungsgruppe B 10.

(3) Die Ämter der Beamtinnen und Beamten auf Zeit des Regionalverbandes „Großraum Braunschweig“, des Bezirksverbandes Oldenburg, des Zweckverbandes „Veterinäramt JadeWeser“ und des Zweckverbandes Abfallwirtschaft Celle werden den Besoldungsgruppen der Besoldungsordnungen A und B wie folgt zugeordnet:

	Verbandsdirektorin, Verbandsdirektor, Verbandsgeschäftsführerin oder Verbandsgeschäftsführer	Allgemeine Vertreterin oder allgemeiner Vertreter
Regionalverband „Großraum Braunschweig“	B 5	B 4
Bezirksverband Oldenburg	B 2	–
Zweckverband „Veterinäramt JadeWeser“	B 2	–
Zweckverband Abfallwirtschaft Celle	A 16	–.

(4) [1]Ändert sich die nach den Absätzen 1 und 2 in Verbindung mit § 4 maßgebende Einwohnerzahl, so ändert sich die Zuordnung der Ämter ab dem 1. Januar des auf den Stichtag für die Änderung der maßgeblichen Einwohnerzahl folgenden Jahres. [2]Eine niedrigere Zuordnung bleibt jedoch für die Dauer der jeweiligen Amtszeit und nach einer Wiederwahl auch für die unmittelbar folgende Amtszeit unberücksichtigt.

§ 2 – *aufgehoben* –

§ 3 Aufwandsentschädigungen

(1) [1]Eine Aufwandsentschädigung wird den hauptamtlich tätigen Hauptverwaltungsbeamtinnen und Hauptverwaltungsbeamten, der Verbandsdirektorin oder dem Verbandsdirektor bei dem Regionalverband „Großraum Braunschweig" und der Verbandsgeschäftsführerin oder dem Verbandsgeschäftsführer bei dem Bezirksverband Oldenburg unter den in § 20 Abs. 1 Sätze 1 und 2 des Niedersächsischen Besoldungsgesetzes (NBesG) genannten Voraussetzungen gewährt. [2]Sie kann unter den in § 20 Abs. 1 Sätze 1 und 2 NBesG genannten Voraussetzungen auch gewährt werden
1. den weiteren Beamtinnen und Beamten auf Zeit,
2. sonstigen Beamtinnen und Beamten mit Dienstbezügen, die
   a) mit der allgemeinen Stellvertretung oder allgemeinen Vertretung der in Satz 1 genannten Beamtinnen und Beamten beauftragt sind,
   b) Aufgaben wahrnehmen, die in der Regel von Beamtinnen und Beamten auf Zeit wahrgenommen werden, oder
   c) in der Funktion einer Betriebsleiterin oder eines Betriebsleiters tätig sind.

(2) [1]Bei den Kommunen darf die Aufwandsentschädigung die folgenden monatlichen Höchstbeträge nicht überschreiten:

	Einwohnerzahl	Hauptverwaltungsbeamtin oder Hauptverwaltungsbeamter	Allgemeine Stellvertreterin oder allgemeiner Stellvertreter und sonstige Beamtin oder sonstiger Beamter nach Absatz 1 Satz 2 Nr. 2 Buchst. a	Weitere Beamtin oder weiterer Beamter auf Zeit und sonstige Beamtin oder sonstiger Beamter nach Absatz 1 Satz 2 Nrn. 1 und 2 Buchst. b und c
		(monatlicher Höchstbetrag in Euro)	(monatlicher Höchstbetrag in Euro)	(monatlicher Höchstbetrag in Euro)
Gemeinden und Samtgemeinden	bis 10 000	168	114	84
	10 001 bis 20 000	246	168	126
	20 001 bis 30 000	294	198	150
	30 001 bis 50 000	330	222	168
	50 001 bis 150 000	372	246	186
	über 150 000	414	276	210
Landkreise und Region Hannover		372	246	186.

[2]Gehört zur Gemeindeverwaltung einer Gemeinde, die ganz oder teilweise als Kurort, Erholungsort oder Küstenbadeort staatlich anerkannt ist und deren Einwohnerzahl nicht über 30 000 liegt, eine Kurverwaltung, so ist für die Hauptverwaltungsbeamtin oder den Hauptverwaltungsbeamten der für die jeweils nächsthöhere Größengruppe geltende Höchstbetrag maßgebend, wenn die Kurverwaltung von der Hauptverwaltungsbeamtin oder dem Hauptverwaltungsbeamten unmittelbar geleitet wird.

(3) [1]Bei dem Regionalverband „Großraum Braunschweig“ darf die Aufwandsentschädigung für die Verbandsdirektorin oder den Verbandsdirektor monatlich 312 Euro und für die allgemeine Vertreterin oder den allgemeinen Vertreter monatlich 210 Euro nicht überschreiten. [2]Bei dem Bezirksverband Oldenburg darf die Aufwandsentschädigung für die Verbandsgeschäftsführerin oder den Verbandsgeschäftsführer 246 Euro und

für deren oder dessen Stellvertreterin oder Stellvertreter 168 Euro nicht überschreiten.

(4) Eine Aufwandsentschädigung wird nicht gewährt, solange

1. der Beamtin oder dem Beamten die Führung der Dienstgeschäfte verboten ist,
2. die Beamtin oder der Beamte vorläufig des Dienstes enthoben ist,
3. die Beamtin oder der Beamte die Dienstgeschäfte nicht führt, nachdem sie oder er die Dienstgeschäfte bereits unmittelbar zuvor ohne Berücksichtigung von Erholungsurlaub ununterbrochen länger als drei Monate nicht geführt hat.

(5) [1]Führt die allgemeine Stellvertreterin oder der allgemeine Stellvertreter die Dienstgeschäfte der Hauptverwaltungsbeamtin oder des Hauptverwaltungsbeamten ununterbrochen länger als drei Monate, so erhält sie oder er für die über drei Monate hinausgehende Zeit die für diese oder diesen festgelegte Aufwandsentschädigung, in den Fällen des Absatzes 4 Nr. 3 jedoch erst, wenn der Hauptverwaltungsbeamtin oder dem Hauptverwaltungsbeamten eine Aufwandsentschädigung nicht mehr gewährt wird. [2]Satz 1 gilt für die allgemeine Vertreterin oder den allgemeinen Vertreter und die Stellvertreterin oder den Stellvertreter der in Absatz 3 genannten Beamtinnen und Beamten entsprechend.

(6) Wer durch Beschluss der Vertretung oder der Verbandsversammlung oder kraft Gesetzes mit der Wahrnehmung der Geschäfte eines unbesetzten Amtes beauftragt ist, für das eine Aufwandsentschädigung festgelegt ist, erhält für die Dauer der Wahrnehmung diese Aufwandsentschädigung.

(7) Eine nach Absatz 1 gewährte Aufwandsentschädigung ist in den Fällen der Absätze 5 und 6 anzurechnen.

§ 4 Einwohnerzahlen

(1) [1]Maßgebend ist die Einwohnerzahl der Kommune nach § 177 Abs. 1 des Niedersächsischen Kommunalverfassungsgesetzes. [2]Die Einwohnerzahl erhöht sich um die Hälfte der Familienangehörigen der nicht meldepflichtigen Mitglieder der Stationierungsstreitkräfte sowie um die Hälfte der nicht kasernierten Mitglieder der Stationierungsstreitkräfte.

(2) Bei der Zuordnung des Amtes der Hauptverwaltungsbeamtin oder des Hauptverwaltungsbeamten von Gemeinden, die ganz oder teilweise als Kurort, Erholungsort oder Küstenbadeort staatlich anerkannt sind und deren Einwohnerzahl nicht über 30 000 liegt, ist der Einwohnerzahl nach Absatz 1 die durchschnittliche Zahl der täglichen Fremdenübernachtungen

des Bezugsjahres hinzuzurechnen, wenn die Zahl der Übernachtungen mindestens 40 Prozent der Einwohnerzahl nach Absatz 1 Satz 1 beträgt und die Hauptverwaltungsbeamtin oder der Hauptverwaltungsbeamte eine zur Gemeindeverwaltung gehörende Kurverwaltung unmittelbar leitet.

§ 5 Übergangsvorschriften

Hauptverwaltungsbeamtinnen und Hauptverwaltungsbeamte, die aufgrund des § 1 Abs. 4 Satz 2 der Niedersächsischen Kommunalbesoldungsverordnung vom 18. April 2002 (Nds. GVBl. S. 126), geändert durch Verordnung vom 17. August 2007 (Nds. GVBl. S. 421), am Tag vor Inkrafttreten dieser Verordnung in die Besoldungsgruppe A 16 eingestuft sind und deren Grundgehalt am Tag vor Inkrafttreten dieser Verordnung nach Stufe 11 oder 12 bemessen wird, bleiben für die Dauer ihrer Amtszeit und nach einer erstmaligen Wiederwahl auch für die unmittelbar folgende Amtszeit der Besoldungsgruppe A 16 zugeordnet.

§ 6 Inkrafttreten

(1) Diese Verordnung tritt am 1. Januar 2014 in Kraft.

(2) Gleichzeitig tritt die Niedersächsische Kommunalbesoldungsverordnung vom 18. April 2002 (Nds. GVBl. S. 126), geändert durch Verordnung vom 17. August 2007 (Nds. GVBl. S. 421), außer Kraft.

Stichwortverzeichnis

Die Zahlen verweisen auf die Paragrafen und Absätze des NKomVG

Stichwortverzeichnis

Stichwortverzeichnis

Stichwortverzeichnis